本书获得山东社会科学院出版资助项目支持

本书获得山东省中华优秀传统文化传承创新工程项目
"儒家哲学研究丛书"经费支持

儒家哲学研究丛书

山东社会科学院国际儒学研究院主办

涂可国　主编

理学的发生

张恒　著

中国社会科学出版社

图书在版编目（CIP）数据

理学的发生／张恒著． —北京：中国社会科学出版社，2023.7
（儒家哲学研究丛书）
ISBN 978 - 7 - 5227 - 1662 - 6

Ⅰ.①理…　Ⅱ.①张…　Ⅲ.①理学—研究—中国　Ⅳ.①B244.05

中国国家版本馆 CIP 数据核字（2023）第 051171 号

出 版 人	赵剑英
责任编辑	孙　萍
责任校对	赵雪姣
责任印制	王　超

出　　　版	中国社会科学出版社
社　　　址	北京鼓楼西大街甲 158 号
邮　　　编	100720
网　　　址	http://www.csspw.cn
发 行 部	010 - 84083685
门 市 部	010 - 84029450
经　　　销	新华书店及其他书店

印　　　刷	北京君升印刷有限公司
装　　　订	廊坊市广阳区广增装订厂
版　　　次	2023 年 7 月第 1 版
印　　　次	2023 年 7 月第 1 次印刷

开　　　本	710×1000　1/16
印　　　张	21.75
插　　　页	2
字　　　数	293 千字
定　　　价	109.00 元

总序

重建儒家哲学

涂可国

在当代世界经济政治文化不断向全球化与本土化双向扩展的历史背景下，加强儒家哲学研究是发展中国哲学事业的迫切要求与重要途径。儒家哲学自从孔子创立以来经历了两千多年的发生发展演变，其内容随着不同历史时期儒家人物的不断诠释与重构，愈来愈丰富多样、博大精深，其叙述方式与主题形态也不断发生着改变。虽然儒家哲学的系统化研究从 20 世纪伊始已有一百多年的历史，但是当今加强儒家哲学研究仍然"任重而道远"。

一　儒家哲学的基本内涵及主要特征

在我看来，"中国哲学"大致具有广义、中义和狭义三种指向。狭义的"中国哲学"主要是指近代以前的中国古代哲学；中义的"中国哲学"是指由中国学人通过创造性思维所生发出来的各种哲学思想，包括从古到今的各种哲学如先秦儒家哲学、两汉经学、魏晋玄学、宋明理学、现代新儒学以及近代以来中国哲学家自身所提出来的各种哲学创新性理论（如新时期在中国本土上所发展起来的人学、社会哲学、价值哲学、经济哲学、政治哲学、文化哲学等）；而广义的"中国哲学"除了包括中义中国哲学所容纳的各种哲学思想外，还包括作为研究形态的外国哲学（主要是西方哲学）和马克思主义哲学。同样的，儒家哲学也有广义、中义和狭义之分。狭义的儒家哲学单指中国古代不同历史时期儒家所创立的哲学思想；中义的儒家哲学不仅包括古典儒家哲学理论，还包括现代新儒家所创造的各种哲学思想；广义儒家哲学则在中义儒家哲学基础上还容纳了各种当代儒家哲学研究成果。应当承认，古典儒家哲学文本尚没有发现有系统化的哲学理论建构，而有许多现代新儒家站在理论理性层面提出了较为体系化的哲学思想。

从儒家哲学的基本内容和逻辑结构来看，按以往哲学分类，它包括以天人合一为特质的本体论、以知行合一为特征的认识论、以阴阳五行为基本内容的辩证法和以以民为本为主体内涵的社会历史观。我曾在《社会哲学》一书中提出，如果按照哲学对象来构建哲学理论体系，那么可以把它看作由一总（即研究整个世界一般本质和普遍规律的本体论哲学）、二分（即自然哲学和社会哲学）构成的知识体系。自然哲学包括物理哲学、化学哲学、宇宙哲学、自然辩证法等分支，而社会哲学也即广义社会哲学，它包括历史哲学、人类哲学和中义社会哲学，中义社会哲学则由文化哲学（文艺哲学、宗教哲学、科技哲学、语言哲学……）、狭义社会哲学（经济哲学、政治哲学、法律哲学、管理哲学……）所组成。广义社会哲学也可称为普通社会哲学（或一般社会哲学），其他社会哲学则可称为分支社会哲学。①根据上述对一般哲学内容的规定，儒家哲学大致应包括儒家自然哲学、历史哲学、道德哲学、人类哲学、文化哲学、经济哲学、政治哲学、法律哲学、管理哲学、宗教哲学、教育哲学等。由邵汉明等撰写的《儒家哲学智慧》也对儒家哲学进行了全面的梳理，它把儒家哲学分为儒家政治哲学、自然哲学、认识哲学、人生哲学、道德哲学、历史哲学、教育哲学、艺术哲学、军事哲学等方面。②

对于儒家哲学的主要特征，前贤已作了大量有价值的分析与概括，

---

① 参见涂可国《社会哲学》，山东人民出版社 2001 年版，第 4—5 页。
② 参见邵汉明等《儒家哲学智慧》，吉林人民出版社 2005 年版。

我认为它大致表现在以下四个方面。

一是社会性。在某种意义上可以说，儒家哲学即社会哲学，这一点南开大学已故中国哲学史家刘文英早已指出。尽管儒学体系中并没有排除对宇宙自然的沉思，如天道学说，但是，一则儒家对天道的追问是为了推演人道及社会历史的常道常理，二则儒家往往把自然之天伦理化、人道化、社会化，三则儒家致思的重心与进路主要放在对人伦政治与理想社会的构建上。历代儒家都提出了各种有关经济的、政治的、社会的或伦理的观点，孔、孟、荀先秦儒家阐发了仁政德治、轻敛薄赋、礼乐教化、安邦定国等政治制度与施政原则，汉代经学也提出了社会体制之学，因而儒家哲学从总体上表现为社会政治哲学。

二是人文性。作为一种弱宗教人学或强人文文化，儒家哲学不同于西方文艺复兴时期与正统神学和中世纪宗教相颉颃的强世俗化人文主义，而在不否定神文的前提下致力于人生哲学的阐释。在价值世界与现实世界的关系上，儒家哲学主要呈现为内在超越型，而区别于西方外在超越型。在天人关系上，儒家哲学在"天人合一"主题上辩证地认识到天人分立，并把人道置于天道之上。儒家哲学的人文性质还表现在：在致思方式方面，侧重于直观、体验、顿悟等人文学方法的运用；在对人的文化心理结构的思考方面，偏重于情感、信念、理想等非认知方面而忽视生物本能、欲望及理智层面；致力于伦理型知识的探寻，不太注重追求纯粹的知识论体系；缺乏科学理性精神，而人文精神较为发达，等等。儒家哲学的主体形态是人学。正如杜维明所指出的，儒学在一定意义上就是人学。作为中华文化的主干与核心，儒家哲学源远流长、博大精深，其中最主要的包括两个方面：一是政治哲学思想。历代儒家人物提出了大量关于国家与社会的治道、政道、为政之道等政治智慧。二是人学思想。儒家提出并阐发了极为丰富的有关人生哲学、人生哲理等人生智慧思想，这其中最引人注目的是儒学所提出来的关于为什么要做人、做什么样的人以及如何做人等人学思想。从哲学上说，儒家所阐发的做人思想深刻揭示了做人的意义、目的、理想、途径、方法等为人之道，它展现了人为何存在、向何存在、怎样存在等涉及人的生存与发展问题。在儒家看来，真正的学问就是学做人，从某种意义上说儒学就是为人之学，其理论的基本旨趣就是讲述做人的道理，历朝历代儒家人物把主要精力放在对心性、天人、情欲、身心、境界、修养、生死、待人、处世等人之根本性问题的思考上。

三是伦理性。这一点可以从以下三个方面进行理解。首先，儒学本质上是一种以家族主义伦理为核心的道德哲学，由四书五经所凸显出来的根本命题就是以伦理为本位，以成就圣贤、君子、大丈夫、大人等道德人格为旨归，从而展现出泛伦理主义的思想倾向。其次，儒家道德哲学在整个儒学体系中内容最丰、创获最大、影响最巨，它最为广泛地阐述了诸如仁、义、礼、智、信、诚、孝、亲、敬、忠等伦理范畴，深刻地提出了仁者爱人、忠恕而行、见利思义、诚以待人、孝亲为大、和而不同、存理灭欲等道德规范，其伦理学说对儒家文化圈乃至西方世界产生了很大影响。再次，儒家把伦理推及于整个社会生活领域，尤其是儒家哲学致力于政治伦理化与伦理政治化，在为政之道上它强调"德治"和"礼治"，强调外王必须立足于内圣，强调齐家治国平天下应以诚意正心修身为根基。

四是直观性。作为生长在中华民族国度里的本土哲学，儒家哲学自有其特有的治学传统、思维模式、文化土壤与社会基础。与西方哲学注重于知识性的论证和概念性的思辨不同，儒家哲学具有以下独特的性格：（1）儒家哲学实践理性发达，侧重于生活实践，极力倡导人的圆善智慧与待人处世之道这类现实品格修行，追求知行合一、学行合一，因而可名之为生命的学问。（2）儒家哲学的运思方式凸显直观性与模糊性，讲究随机点拨，注重运用自己民族特有的符号系统与言、象、意之辨，经验直观地去把握和领会对象的底蕴，强调感悟、直觉与体知，而不太注重概念的清晰性和逻辑性，尽管儒家也大量运用如阴阳、动静、心性、善恶、理气、一多、内外、常变等哲学对偶范畴，对宇宙人生的常道常理进行理性思考，但缺乏概念的逻辑推演。（3）如果说西方哲学侧重于强调主客二分的两极思维模式的话，那么儒家哲学则更加注重天、地、人、物、我之间的相互感通与整体和谐，强调天、人、物、我主客身心的相依相待与相济相成，致力于把天与人、身与心、自然与名教、个体与整体、生命与意境有机结合起来。（4）儒家哲学宗教性特征较为明显。在传统中国社会，儒学虽然不是严格意义上的宗教，但它承担着宗教的功能，可以视之为准宗教和亚宗教。尽管孔子不语怪力乱神，并提出"未知生，焉知死""未能事人，焉能事鬼"等论断，后世儒家也较为排斥道佛等宗教，但是在儒家哲学思想体系中也容纳了一些天命论、神道论等宗教神学内容，特别是宋明理学吸收了道家、佛家等宗教义理的内容，况且儒家也提出了一些类似于宗教教义、用于指导人安身立命的终极关怀和道德信仰思想，这些都表明儒家哲学具有宗教性特点。

二　重建儒家哲学的必要性和可能性

自从中国哲学学科创立以来，中国哲学的合法性就遭到一些人的怀疑与否定。进入 21 世纪，中国哲学的合法性问题重新被提了出来。在中国哲学合法性危机的语境下，提出重建儒家哲学是否必要与可能，是一个值得深思的问题。

我认为，重建儒家哲学具有极其重要的意义，这主要表现在以下三个方面。

一是有助于丰富与完善中国哲学体系。儒家哲学尽管是从属于中国哲学的三级学科，但它是主干，具有悠久的历史性和丰富的多样性，历代儒家根据特定的思想传统、文化资源、社会条件与历史背景推动着儒家哲学的发展。在先秦，儒学即为显学，儒家学派就成为中国思想史中最重要的学派。儒学以强势的道德意识及政治理想成为贯穿中华民族历史的主流价值观。儒家的创始者孔子教导"为仁"的原理以后，各个时代的儒家学者都对人类自我修养及超越的可能提出各种设计，他们所共同承认并以此为基础而发展其本身的思想观点，即透过这些人类自身由内而外的功夫修养，追求并达到儒家理想的社会政治体制和文化理想。原始儒家继承中华远古文明思想而来，并特别重视国家社群的维护及个人修养的实践。先秦儒学的理论重点在于思想生活化的落实（如孔子的《论语》与儒家社会哲学精神的提出、孔子的礼乐教化思想及孟子的行仁政观点等）。简言之，《论语》标出圣人境界的理想，《孟子》说出修养功夫哲学及性善论观点，《中庸》明确提出化天道为有德的德性本体论主张，而《易传》基于上述的德性思想提出宇宙论世界观。汉儒在解经的过程中加入了当时的科学知识所提供的宇宙论观点，强调天人的互动性。汉以后儒家理论衰微，中国哲学思想的主要课题转向道家与道佛两教的宗教哲学之中。北宋五子的出现，反映了整个时代的精神生活文明已回到儒家本位中来。儒学发展至当代，新儒家熊十力、牟宗三、唐君毅等哲学家在经历西方哲学挑战之后重建理论体系，成为当代中国哲学发展中最具有创造力的一套哲学思想，现代新儒家的哲学思想如新理学、新道学等本身就构成了儒家哲学的现代形态。加强对儒家哲学的研究，不仅可以为马克思主义哲学和西方哲学的研究提供参照系、精神动力和思想资源，还可以为中国哲学各分支学科的发展提供思想素材、知识背景与方法规范。

　　二是有助于推动儒家哲学事业的发展。对儒家哲学文本进行创造性解读与分析，可以为儒家哲学重建提供丰富的思想资源。现有的儒家哲学研究存在着许多薄弱环节与问题：除邵汉明等人编著的《儒家哲学智慧》之外，对儒家哲学进行系统化、体系化研究的论著还比较少；对儒家许多二线思想家哲学思想的挖掘还有待于进一步开拓；有关儒家哲学的一些范畴、命题、概念、观点也没有真正做到客观认知与真切把握，例如《论语》中的"仁"字到底是否是"人"字的误用还存在很大的争议。为此，儒家哲学的重建工作就成为一个较为迫切的时代课题。把儒家哲学研究作为终生职业却被越来越多的人所接受，这本身有力地促进了儒家哲学的发展。

三是为当代人提供人生智慧、道德规范、行为指导和精神动力。儒家哲学并不是无用的过时的哲学，它对于当前的社会发展与个人发展都具有现实作用。这主要取决于以下两点：其一，儒家哲学具有普遍性。儒家哲学之所以具有普遍性特质，是因为它虽然生长在中国传统的自然经济和小农经济基础之上，而它所要面对和解决的问题如天人、身心、善恶、己他、公私、义利、贫富等在当代仍在困扰哲人心智；无论是古人还是今人都具有共同的实践结构、社会关系结构和社会环境结构，这些反映到哲学思想中来，使得传统儒家哲学的思想内容在当代仍具有借鉴和启发作用，仍可以为当代人更好地生存和发展提供人生智慧、行为规范和精神动力；哲学的最大特点就在于传承性、抽象性和普遍性，儒家哲学所创造和运用的各种哲学范畴与原理仍然可以为当代人进行合理的思维和实践活动提供世界观背景和方法论规范。其二，儒家哲学具有丰富性。儒家哲学历史悠久、博大精深、学派林立——孔子之后，儒分为八，从纵向上看，儒家哲学也经历了先秦儒学、汉代经学、魏晋玄学、宋明理学、清代朴学以及现代新儒学等不同的发展形态，这些都为儒家哲学宝库增加了丰富的思想内含。儒家哲学包含着对自然、社会、历史、人生、文化、教育、科技、法律、政治、道德、管理等众多问题的形而上思考，提出了多种多样的哲学命题、哲学范畴与哲学观点，这些至今仍闪耀着真理的光辉，仍是值得汲取的宝贵精神财富，如儒家的民本思想、忠恕之道、礼让情怀、仁义精神、天地境界、诚信观念、求实风格、经世思想、权变态度、中庸方法、贵和理念等，这些对于现实人生导向与社会理想构建都具有普遍的指导意义。

那么，重建儒家哲学具有多大的可能性呢？

儒学思想体系中包含着大量的哲学知识。在今天，许多人主张要远离乃至抛弃儒家哲学的研究范式，而专注于中国儒家思想；有的主张应从儒家哲学回归到儒家研究，以对儒家经史子集的研究代替儒家哲学研究。我认为，对儒家思想与儒家经学的研究，既无必要也无可能排斥对儒家哲学的研究，这两方面可以并行不悖、共同发展。要知道，在儒学体系中，本身就包含着极为丰富的哲学思想。在我看来，任何对自然、宇宙、人生、文化等对象领域根本性与普遍性问题（本原、规律、过程、结构等）进行概念、逻辑、理性和抽象式思考、体验与追溯，都可以构成哲学。按此理解，不仅儒家对一些普遍性概念、理念、范畴的探讨是一种哲学，而且儒家对一些社会人生大课题的思考也可以构成哲学。就辩证法而言，儒家哲学的主体内容不是自然辩证法，而是社会历史辩证法、人生辩证法和实践辩证法。既然传统儒家所提出来的哲学思想已成为既成性的事实，那么以此为对象和基础进行儒家哲学重建工作就具有先在的前提与条件。况且，儒家哲学作为生成性的开放事业也处在不断的发展过程之中，特别是现代新儒家所创建的哲学新形态为我们重建儒家哲学提供了现实的资源。

近代以来许多哲学家、哲学史家对儒学进行了深入研究。早在20世纪初，梁启超不仅提出了"儒家哲学"概念，而且对此进行了较为系统的整理，胡适的《中国哲学史大纲（上）》、冯友兰的《中国哲学史》、张岱年的《中国哲学大纲》都涉及了儒家哲学问题，例如胡适的《中国哲学史大纲（上）》专门探讨了孔子的哲学思想。1949 年以后出版的各种中国哲学史论著，都把儒家哲学作为主要内容进行阐述，并对孔子哲学、孟子哲学、荀子哲学、二程哲学、朱熹哲学、阳明哲学等进行了分门别类的研究。

纵观近百年来儒家哲学的研究，大体呈现出以下情形和特点。

一是儒家哲学得到了不同层面与维度的研究，既有立足于中国哲学通史和断代史角度对儒家哲学的重塑与重构，其代表性著作有冯友兰的《中国哲学史新编》、任继愈主编的《中国哲学发展史》、冯契的《中国古代哲学的逻辑发展》等，以及从专题方面对儒家哲学进行的研究，其中有葛荣晋的《中国哲学范畴史》、张立文的《中国哲学范畴发展史（天道篇）》、张岱年的《中国古典哲学概念范畴要论》、方立天的《中国古代哲学问题发展史（上下）》、庞朴的《儒家辩证法研究》等；还有从儒学学术或儒家文化维度对儒家哲学展开的研究，如赵吉惠等的《中国儒学史》、刘蔚华等主编的《中国儒家学术思想史》、姜林祥主编的 7 卷本《中国儒学史》等；同时还有直接从儒家哲学思潮、人物、文本、断代史、专题方面进行的探索，如梁启超的《儒家哲学》、兰自我的《孔门一贯哲学概论》、蔡尚思的《孔子哲学之真面目》、杨大膺的《孔子哲学研究》、杨荣国的《孔墨的思想》、胡适的《戴东原的哲学》、邹化政的《先秦儒家哲学新探》、杨泽波的《孟子性善论研究》、李景林的《教养的本原——哲学突破期的儒家心性论》、刘宗贤的《陆王心学研究》、董根洪的《儒家中和哲学通论》等。

二是儒家哲学研究呈现阶段性特点。20 世纪初，胡适、冯友兰等人开创了儒家哲学的新事业，进入 20 世纪 20 年代以后，随着西学的传入，人们纷纷从科学主义、人文主义、马克思主义角度研究儒家哲学，实现了儒家哲学研究的现代转换。从科学主义经验论哲学角度研究儒家哲学的代表人物是胡适，立足于人文主义思潮探讨儒家哲学的代表人物是梁漱溟，借用马克思主义唯物辩证法模式研究儒家哲学的代表人物是范寿康。新中国成立以后，从 50 年代到改革开放之前，儒家哲学研究侧重于在马克思主义理论范式下进行，并主要从唯物主义与唯心主义、辩证法与形而上学角度探讨儒家哲学的内容、作用、性质、地位、属性等问题，这一时期，儒家哲学研究的开创性成果并不多，只是在资料和文献方面有了一些新进展。改革开放以来，儒家哲学研究逐渐呈现出繁荣的局面，不仅拓展了儒家哲学研究的新领域、新问题，系统化理论化的儒家哲学研究成果不断涌现，儒家哲学研究水平也不断提高，儒家哲学还参与到与西方哲学、马克思主义哲学的对话与交流当中。儒家哲学研究的重点，既涉及孔孟荀哲学，也涉及董仲舒、朱熹、王阳明等人的哲学，而儒家人生哲学、道德哲学、心性哲学、价值哲学等成为关注的焦点。应当指出，中国儒家哲学研究一直以来主要采用西方哲学的概念、范畴、命题、原理进行分析、诠释、重构，这虽然带来了简单化、片面化、去本土化等弊端，但是它毕竟为儒家哲学研究提供了较为合理的理论研究框架，使研究者能够较好地揭示、澄明儒家哲学的概念、命题、学说中的内在理论意蕴，赋予它可以理解、讨论的形式，并进一步激发当代儒学工作者的哲学沉思；①同时，为我们提供了极为丰富的儒家哲学研究成果，有力地推动了儒家哲学研究事业，从而为进一步重建儒家哲学打下了良好的学术基础。

三是儒家哲学的丰富多样性为我们重建儒学提供了可能。毫无疑问，按照现代学科分类体系，对儒学分别进行哲学、文学、政治学、社会学、经济学、史学、伦理学、美学等方面的研究，难免有断章取义、削足适履等局限性。但是，儒家思想体系内容极为庞杂丰富，包含着多种学科的内容，它为我们从不同学科角度进行研究提供了理论基础；同时作为认识主体，儒学研究者具有抽象能力、分析能力与理论建构能力，完全可以从儒家思想中剥离出哲学思想加以专门研究。儒家哲学的研究并不排斥从一般高度对儒家思想的探讨，也不排斥对儒家经史子集的传统研究方式，完全可以把多种对儒学的研究方式有机整合起来。

---

① 参见杨国荣《中国哲学：一种诠释》，《天津社会科学》2004 年第 1 期。

三 重建儒家哲学的基本方略

为了更好地重建儒家哲学体系，从而更有力地促进儒家哲学的现代发展，应采取以下几种方略。

其一，深入挖掘儒家文献与儒家思想中的哲学内涵。儒家经典文本是传达儒家哲学思想的重要载体，要实现儒家哲学的重建必须对儒家文本进行客观的理解与科学的解读，做好小学功夫，要在训诂的基础之上深刻揭示儒家哲学的丰富义理，尤其是要对新发现的儒家地下考古资料如郭店竹简与上博竹简进行认真解读。由于儒家哲学思想同其他思想往往融为一体，因而既要注意不要把一些非儒家哲学思想纳入儒家哲学对象域之中，又要防止对儒家哲学思想的遗漏。

其二，不断丰富儒家哲学研究者的理论素养。要对儒家哲学进行深入、客观、科学的探索，既要有深厚的国学修养，又要具备西学知识背景，同时也要对哲学的基本原理有较好的把握与了解，这就要求从事儒家哲学的研究者要注重培养立体式的、多方面的哲学涵养与知识储备。现代新儒家之所以能够在儒家哲学研究方面有创造性的贡献，就在于他们不仅有中学的底蕴，还具有西方哲学的涵养。

其三，从不同的理论层面加强儒家哲学研究。我们既要立足于中国哲学史学科背景把儒家哲学作为重要的组成部分加以研究，还要从儒家哲学的思潮、人物、文本、专题、通史、断代史等角度进行深入的研究。应当说，现有的儒家哲学研究成果在专门性方面有了相当的进展，如对儒家的心学、理学、气学、礼学、仁学等的研究已经出版了大量的有分量的论著，但是也存在着许多不足，正如陈来所指出的，我们对宋代张载和明清之际王夫之的思想仍然没有真正理解。为了更好地推进儒家哲学研究事业，就要构建儒家自然哲学、历史哲学、道德哲学、人类哲学、文化哲学、经济哲学、政治哲学、法律哲学、管理哲学、宗教哲学、教育哲学等，以实现儒学适应现代化诉求的创造性转化和创新性发展。

其四，采用不同的理论范式。首先，要运用各种人文社会科学如社会学、文化学、政治学、经济学、人类学、心理学等理论成果，对儒家哲学进行实证考察与理论探索。例如我们可以利用社会学的研究方法做到"知人论世"，深入探讨儒家哲学发生发展的历史渊源、社会背景、历史作用、主要内容等问题。其次，要采用西方哲学新的理论成果对儒家哲学进行新的诠释与解读。许多学者运用西方现象学、解释学的范式对儒家哲学进行了认真探讨，提出了一些很有价值的儒家哲学新形态，如成中英的本体诠释学、陈来的仁学本体论、吴光的民主儒学、黄玉顺的生活儒学、干春松的制度儒学以及我和韩星、谢晓东创建的社会儒学等。再次，采取不同的理论范式和路径对儒家哲学进行多角度的探讨。存在的就是合理的。一百多年来，中国学者采用西方哲学的模式研究儒家哲学取得了丰硕的成果，这一点具有相当的合理性与现实性，在目前西方文化作为强势文化的背景下，对这种研究范式不应加以简单否定。当然，我们也应该倡导"我注六经"、回归元典的经学致思模式，对儒家哲学进行"内在的理解"与"客观的呈现"。①

除上述之外，我们还应具有世界性的眼光，把儒家哲学作为世界哲学的重要构成部分来加以研究，努力促进儒家哲学与西方哲学、马克思主义哲学的互动、互释、互渗，在本土化与全球化的双极之间保持必要的张力，② 努力推动儒家哲学为世界哲学做出贡献。

---

① 参见陈来《"中国哲学"学科的建设与发展的几个基本问题》，《天津社会科学》2004 年第 1 期。

② 参见郭齐勇《中国哲学：保持世界性与本土化之间的必要的张力》，《天津社会科学》2004 年第 1 期。

序
经验世界观与思辨存在论

哲学是一种世界观。世界观一词是德语的发明。其中，世界，康德定义为"所有现象的总体"，并在此基础上提出"总体性的世界概念"的世界观。① 歌德、洪堡等接受了这样的理解。后来，谢林、黑格尔等丰富了它的内含，即"世界观不仅指感性世界，而且还包括在此基础上所形成的人生观"②。世界观逐渐成为一个专门概念，用来表达人们对世界的总体认识和看法。整体性是世界观（可能暂时并不关注某些超越性存在）的基本特征。这便是"一"，我们称之为"大一"。世界观是对"大一"的认识。雅斯贝斯说："在世界上的这三个地区（中国、印度和希腊），这个时期新出现的是：人类逐渐意识到存在是一个整体，意识到自己和自身的局限。他历经世界的恐惧和自身的无力。他追问激烈的问题。面对空虚，他追寻自由与救赎。通过知晓自己的局限他为自己设定更高的目标。他在自我的深处和超越的明晰处体验绝对性。"③ 世界观将思维带向超越性存在。海德格尔说："哲学是存在论的。与之相对应，世界观是一种关于存在者的设定知识，和

---

① Immanuel Kant, *Critique of Pure Reason*, trans & ed. Paul Guyer and Allen Wood, Cambridge University Press, 1998, p. 466.

② Robert Audi ed., *The Cambridge Dictionary of Philosophy*, 2nd edition, Cambridge University Press, 1999, p. 236.

③ Karl Japers, *The Origin and Goal of History*, Yale University Press, 1953, p. 2.

设定态度，它是经验的，而非存在论的。"①

和世界观相比，宇宙观仅仅关注整体中的部分，比如天和万物的关系、地和万物的关系以及天、地的关系等。我们可以将这些宇宙观归入世界观中，使之成为世界观中的部分，但是，宇宙观不能代表世界观。或者说，我们有了宇宙观并不意味着我们就已经形成了世界观。宇宙观仅仅关注宇宙中的部分。相比之下，世界观是人们对世界的整体性认识。故海德格尔说："哲学是对于存在的理论式、概念型的理解，关注存在的结构及其可能性。哲学是存在论式的。相反，世界观则是一种关于存在物的定位认识和态度。它不是存在论式，反而是经验式。"② 简单地说，世界观是对全部事物的认识。那么。离开了思辨哲学的世界观是否可能呢？

当哲学开始真正地思考"大一"时，哲学便可能从经验思维走向思辨哲学。"大一"是整体性存在，也包括思维者。当思维者思考整体性存在时，作为对象的整体性存在是否包含了他正在发生的思维与思维内容呢？按照定义，哲学思考全部，因此这些内容应该被囊括其中，但是，从经验思维的限度来看，尚未发生或正在发生的东西如何成为经验认识对象呢？这显然是一个悖论性现象。而正是这个悖论性命题将哲学思维引向超越性思维，即哲学不仅思维面前的一切，而且还应该超越自身，将自身的一切经验成果转变为思维的对象而被超越。在这种关系中，作为活动的思维与作为对象的思维构成了辩证的关系，即作为活动的思维是形而上的存在，作为对象的思维则已然成为经验对象，是经验的或形而下的存在者。这种形而上存在与形而下的存在合成而来的事实便是一个超越性存在。这便是辩证思维。辩证思维不仅是哲学的基本形式，而且也是真正的哲学形式。

---

① Martin Heidegger, *The Basic Problems of Phenomenology*, trans. Albert Hofstadter, Indian University Press, 1982, p. 11.

② Martin Heidegger, *The Basic Problems of Phenomenology*, p. 11.

　　哲学是一门特殊的学科或学说。它是对全部存在的思考。所谓存在包含两层意思，即作为名词的存在和作为动词的存在，前者是存在者，后者是其存在方式。其中，存在者乃是经验的产物，当我们出于某种旨趣而思考时，我们会把变化的事物的存在状态进行截取，从而形成一种固定的形式化的印象物。这便是现象或事物。现象或事物乃是经验活动的产物。或者说，现象或事实乃是观念世界中的存在，也可以说，存在于观念世界，便形成现象。这无疑是哲学关注的对象之一，即具体的现象或事物。这便是具体存在或经验存在。作为存在论的哲学应该有两个对象——经验存在和超越存在。哲学开始于经验存在。没有经验存在，一切皆无。如前所述，海德格尔认为哲学是存在论的，世界观则是一种关于存在者的设定知识和设定态度，它是经验的，而非存在论的。作为世界观的哲学一定关联着历史与知识。没有这些经验存在，仅仅剩下事实本身，它可能存在，我们不知道。存在是无，只有被经验到的存在才是存在，存在变成存在。因此经验存在是起点，不可或缺。故而作为世界观的哲学是一种知识体系。在形成这种知识观念的同时（处在思维），它也是对某种知识体系的突破或转变，我们也可以说是一种超越。

　　哲学研究因此依赖于两种方式，即经验思维与哲学思维。所谓经验思维即以经验方式来思考问题如时间性、空间性等。我们从时间的角度来观察事物，从而形成某些经验。这些经验具有时间属性。这便是顺观。与此同时，哲学还有自己特有的思维，即反思。反思乃是一种逆观，即"和常识相违背或颠倒的看法"[1]。如果我们把日常经验活动（如康德的先天综合判断）叫作建构的话，反思便是"解构"。[2] 作为"解构"、逆观的反思，它首先是一种超越于经验认识的活动，暂时无法进入经验认识的视域，因为一种活动只有被固定并因此不再是活

---

[1]　Martin Heidegger, *The Basic Problems of Phenomenology*, p. 14.

[2]　Martin Heidegger, *The Basic Problems of Phenomenology*, p. 23.

动时，它才能够被认识。活动本身一定是超验的、形而上的存在。因此，哲学是一种"超越性科学"①，即它不仅处理经验的存在，而且处理超验的存在。这种超越性科学便是存在论，存在论是思辨哲学。

来自印度的佛教不仅是一种人生观体系，而且是一种思辨成果高度发达的哲学体系。这一思辨性哲学传入中国后，逐渐渗透到中国传统文化中，并最终对中国古典思想产生了较大影响，其中包括中国古代哲学。其标志性成果便是宋明理学。宋明理学是受到佛教哲学较大影响的中国传统哲学。我们甚至可以说，如果没有佛教哲学便无宋明理学。从先秦子学、两汉经学乃至玄学转变为思辨性的宋明理学的进程中，佛教哲学居功至伟。佛教不仅是一种世界观，关注全部的存在，而且超越了这个全部存在，形成了一种超越性观念，那就是空。空概念的出现突破了现实存在，即万法皆空。他们把这个终极性的虚空视为宇宙存在的终极性基础。至此，佛教形成了二元世界观，真谛与俗谛。所谓俗谛即现实世界，所谓真谛便是超越存在。超越的虚空观念与虚幻的现实一起构成了佛教对世界的理解，这种理解既有有限的现实，又有无限之体，从而构成了有限与无限的存在关系。这种有限与无限的存在关系便是思辨的关系。这种认识便是哲学式或存在论式（ontological）的。佛教的这种辨证哲学被宋明理学完全继承，并进行了创造性发展，最终形成了以实理为核心的理学思潮。在佛教思辨性思维方式的影响下，理学转变为思辨性哲学，迥然区别于先秦儒学等中国古代哲学思潮。

那么，宋明理学是如何接受佛教思想影响的呢？或者说，早期理学思维有哪些特征呢？这不仅是我关心的问题，也是张恒博士关心的问题。记得张恒在攻读博士一年级的某一天，他找到我，和我探讨了毕业论文的选题。他清楚明白地告诉我打算研究早期理学的思维方式。

---

① Martin Heidegger, *The Basic Problems of Phenomenology*, p. 17.

这个研究对象也是我喜欢的内容，自然同意了。然后，他详细地和我谈了谈自己的想法，打算揭示出邵、周、张、程等早期理学家们的理论既有辩证思维的性质，又夹杂着一些经验思维的痕迹，这种掺杂或混合应该体现了早期理学从传统的经验思维走向思辨哲学的不成熟性。这便是其论文的核心观点。我完全赞同他的基本判断，因为从王夫之对二程等人的批评来看，早期理学家如二程等的确存在着上述问题。王夫之仅仅将其归结为性气分别不明。这固然有道理，但是，从哲学上来看，这应该和早期理学家们对思辨哲学的理解并不到位有关。从选题的意义、创新性到可能性等角度来看，这是一个值得研究的内容。选题敲定之后，张恒全力以赴投入到论文写作中，并最终如期完成了毕业论文。答辩结束后，该毕业论文连续被评为山东大学优秀博士学位论文、山东省优秀博士学位论文等。随后，该论文又被其工作单位即山东社会科学院资助出版。在该书出版之际，我赠序以示衷心的祝贺！

沈顺福

2022 年 4 月 17 日于济南

目　　录

分论 "北宋五子"的多元开拓

余　论

附　论

绪　论
重回理学发生的"现场"

陈寅恪尝言，"华夏民族之文化，历数千载之演进，造极于赵宋之世。后渐衰微，终必复振"，中国学术未来之发展亦有待于"宋代学术之复兴"。① 重振宋代文化、复兴宋代学术，不能不考镜其源流，分析其嬗变。而在哲学与思想层面，"唐宋之变"无疑以"理学的发生"（the birth of Neo-Confucianism）为最具代表性的"事件"。

作为滥觞于唐宋之际、初创于"北宋五子"、鼎盛于程朱学派、转折于陆王学派的广泛思潮，理学以高度思辨的哲学形态与融会儒、释、道三家的文化形态构成了中国哲学史乃至中华文化生命的重要一期。② 自宋至明数百年间，尽管批评与反对之声始终伴随着理学的发展，但不可否认，理学确实在一定程度上为时人提供了理解世界、安顿心灵与治理社会的重要思想支撑。即便是明清时期的反理学思潮，也很难完全摆脱理学的话语体系与观念体系。

20 世纪以来，经过几波反传统浪潮，80 年代后，学界对理学有了新的认识，理学作为中国哲学史、思想史的重要组成部分重新成为研究热点，学界逐渐对理学的思想观点、学术方法、历史影响、社会价值等形成一些新的基本共识。有学者甚至提出，"所谓传统文化的现代化，首先也就指宋明理学的现代化"③，主张从理学中挖掘儒学乃至整个传统文化现代化重建的思想资源。

然而，理学毕竟已历经近千年的发展演变，其核心概念、主要命题、重要观念早已在学理与现实层面发生较大变化。今时若要挖掘理学的价值——无论是理论价值还是实践价值——并加以"利用"，就必须返回理学本身。这种"返本"不仅包括回到朱熹、王阳明等理学

---

① 陈寅恪：《邓广铭宋史职官志考证序》，《金明馆丛稿二编》，生活·读书·新知三联书店 2001 年版，第 277 页。

② 本书所言"理学"，除非特别说明，一般指广义理学思潮，区别于以程朱学派为主要代表的狭义理学。

③ 丁为祥：《从思潮崛起的问题意识看理学探索的重心》，《陕西师范大学学报》（哲学社会科学版）2001 年第 3 期。

"巅峰"——这些为全社会耳熟能详的"大人物"的确因思想的成熟与深刻而极具研究价值，还应包括返回理学"源头"，深入考察理学"发生"的内在逻辑与早期理学的思想特质。就前一方面而言，近些年出现的"朱子热""阳明热"等热潮中已涌现大量研究成果；就后一方面而言，亦即就返回理学"源头"而言，相关研究尤其是从哲理上展开的研究还有待加强，亟须学界重视。

第一节　为何研究"理学的发生"

孟子言："观水有术，必观其澜。日月有明，容光必照焉。"（《孟子·尽心上》）观水之澜，则知其源有本；观日月于容光之隙无不照，则知其明有本。"物有本末，事有终始，知所先后，则近道矣"（《大学》），对本原的追问与探求是哲学的根本任务，是人类生存不能抑制的冲动。

具体到某种哲学形态，比如理学，对其发生与嬗变的考辨同样根本与重要。让我们从一起域外诠释"事件"说起。

德国哲学家莱布尼茨晚年曾写作《论中国人的自然神学》（*Discours sur la théologie naturelle des Chinois*，1716）一文，针对在华传教士龙华民关于中国哲学的理解提出一系列批驳意见，其中涉及中国哲学中一个重要概念——"太极"。龙华民认为，"太极"是由"理""气"共同形成的无穷大球体，是完美与完满的终极程度；"太极"产生万物，在此之前它又被称为浑天。此外，根据莱布尼茨的引述，龙华民亦曾直接将"太极"视作"元气"。基于这些理解，龙华民认为中国哲学是无神论的。然而在莱布尼茨看来，龙华民混淆了"太极""理""气"诸概念之间的关系，"太极"是在"气"上有所作为的"理"，亦即"太极"与"理"实为一物，只是言说角度不同。莱布尼茨认为

"太极"或"理"相当于基督宗教的"至高神"，在这个意义上中国哲学属于有神论。

对于同一概念，莱布尼茨与龙华民的理解大相径庭，由此也导致二人对中国哲学形态的判断别为天渊。然而，如果考虑到他们借以理解中国哲学的文本主要是《性理大全》，或许就能比较容易地解释他们的分歧。《性理大全》是明人编撰的类书，收录了宋元百余位儒者的著述。这样一部堪称宋元理学百科全书的文献，其全面性无可厚非；然而问题也在于此：该书所涉学者前后跨越三百多年，哲学观念并不完全一致。莱布尼茨"太极即理"的观点更接近理学巅峰时期或谓成熟时期的主张，如朱熹曾说："太极只是个极好至善底道理。人人有一太极，物物有一太极。"① 但龙华民"太极包含理气"或"太极即气"的观点也并非臆断，在早期理学家如邵雍、周敦颐那里都能找到这些观念的影子，如周敦颐的《太极图》，无论是将"太极"解释为"气"还是解释为"理"都可以讲得通。可见，莱布尼茨与龙华民对"太极"的理解皆有所本，一者更接近理学巅峰时期的观念，一者更接近理学初创时期的观念。

就信念而言，上述两种观点——即龙华民主张的"太极即气"或"太极包含理气"与莱布尼茨主张的"太极即理"——皆无可厚非，人们完全可以对两种观点做类型划分并任选其一，不必在意它们之间是否有所关联。但就哲学或哲学史而言，却不能这样做，即不能简单地将其视为两种毫不相干的观点，否则就会像莱布尼茨与龙华民的分歧一样，变成一场"误会"。

这起域外诠释"事件"提示我们，要想全面、准确地理解某一思潮、学派或哲学家，不仅要认识到其思想的巅峰形态或成熟形态，也要追溯其源头，认识其发生、发展的过程。任何一种哲学形态的呈现，

---

① （宋）朱熹：《朱子语类》卷九十四，《朱子全书》第 17 册，朱杰人、严佐之、刘永翔主编，上海古籍出版社、安徽教育出版社 2010 年版，第 3122 页。

都是其哲学使命驱动的结果，而哲学使命不是凭空出现的，"密码"就隐藏于其源头，蕴含在其发生之时。由此，要想全面、准确地把握理学思潮，必须对早期理学给予足够重视，一方面正视早期理学与前理学时期诸哲学形态（如佛道两家、魏晋玄学乃至更早些时候的先秦汉代儒学）之间的逻辑关联，另一方面正视早期理学内部（及其与中后期理学之间）的逻辑关联，承认它们之间真切存在着"比较级"——一种逻辑发展意义上的"比较级"。否则，从先秦汉代儒学到魏晋玄学、隋唐佛道再到宋代理学，从周敦颐、邵雍到张载、二程，从"北宋五子"到朱熹、陆九渊、王阳明，人人都自说自话，理学史也将变成杂乱无章、毫无头绪的乱麻。

由此，研究"理学的发生"问题，有其重要的理论意义或学术意义，那就是回到理学发生的思想"现场"，从哲理上探清前理学时期诸哲学形态向理学转变以及早期理学向中后期理学发展的内在逻辑，对理学的哲学使命、思维方式、价值观念、话语体系等做出准确理解与判断，进而深刻理解整个中国哲学史的发展逻辑，为中国古代哲学与传统文化的现代化提供路径与方法的选择。

与理论意义或学术意义密切相关的，是研究"理学的发生"问题的现实意义或实践意义。就整个理学而言，其现实意义集中体现为对人的生存的观照，更具体而言，体现为对人的世界观念、价值观念、生存方式亦即世界何以存在、人何以存在、人如何生存等终极性问题的提点。可以说，理学对上述问题的回答，为人类更好地生存提供了一种具有可行性的解决方案。而研究"理学的发生"问题有助于从源头上理解和反思理学的方案，更好地继承、发展和利用这些方案。

以世界观念为例，从"北宋五子"到朱熹、陆王，宋明理学家无不主张"天人合一"（或谓"万物一体"），这一观念集中体现着理学家看待世界的方式以及对于人在世界中的位置的确认。20世纪以来，中国哲学界越来越意识到"天人合一"观念在处理人与世界关系问题上的重要价值，涌现出了大量的相关研究成果。不过，这些成果对"天人合一"观念的具体理解千差万别，莫衷一是。事实上，"天人合一"观念绝不可能凭空产生，它是中国古代天人观逻辑发展到一定阶段和一定程度的产物，在玄学与佛教中各自呈现出不同的形态。如果不能返回理学发生的思想"现场"，便难以发现理学"天人合一"观念较玄学与佛教的超越之处，也就难以发现其真实价值。因此，研究"理学的发生"问题有助于从更为宏阔的视野发现理学世界观念的独特价值，并将其运用于当今人类生存境遇之改善。

在价值观念层面，研究"理学的发生"问题有助于对理学价值标准、伦理规范的理解、反思与重构。今日中国，无论男女老幼，都习惯于将"讲理""合理""顺理成章"作为人、事之可信、可行的关键指标，而对于"蛮不讲理""违背常理""伤天害理"之人、事，则要么批评反对，要么避而远之。一言以蔽之，"理"（或谓"道理"）是日常生活中极为重要的价值标准与伦理规范。历史地看，"理"的上述地位的确立正是始于宋代，确切地说，发生于理学思潮。返回理学发生的思想"现场"，有助于揭示"理"概念（或观念）的历史演变与逻辑发展，有助于准确理解"理"的内涵与使命，也有助于今人对这一价值标准与伦理规范的扬弃与发展。

在生活方式层面，研究"理学的发生"问题有助于对理学道德实践的思路、方法的理解与践行。理学家普遍重视"工夫"，"工夫"即是关涉人之为人以及人如何成己成人、成圣成贤等根本问题的道德实践。理学中后期的诸多哲学家都建构起了成熟的工夫论体系，而这些工夫论体系实则开创于"北宋五子"等早期理学家。返回理学发生的思想"现场"，有助于揭示理学工夫论最为原初的问题意识、路径选择与经验教训，这对于当今社会的道德与精神文明建设具有重要的现实意义。

现代性已是现代人类社会基本生存方式的显著特征，中国作为

"后发现代化国家",传统文化现代化是其"应对"或"拥抱"现代性的题中应有之义。正如有些学者所指出的,传统文化的现代化在某种程度上首先意味着理学的现代化,而理学的现代化首先需要对理学有全面、准确的理解与把握。在这个意义上,"理学的发生"问题理应受到中国哲学研究界的关注。只有首先从学理上完成对"理学的发生"问题的科学研究,才能进一步谈及理学的发展与应用问题,亦即对理学的"创造性转化"与"创新性发展",使之思考、回应时代问题的方式、方法可以为当前中国传统文化现代化提供可资借鉴的经验,为中国应对转型期的各种问题提供可资参考的解决方案。

第二节 理学探源:学术史回顾与评析

尽管理学的发生与发展一直伴随着批评与反对之声,但不可否认,早在有宋一代,理学就已是名副其实的显学,自宋至今,理学相关研究成果汗牛充栋,其中涉及"理学的发生"问题者也颇具规模。笼统而言,以往关于"理学的发生"问题的研究可分为以下几类:一是从道统建构或接续视角对理学进行探源,这类研究多通过传统文献学与史学方法开展;二是通过追问理学的思想使命或问题意识来研究理学的发生,这类研究与前一类研究密切相关,但更加注重义理分析,注重运用思辨哲学方法;三是从逻辑发展角度研究理学发生问题,这类研究多采用哲学与哲学史、思想史相结合亦即史思结合的方法,分析、抽绎理学发生发展的逻辑脉络;四是通过对时代环境的考察,揭示推动或影响理学发生的政治、经济、文化、心理等因素或条件,这类研究多采用史学方法,包括政治史、经济史、社会史、心智史、文学史等。需要说明的是,以上分类并非绝对,也难以概括所有的研究成果。事实上,某一项具体研究往往蕴含多重视角,融会多种方法,本书出于分析的方便择其侧重而言，不可对这些分类做教条看待。

一 道统叙事：文献学视野下的理学探源

有宋一代，时人已有不少关于理学的讨论，目前来看最早对理学进行探源的文献是《诸儒鸣道集》，该书约成于 12 世纪 50—60 年代，编者不详，其学术活动当稍早于朱熹。① 如书名所言，该书是一部诸儒论"道"的文集，辑录了周敦颐、司马光、张载、二程等学者及其弟子或再传弟子共十二家的主要著述。从人物关系来看，周敦颐是二程的老师，司马光与二程家族交好，张载是二程的表叔，其余学者也大都是二程与司马光的弟子或再传弟子，其中似隐含以二程为中心的谱系建构。尽管这一谱系有待商榷，但该书勾勒理学初创线索、描绘理学初创图景的道统叙事意识的确是开创性的。

紧随《诸儒鸣道集》之后，朱熹于 12 世纪 70 年代编成《伊洛渊源录》。与《诸儒鸣道集》主要辑录学者著述不同，《伊洛渊源录》主要收录理学早期人物的"行实"，包括行状、事状、祭文等。该书进一步突出以二程为中心的谱系建构，在人物选取上去掉了《诸儒鸣道集》中的司马光，并将二程置于周敦颐之后、张载之前，其余人物也多是二程与张载的后学，在事实上建构起以周敦颐为源头、二程为中心、张载为补充的理学发生格局。不过，《伊洛渊源录》出版时部分内容未征得朱熹同意便被篡改，如传世版本中邵雍部分即是"书坊自增耳"②。有意思的是，这个"书坊自增"的版本却成为后世所谓"北宋五子"概念的重要源头。

谢无量曾说："记述一学派之源流而为书者，莫精于朱晦庵之《伊洛渊源录》……其体例皆近于今之所谓哲学史者也。"③《伊洛渊源录》

① 参见陈来《略论〈诸儒鸣道集〉》，《北京大学学报》（哲学社会科学版）1986 年第 1 期。
② （宋）朱熹：《朱子语类》卷六十，《朱子全书》第 16 册，第 1962 页。
③ 谢无量：《中国哲学史校注》，王宝峰等校注，华东师范大学出版社 2018 年版，第 2 页。

的理学探源的确对后世影响极大，此后涌现出大量以类似体例、类似方法对理学进行探源的作品，如南宋陈亮《伊洛正源书》，元代脱脱等《宋史·道学传》，明代刘元卿《诸儒学案》、周汝登《圣学宗传》、刘宗周《圣学宗要》，明清之际孙奇逢《理学宗传》、熊赐履《学统》、黄宗羲与全祖望《宋元学案》《明儒学案》，等等。① 总的来看，这些作品大都延续了《伊洛渊源录》的思路，即以"北宋五子"或其中某几位为理学开端，尤为推重周敦颐、二程在理学发生中的源头地位，强调他们对儒家道统的接续或重建，如《宋史·道学传》首篇即主要传述"北宋五子"，其理由如下：

> 孔子没，曾子独得其传，传之子思，以及孟子，孟子没而无传……千有余载，至宋中叶，周敦颐出于舂陵，乃得圣贤不传之学……张载作《西铭》，又极言理一分殊之旨……仁宗明道初年，程颢及弟颐寔生，及长，受业周氏，已乃扩大其所闻，表章《大学》、《中庸》二篇，与《语》、《孟》并行，于是上自帝王传心之奥，下至初学入德之门，融会贯通，无复余蕴……邵雍高明英悟，程氏实推重之，旧史列之隐逸，未当，今置张载后……②

及至近世，以"北宋五子"为理学主要源头仍是学界最为主流的理学谱系叙述方式，如冯友兰《中国哲学史》即以韩愈、李翱为理学初兴，以"北宋五子"为实际开端；侯外庐、邱汉生、张岂之主编的《宋明理学史》主张理学奠基于周敦颐和张载，形成于程颢和程颐，并以邵雍为重要补充；张立文《宋明理学研究》、陈来《宋明理学》等也都体现了这一思路的影响。

---

① 宋元明清几代，以传统文献学、史学方法进行理学探源的作品还有很多，近年来有学者对此做过各种程度的梳理，可参见徐公喜《理学源流著作述论》，《江西社会科学》2009 年第 12 期。

② 《宋史》第三六册，中华书局 1977 年版，第 12709—12710 页。

总之，道统叙事以传统文献学、史学方法，从历时维度建构理学发生发展之谱系，形成了一批关于"理学的发生"问题的重要成果，这些研究成果对第一手资料的收集、整理、分析、评述等，为从其他视角或方法开展早期理学研究奠定了坚实的基础。

二　使命追问：从哲学视角看理学的发生

尽管理学可以展现为多种形态，或说可以通过多种进路开展研究，但哲学形态始终是理学最为核心的一面，哲学进路是研究理学的一条必经之路。如果不能从哲学角度探清理学发生的本质，其他角度的研究便容易"误入歧途"。

学术史上对理学发生问题做哲学探讨的，朱熹是较早的一个。《伊洛渊源录》编成后不久，朱熹又与吕祖谦共同编成《近思录》。与《伊洛渊源录》注重学者"行实"不同，《近思录》更加注重学者观点。表面看来，《近思录》既无注解也无新论，似乎只是对周敦颐、程颢、程颐、张载四人语录、观点的汇编，实际上正如有学者所指出的，《近思录》的原创性价值主要不在于文献整理，而在于运思构想与篇目结构。① 其中首卷最能说明问题，该卷以《道体》为名，以周、程、张"四子"的"阴阳变化性命之说"为主要内容，体现了朱、吕二人对理学核心问题的确认，即他们认为理学的核心使命是推本究原、确立"道体"。"道体论"不仅是朱熹分析研判早期理学的理论框架，也是其自身哲学建构的着力之点。

近世中西学术交流会通以后，"道体论"或"道体追问"又以存在论（或本体论，ontology）等形而上学（metaphysics）面目出现。冯友兰曾经提出，理学的出现是为回应佛教所谓"担水砍柴，无非妙道"的主张：如果担水砍柴，就是妙道，为什么"事父事君"就不是妙道？

① 参见严佐之《近思录导读》，《近思录》，（宋）朱熹、吕祖谦编，（宋）叶采集解，上海世纪出版集团2010年版，第8—9页。

冯友兰认为，早期理学家的使命是使原先儒家评定为道德的行为，都获得更高的价值，即超道德的价值，使其拥有禅宗所谓妙道的性质。①在冯友兰看来，作为"超道德价值"的"理"与"柏拉图式理念"（platonic ideas）具有相同的性质。

牟宗三对理学的研辨极为精细，他不仅结合西学对理学的使命与课题做了细致的分析解读，还在理学派系划分上颇下了一番功夫。牟宗三认为，理学的产生虽受了佛教的刺激，但在内容上与佛教无关，也与秦汉至隋唐间儒学无关，其主要目的是豁醒先秦儒家的"成德之教"，说明自觉的道德实践所以可能之超越的根据，此超越的根据即是"性体"。宋代理学所重塑的"成德之教"既可以实现康德所规划的"道德的形上学"，也可以收摄融化黑格尔的精神哲学。②

李泽厚从"伦理本体"角度出发，指出理学的根本目的和理论建构以伦理学为旨归，是要证实封建伦常的普遍必然性，重建以人的伦常秩序为本体轴心的孔孟之道。在这个意义上，理学中的宇宙论、认识论等元素都只是附属于伦理学。但是，由于理学所遵循的是中国"天人合一"传统，其又与西学如康德哲学有根本区别：康德将现象与本体截然两分，认为伦理与自然无关；理学则强调体用不二，认为"人道"（伦理秩序）即"天理"（宇宙规律）所在。③

蒙培元于20世纪80年代先后出版《理学的演变——从朱熹到王夫之戴震》《理学范畴系统》等理学研究专著。《理学的演变——从朱熹到王夫之戴震》提出，理学的核心在于构建道德理性主义的人性论，即关于人的本性的学问，宇宙本体论的建立只是理学体系的基本前提。在蒙培元看来，无论是周敦颐、张载还是二程，其核心使命都主要在

①　参见冯友兰《中国哲学简史》，涂又光译，北京大学出版社2010年版，第216、226页。

②　参见牟宗三《心体与性体》（一），《牟宗三先生全集》第5册，台北：联经出版事业公司2003年版，第40—42页。

③　参见李泽厚《中国古代思想史论》，生活·读书·新知三联书店2017年版，第236—237页。

于为人性的道德内容找到宇宙本体论的根据，亦即建立一种"形而上"的道德本体论。①

张立文提出，在外来印度文化哲学与本土道教文化哲学挑战下，理学家将元典儒学作为滞留于伦理道德层次的心性之学，从形上学本体论层次给以观照，使传统儒学以心性为核心的伦理道德和价值理想（社会理想和人格理想）建构在具有理性力度的形上学本体论思维之上，通过诠释心性与本体、伦理与天道的连接以及人与生存世界、意义世界和可能世界的关系，使儒家道德学说获得形上性和整体性的论述。②

杨国荣认为，从哲学的层面说，理学既讨论何物存在或何为世界的本原及根据这样一些天道之域的形而上问题，又追问何为人、何为理想人格以及应当做什么、应当如何做等人道之域的问题。在更一般的层面上，理学的关切之点进一步指向"当然"与"实然""必然""自然"之间的关系。后者既涉及中国哲学所讨论的天道与人道的关系，又在普遍的哲学论域中体现了本体论、伦理学与价值论的相互交融。③

丁为祥对理学崛起过程中的问题意识做了具体考察，在依次分析古文运动、经学复苏与理学奠基三个阶段思想先驱的致思趋向后提出，超越追求与现实关怀如何统一的问题是理学的问题意识，也是推动理学发展、演变乃至分化的基本坐标。丁为祥认为，站在今天的角度看，如何实现超越追求与现实关怀的统一，也是把握理学并借以推陈出新的基本原则。④

---

① 参见蒙培元《理学的演变——从朱熹到王夫之戴震》，《蒙培元全集》第二卷，黄玉顺、杨永明、任文利主编，四川人民出版社 2021 年版，第 9 页。

② 参见张立文《宋明理学研究》，中国人民大学出版社 2016 年版，第 14—15 页。

③ 参见杨国荣《宋明理学：内在论题及其哲学意蕴》，《学海》2012 年第 1 期。

④ 参见丁为祥《从思潮崛起的问题意识看理学探索的重心》，《陕西师范大学学报》（哲学社会科学版）2001 年第 3 期。

以上所举，只是从使命追问视角对"理学的发生"问题所开展研究中的一部分，其他成果还有不少，兹不一一列举。思想使命或谓问题意识、课题目标是一切思潮或学派之所以发生或兴起的核心驱动力，以上从这一视角出发进行的研究，成果丰富，新见迭出，值得认真吸收借鉴。

三　逻辑演绎：史思结合看理学发生机制

20 世纪以来，部分研究侧重于从逻辑发展的视角考察理学的发生，亦即将理学置于中国哲学史逻辑发展的脉络之中，考察理学发生、发展的内在逻辑。这些研究往往采取史思结合的方法，既有哲学分析的内核，又不脱离哲学史或思想史的实际，取得了许多重要成果。

冯契于 20 世纪 80 年代出版的《中国古代哲学的逻辑发展》是描绘中国古代哲学思想逻辑发展脉络的力作，该书对中国古代哲学史中主要范畴和命题发展演变逻辑的分析与揭示，具有重要的方法论意义。如在"理学的发生"问题上，冯契认为理学的核心问题"理气（道器）之辩"实可以溯源至魏晋时期的"有无（动静）之辩"。玄学与佛学都以"虚静"为世界第一原理，隋唐儒家学者并没有在哲理上给出反对的理由，直到张载才运用"体用不二"和对立统一原理做出了比较正确的总结，并进一步发展为后来的"理气（道器）之辩"。[①]

蒙培元《理学范畴系统》是较早全面辨析理学范畴系统形成、分化、演变的著作。该书将理学范畴视为传统哲学范畴的最后总结和完成，从宇宙论与本体论、人性论与人生论、认识论与方法论、天人关系等方面深入分析了理学的范畴体系，揭示出理学的一系列思维特征。[②]

---

① 参见冯契《中国古代哲学的逻辑发展》（下），《冯契文集》第 6 卷，华东师范大学出版社 2016 年版，第 31 页。
② 参见蒙培元《理学范畴系统》，《蒙培元全集》第三卷。

陈来《宋明理学》提出，精神文化的发展有其内在逻辑与课题，这主要体现在内部渊源与外部挑战两个方面。理学一方面努力强化社会所需要的价值系统，将其抽象为"天理"，同时将其规定为人性的内涵，体现为强烈的价值理性的形态；另一方面，理学在排斥佛道出世主义的同时，充分吸收二教发展精神生活的丰富经验，探求精神修养、发展、完善的多方面课题与境界，以建立基于人文主义的并具有宗教性的"精神性"。陈来同时指出，理学的发生是一个过程，气学（以张载为代表）、数学（以邵雍为代表）、理学（以程朱为代表）、心学（以陆王为代表）历史地、逻辑地展现了理学逐步深入的发展过程。①

徐洪兴从逻辑与历史相统一这一哲学史研究的方法论原则出发，着眼于理学发生的文化和历史背景，以儒家思想学说的演变以及外来文化的挑战与中国本土文化的回应作为考察起点。在《思想的转型：理学发生过程研究》《唐宋之际儒学转型研究》等专著中，徐洪兴探讨了理学思潮的兴起与唐宋之际儒学复兴及更新这一重大的文化变迁之间的关系，从儒家原典研究的新取向、孟子的升格运动、排佛道与古文运动等层面展开具体论述。②

冯达文《宋明新儒学略论》从哲学方法回到史学方法，认为理学的主要课题是接续、完成先秦儒家尤其是《中庸》《易传》贯通"天道"与"人德"的探寻。具体而言，早期理学家有各自不同的致思取向，如周敦颐与张载主要是从宇宙生成论出发，为儒学价值追求确立普遍有效性，二程与朱熹则主要是通过"主知论"来实现"成德"之目标。③

朱汉民《玄学与理学的学术思想理路研究》在理学发生逻辑的分

---

① 参见陈来《宋明理学》，北京大学出版社 2020 年版，第 19、14 页。
② 参见徐洪兴《思想的转型——理学发生过程研究》，上海人民出版社 1996 年版；徐洪兴《唐宋之际儒学转型研究》，上海人民出版社 2018 年版。
③ 参见冯达文《宋明新儒学略论》，广东人民出版社 1997 年版。

析上较有创见，该书运用谱系学、经典诠释学、比较哲学等方法，对玄学与理学的精神境界、人格理想、身心之学、性理之学、经典诠释方法等进行分析比较，揭示出玄学与理学的诸多内在关联。[1]

沈顺福从儒家哲学思维逻辑发展的视角提出，中国早期哲学思维方式属于本源论模式，具有形象化特征，欠缺思辨性。佛教将万物视为相、用，其体或为心或为空，表现出哲学思辨模式。宋明儒家吸收了这种抽象化思辨模式，如朱熹将万物之理视为体，万物之流行发用视为用，体用方式成为其观察世界、理解世界和解释世界的基本模式。朱熹体用论的出现标志着中国传统哲学提升为思辨哲学，成为一种追问终极性存在的本体论。[2]

贡华南专门考察了"理"概念在中国古代思想世界的演进历程，认为从先秦"形"范式到汉魏"体"范式，进而至宋明"理"范式，中国思想范式由外在形式渐次嬗变为内在质料。从先秦作为"类"之理到魏晋作为"故"之理，进至宋明作为"理"之理，理兼摄形式与质料，兼含"类"与"故"，融合必然之理与当然之理，终被视作看待人、事、物的普遍架构。[3]

以上列举了从逻辑演绎视角对"理学的发生"问题所开展研究的一部分，其余成果还有不少。这一研究视角通过比较研究方法，将理学纳入中国哲学史逻辑发展的脉络之中，既有哲学的深度又有史学的广度，具有重要的学术价值。

四　评史论世：大历史视域中的多元探索

史学也是研究"理学的发生"问题的重要进路，以往相关研究从思想史、政治史、社会史、文化史、学术史、教育史、制度史等多个

---

①　参见朱汉民《玄学与理学的学术思想理路研究》，中国社会科学出版社 2012 年版。

②　参见沈顺福《体用论与传统儒家形而上学》，《哲学研究》2016 年第 7 期。

③　参见贡华南《理、天理与理会：论"理"在中国古代思想世界的演进》，《复旦学报》（社会科学版）2014 年第 6 期。

维度进行探索，取得了丰富的研究成果，这些成果与文献学、哲学等
进路的研究成果相互补充，成为研究"理学的发生"问题不可或缺的
思想资源。

　　钱穆特别关注宋初诸儒如胡瑗、孙复、范仲淹、王安石等人之于
理学诞生的意义，尤其关注他们对"师道"、教育等问题的重视，所谓
"首当注意者，是他们的重振师道。此乃王通所游想，韩愈所力言，而
至是始实现"①。钱穆认为，理学来源于初期宋学，初期宋儒在各方面
的看法与论述是理学的直接根源。在钱穆看来，初期宋学既是对前代
儒学的继承，又对理学有开启作用。②

　　葛兆光《中国思想史》试图在北宋政治合法性与秩序合理性的确
立以及"治统"与"道统"的分离背景中，重新建立理学发生的思想
语境。该书认为，当确认权力合法性已经成为过去的历史，确认思想
合理性就成了士人最深刻的忧患，这种忧患使思想转型要求渐渐显露
出来，特别是在皇权和国家日益确立其合法性的情况下，如何维护知
识与思想的批评力和约束力，表达北宋迅速膨胀起来的士人阶层的意
志，是相当重要的问题。"治统"与"道统"之争的凸显，以及由此
导致的政治重心与文化重心的分离，最终促成了理学思潮的兴起。③

　　朱汉民《宋明理学通论——一种文化学的诠释》将理学视为一种
文化形态，从文化角度对理学的形成背景、文化特征等予以析论。具
体而言，该书通过"道""学""术"三个视角，分别探讨理学发生发
展过程中的人文信仰重建、知识形态开拓与生活实践回归，较为全面
地揭示了理学发生发展的文化学动因。④

　　陈来主编《早期道学话语的形成与演变》独辟蹊径，通过话语研

---

① 钱穆：《中国学术思想史论丛》，《钱宾四先生全集》第 20 册，台北：联经出版事业公司
1998 年版，第 1 页。

② 参见钱穆《宋明理学概述》，《钱宾四先生全集》第 9 册。

③ 参见葛兆光《中国思想史》第二卷，复旦大学出版社 2016 年版。

④ 参见朱汉民《宋明理学通论——一种文化学的诠释》，湖南教育出版社 2000 年版。

究方法对理学话语的形成、发展、蜕变做了深入考察。该书提出，话语体系的形成来自命题、陈述的共同风格和共同主题，来自问题意识上的共识，也来自对关键概念使用的共同偏好。在这个意义上，理学无疑是一种话语体系，这种话语体系的形成基于若干社会—思想条件，就思想方面来说，二程、张载思想的创立，周敦颐、二程人格与境界的感召力，理学精神对宋代知识人的吸引，都对理学作为一种思潮和话语的形成起了重要作用。与此同时，理学内部所讨论的问题由分散到集中，则具体规定了理学话语的内涵。[①]

美国学者包弼德《历史上的理学》（Neo-Confucianism in History）放弃哲学研究方法，从社会史的视角研究理学的发生发展。在社会史视角下，理学被视为一种对政治、社会、经济与文化变迁的回应，也就是说，理学不只是一场哲学运动，还是一场社会运动。该书试图从理学及理学家对社会与政治世界的参与中发现理学发生发展的奥秘。[②]

包弼德另一专著《斯文：唐宋思想的转型》（Intellectual Transitions in Tang and Sung China）也涉及对理学发生问题的探讨，该书采用心智史研究方法，通过考察唐宋之际"士"这个理念的变迁，发现人们对"学（以成士）"的理解发生了很大变化，即"学"逐渐由"掌握'文'并通过文章写作来展示"变成了"努力从普遍、通贯的意义上去理解'道'并通过个人的德行来体现"，正是在这个过程中，思想世界从以文学为中心转向了以道学（理学）为中心。[③]

当然，史学视角的研究不止于上述成果，这些研究基于历史与时代，从政治、社会、观念、文化等领域展开，极大地丰富、拓展了关于"理学的发生"问题的研究思路。

---

① 参见陈来主编《早期道学话语的形成与演变》，安徽教育出版社 2007 年版。
② 参见［美］包弼德《历史上的理学》，［新加坡］王昌伟译，浙江大学出版社 2010 年版。
③ 参见［美］包弼德《斯文：唐宋思想的转型》，刘宁译，江苏人民出版社 2017 年版。

五 现有研究的经验与不足

以上回顾，挂一漏万，但通过这种粗线条的梳理可以发现，自宋至今，学界已从多种视角、多种学科、多种方法对"理学的发生"问题做了多元化探索，取得了丰硕的研究成果，这些成果所提示的以下几点值得特别注意。

首先，文献学方法对于研究"理学的发生"问题是基础性的，应该始终予以重视。作为有意识地进行理学探源的第一人，朱熹编撰的《伊洛渊源录》《近思录》等是从文献学、史学视角研究早期理学的典范，它们和稍早些时候的《诸儒鸣道集》、稍晚些时候的《宋史》《宋元学案》等成果一道，既为后世提供了重要的研究思路，也提供了翔实的研究材料。近世哲学通史或哲学断代史著作又在前述成果的基础上做了补充、完善或创新，如对"宋初三先生"乃至更早的韩愈、李翱等人的关注，对范仲淹、欧阳修、王安石等学者与早期理学关系的发掘等，都是近世研究成果的重要体现。

其次，研究"理学的发生"问题应从宏观上把握理学的核心使命、问题意识，否则不可能对理学的发生、特征形成准确理解与合理解释。朱熹早在建构理学谱系时就已经意识到了这一点，他将理学的发生归因于儒家学者对"道体"的追问，在一定意义上为理学确立了判准，也为理学溯源确立了依据。20 世纪以来关于"理学的发生"问题的哲学研究，也大都能意识到这一点，无论是冯友兰的"超道德价值"、牟宗三的"性体"还是李泽厚的"伦理本体"等，都能从各自视角抓住哲学使命或问题意识这一核心与关键。

再次，重视理学发生发展的内在逻辑是 20 世纪以来理学研究的重要创新之处。受近代以来域外学术传入的影响，中国哲学、中国哲学史、中国思想史研究界开始有意识地吸取、借鉴域外学术尤其是西方哲学的理论成果，尝试从思辨哲学角度对理学核心概念、范畴、命题的产生、发展、演变做出合理解释。体现在"理学的发生"问题上，学界格外重视"理""气"等概念的逻辑演变及"理气关系"作为"道器关系"这一中国哲学核心问题的逻辑发展。总之，逻辑发展进路将理学视为中国哲学逻辑发展到一定阶段和一定程度的产物，这种思路对于从一般层面理解"理学的发生"具有重要意义。

最后，近几十年来，从思想史、社会史、政治史、文化史、观念史、心智史等视角对"理学的发生"问题开展的研究方兴未艾，这些研究视角的出现与20世纪80年代以来中国学术界再次对域外学术方法的吸收、借鉴密不可分。相关研究成果往往能在主流哲学史、思想史叙事之外另辟蹊径，重新发掘传统研究中被忽视或被舍弃的资料、线索，并借助现代人文学科、社会科学乃至自然科学的研究方法得出新的结论。由于范式新颖，这些研究领域正吸引大量学者的加入。

此外，从文学、语言学、心理学等学科或视角开展的研究也时有出现，它们与上述研究成果互为补充，丰富了对"理学的发生"问题的研究与理解。

总的来说，学界已就"理学的发生"问题做了许多探索，取得了丰硕的研究成果。尽管如此，相关研究仍有尚待完善与拓展之处，这主要体现在以下几个方面。

首先，对理学哲学使命或问题意识的论述略显单薄，这主要源于对理学天人观与传统天人观的关系重视不够。理学主张"天人合一"或"万物一体"，这一观念实则关乎理学的使命，即理学是为了重新确立天人合一的整全世界之本原。要研究这一本原的独特之处即区别于佛学与玄学之处，就必须研究理学天人观念与以往天人观念之不同。于此，尽管学界普遍重视理学的"天人合一"观念，却鲜有研究将其置于观念史的发展演变中进行考察，也就难以从根本上发现理学哲学使命或问题意识之由来。

其次，对理学思维特征的刻画不够清晰，这主要源于对早期理学与玄学、佛学思维方式的关系重视不够。学界谈及"理学的发生",要么从"挑战—回应"角度将其归因于对佛道宗教的回应,要么从"道统接续"角度将其归因于对先秦儒家尤其是孟子学派的接续。这些理解有其道理,但还不够全面。玄学作为中国哲学史的重要一环,其所关注的"一多""本末""有无""动静"等哲学问题在佛道宗教、隋唐儒学及早期理学那里仍然存在或以其他形态存在,这说明早期理学一定与玄学有某种历史的、逻辑的关联。这是一种什么样的关联,背后是何逻辑关系,其对理学的发生乃至整个中国哲学史的发展有何意义?这些问题有待进一步深入研究。

最后,对理学发生进程的研究成果相对较少,这主要源于对早期理学发生过程中的逻辑关系、历史关系重视不够。一般认为早期理学家以"北宋五子"为主要代表,或说他们五人是理学最主要的奠基者、开拓者。自宋代开始,学者对这五人的异同做过各种判别,近世相关研究也极其丰富,但凡涉及理学的哲学通史或断代史都会对此有所叙述。但是,"五子"之间除了横向的同异关系还有没有纵向的演变关系,这种演变背后是何逻辑?学界对此的研究还不够充分。

此外,从不同视角、不同学科、不同方法开展的研究,在对彼此研究成果的吸收借鉴方面还有待加强,如不能以问题为导向做跨学科的综合研究,"理学的发生"问题可能无法得到最为充分、完满的解决,这些既是现有研究的不足,也是进一步深化研究的契机与重点。

第三节　思路与创新:基于"范式转换"视角的尝试

"理学的发生"相关研究具有重要的理论意义与现实意义,现有研究虽已取得丰硕成果,但也存在一些不足,有待完善与拓展。本书在吸收和借鉴已有研究经验的基础上，尝试提出一种新的研究思路，即将理学视为一种哲学范式，通过范式转换视角考察理学发生的内在逻辑。

一 基本思路与结构

"理学的发生"相关研究的不足，概而言之是对理学与前理学时期诸哲学形态的逻辑关联重视不够，比如在世界观念（天人观）、思维方式等方面，理学与玄学、佛学之间究竟有着怎样的逻辑关联，学界的认识尚不充分。在相关研究欠缺的背景下，推动理学发生的各条逻辑线索便难以有机地融合在一起，也难以形成合理的解释框架。

上述问题的存在主要有两方面具体原因：其一，现有理学研究重视程、朱、陆、王等思潮巅峰时期或学派成熟时期的"大人物"，对早期代表人物的关注略显不够；其二，对理学早期人物如"北宋五子"的关注与研究，多采取静态视角，即注重对这些哲学家的分别研究，较少将他们纳入中国哲学史逻辑发展的脉络之中进行考察。有鉴于此，本书尝试从动态的、比较的视角出发，通过辨析早期理学与前理学时期诸哲学形态之关系，揭示理学发生的内在逻辑。

为了更好地进行动态的、比较的研究，本书尝试引入范式（paradigm）概念。范式概念由美国学者托马斯·库恩（Thomas S. Kuhn）提出，最早用于解释科学史的发展尤其是科学革命的出现及其结构，后来广泛应用于自然科学、社会科学乃至人文学科研究，用来解释思潮的发生、学派的缔结等问题。按照库恩的说法，范式一方面指"一个特定共同体的成员所共有的信念、价值、技术等等构成的整体"，另一方面指"那个整体的一种元素，即具体的谜题解答；把它们当作模型和范例，可以取代明确的规则以作为常规科学中其他谜题解答的基础"。①

---

① 参见［美］托马斯·库恩《科学革命的结构》，金吾伦、胡新和译，北京大学出版社2012年版，第147页。英文版参见 Thomas S. Kuhn, *The Structure of Scientific Revolutions*, 4th ed., Chicago: University of Chicago Press, 2012, p. 174。

范式是一个学术共同体的成员所共有的东西。一个新的学术共同体的缔结与新的思潮的诞生，背后往往是范式转换（paradigm conversion）。

以范式转换为视角，本书对理学发生问题采取个案分析与归纳演绎相结合的研究方式。

在个案选取上，本书以"北宋五子"即周敦颐、邵雍、张载、程颢、程颐为主要研究对象，这五人基本符合学界关于早期理学家的定位。通过分析"北宋五子"的本原论、人性论、工夫论等思想，考察他们在问题意识、概念范畴、观点观念、体系建构等方面的共通之处与特征，此五人作为学术共同体的判定亦由此证成。这些研究内容主要体现在本书的"分论"部分"'北宋五子'的多元开拓"，分四章展开论述，其中邵雍、周敦颐、张载各占一章，二程兄弟合占一章。需要说明的是，这部分内容是本书的基础，将其置于"总论"之后，是出于行文结构与阅读方面的考虑。

在上述研究基础上，本书将理学与前理学时期主要哲学形态如佛道宗教、魏晋玄学、先秦汉代哲学等予以比较考察，发现"北宋五子"作为一个学术共同体的哲学范式与前理学时期显著不同，这种不同体现为彼此逻辑关联的四个方面，即哲学使命、思维方式、价值观念以及贯穿于前三者的话语体系。可以说，理学的范式转换主要就体现为这四重维度的整体转换。首先，就哲学使命而言，理学扬弃玄学及其以前中国本土哲学对"经验的存在之先"的追问与佛学对"超验的存在之先"的追问，试图找到一个既超越于经验又不脱离于经验的终极本原，这一"寻根"之旅以"天人合一"或"万物一体"观念为前提。其次，就思维方式而言，理学扬弃玄学及其以前中国本土哲学的"本末"思维与佛学的"体相用"思维，发展出以"体用论"为基本特征的思维方式，思维之变构成了"北宋五子"哲学范式转换的重要支撑。再次，就价值观念而言，早期理学家选择以儒家核心价值"仁"为价值重建的主要依据，一方面反对佛道两家"凌空蹈虚"、否弃世间人伦的价值观念，另一方面又对传统儒家经验性的"仁"观念予以超越性提升，使其上升为"天道"与"人道"共同的超越性根据。最后，就话语体系而言，理学的发生过程也是复活、改造传统哲学话语体系的过程，在此过程中，旧的哲学话语被赋予全新的内涵。这些研究内容主要体现在本书的"总论"部分"早期理学的范式转换"中，分三章展开论述。

余论部分对全书作了简要总结，提出了概括性的研究结论，同时交代了研究过程中的难点与不足之处，并对未来的相关研究做出了展望。

除此之外，本书还附录三篇文章。这三篇文章都完成于本书的写作与修改期间，所涉话题皆与本书相关，故一并收入以做参考。其中，《人学视域中的"天人之辨"》是对本书第一章有关内容的深化研究，该文主体内容曾以"走向'天的人化'：人学视域中的天人之辨——从'类型说'与'阶段说'的困难谈起"为题，刊发于《管子学刊》2022 年第 2 期。《儒门内的王弼》主体内容曾刊发于《孔子研究》2019 年第 2 期，原题为"儒门内的王弼——对王弼哲学派别归属的一个阐明"，该文是与本书第二章高度相关的一些思考。《鬼神与天理》曾以"鬼神的退场：二程鬼神礼制观"为题刊发于《中国社会科学报》2020 年 12 月 29 日第 3 版，该文可视为对本书第七章二程思想的补充论证。

以上是本书的基本思路与主体结构。

二　主要研究方法

本书主要采用哲学发生学研究方法，这不是一种单一的研究方法，而是多种研究方法的综合。笼统而言，这一方法有以下几个特点：就研究对象而言，哲学发生学方法侧重于研究哲学概念、观念的发生、发展、演变，区别于重视事件的研究方法；就研究目的而言，哲学发生学方法侧重于建构超事实的关联，区别于追求还原事实真相的研究方法；就研究方式而言，哲学发生学方法强调逻辑建构与归纳演绎，区别于重视历史叙事与实证分析的研究方法。

具体而言，哲学发生学方法融合了多种研究方法，如文献学方法、比较哲学方法、历史学方法等，其特点也具体地体现在这些方法当中。

首先，文献学方法是所有古典学术研究的基础，也是哲学发生学方法的基础。哲学发生学方法中的文献研究，重点不在于字词的训诂与考据，而在于梳理、辨析概念、范畴、命题、观念在文本中的发展演变，或简而言之，重点不在于文献的梳理而在于义理的阐释与发现。

其次，比较哲学方法是哲学发生学方法的"主脑"。比较研究方法广泛应用于各个学科、各个领域，但在哲学发生学方法中，比较视角尤为重要，因为这是从静态的、单一的研究走向动态的、比较的研究的关键。哲学发生学方法中的比较研究不停留在异同的区分上，而是致力于建构两种或者多种哲学思潮、哲学学派、哲学观念之间的逻辑关联，其最终目的是揭示不同哲学形态的范式特点及其范式转换的内在逻辑。

最后，历史学方法也是哲学发生学方法的重要组成部分。此处所言历史学方法不同于关注事件的研究方法，而更多体现为思想史研究方法，亦涉及政治史、经济史、文化史、教育史、社会史等方面。历史学方法有助于对研究过程、研究结论进行纠偏、补充，有时或可影响研究的核心思路与核心结论。

三 主要创新之处

上述基本思路、篇章结构以及研究方法等内容实已蕴含本书的创新尝试，概括起来，本书的创新之处主要有以下几点。

首先，本书将理学范式分解为哲学使命、思维方式、价值观念与话语体系四重有机关联的维度，并从范式转换视角揭示理学发生的内在逻辑，同时揭示出"理学的发生"是中国哲学史自轴心时期以降第一次大型范式转换，这有助于增进对理学思潮乃至整个中国哲学史的认识与理解。具体而言，本书以"北宋五子"为学术共同体进行初始研究，继而将其与前理学时期主要哲学形态如佛道宗教、魏晋玄学、先秦汉代哲学等进行比较，从而发现理学相较于前理学时期诸哲学形态的显著区别在于范式转换，此范式具体体现为逻辑关联的四个方面：哲学使命、思维方式、价值观念与话语体系。由此，理学的发生可作这样一种理解，即理学是唐宋之际儒家学者为反对佛道宗教并超越传统儒学而重新展开的"寻根"之旅，它既反对佛教"万法唯心"（实质是天人合一于心）的虚空观念，又不甘于传统哲学"崇本举末"（实质是天人合一于气）的经验观念，试图重新确立天人合一的整全世界之终极本原——天地之心。在此过程中，理学既注意到传统本土哲学"本末"思维的弊端，又吸收借鉴佛教的"体相用"思维，形成了独特的"体用"思维，最终使具有超越性、实在性、道德性的"天地之心"得以确立。对理学范式转换中多重维度的揭示具有一定创新性，这一思路或可推广至对其他重要思潮或学派的研究。

其次，本书不仅揭示出中国哲学从前理学时期诸形态向理学的逻辑演变，而且揭示出早期理学发生的逻辑进程，亦即以"北宋五子"为主要代表的早期理学家各自在理学发生过程中的贡献及其相互间的逻辑关联。具体而言，学界关于"北宋五子"的研究已有不少，其中不乏切中肯綮之见，但这些研究往往比较分散，鲜将"北宋五子"作为学术共同体探讨其内部的逻辑关联。本书基于逻辑发展的视角，揭示出"北宋五子"哲学思想渐趋成熟的发展历程：周敦颐与邵雍已然具有思辨思维，但他们将"理""气"两种内涵同时灌注于"太极"这一本原性概念之中，说明二人尚未清晰区分经验宇宙论与思辨存在论；张载试图提炼超越性的本原概念，这集中体现在他对"太虚"与"气"两个概念的分别上，但具体论述仍嫌模糊，即"太虚"与"气"的关系不够清晰；至二程兄弟，尽管"理"与"气"密切关联，但它们终于成为两种不同思维方式中的本原概念，理学作为对治佛教、超越玄学的哲学形态真正确立起来。对这一逻辑进程的揭示有助于从宏观上把握理学思潮的逻辑发展与内在张力，进而为继承与发展理学提供更为扎实的学理依据。

最后，哲学发生学方法的运用是本书第三个创新之处。对于理学发生问题的研究最早可以追溯到朱熹的时代，其后数百年间涌现出一大批研究成果，近代学术兴起以后，相关研究成果更是极大丰富。这些成果或侧重文献研究，或侧重静态的、单一的哲学研究，或侧重动态的历史研究，能将这几者结合起来即对"理学的发生"做动态的、比较的哲学研究的，还不太多。哲学发生学方法正是这样一种研究方法，它以比较的、逻辑的、发展的眼光看问题，关注某一哲学思潮、哲学学派或哲学家的哲学体系的早期形态，包括早期形态的逻辑发生、逻辑发展、内在张力等问题，这对于全面、准确地理解哲学史具有重要意义。在理学发生问题上，本书正是运用哲学发生学方法，通过比较早期理学与前理学时期诸哲学形态如佛道宗教、魏晋玄学、先秦汉代哲学等，发掘其在哲学使命、思维方式、价值观念、话语体系等方面的逻辑关联与历史关联，揭示理学发生的逻辑进程与历史进程。

总　论
早期理学的范式转换

　　每一思潮都有其发生、发展的原因与动力，理学也不例外。"发生"隐含着对两种存在状态及其定向演变的预设，即这是一个从"未发生"到"已发生"、从"无"到"有"的过程。依此思路，探究"理学的发生"问题须从两方面入手：一是理学出现以前即前理学时期诸哲学形态，二是理学初现时亦即北宋早期理学形态，"发生"的"谜底"就隐藏于二者之间。不过，"之间"是个太过笼统的词，它可以指涉时间关联、空间关联，也可以指涉超时空关联，这既为"谜底"的探寻创造了条件，也带来了麻烦。

　　于此，范式理论提供了一个可资借鉴的思考视角，美国学者托马斯·库恩提出这一概念，是为解释科学史的发展尤其是科学革命的出现及其结构。尽管范式理论自诞生之日起就伴随着困难与误解，引发了各个层面的争议，但其在科学史、科学哲学方面的强大解释力还是使其后来被广泛应用于自然科学、社会科学乃至人文学科研究，尤其是应用于思潮的发生、学派的缔结等问题的研究。如本书绪论所述，范式一方面可以指"一个特定共同体的成员所共有的信念、价值、技术等等构成的整体"，另一方面也可以指"那个整体的一种元素，即具体的谜题解答；把它们当作模型和范例，可以取代明确的规则以作为常规科学中其他谜题解答的基础"，它是一个学术共同体的成员所共有的东西。一个新的学术共同体的缔结与新的思潮的诞生，背后往往是范式的转换与更迭。

从范式与范式转换角度看"理学的发生"，这一问题可以得到一种别样解答。通过比较早期理学与前理学时期诸哲学形态，可以发现它们在四个维度上存在着范式转换：哲学使命、思维方式、价值观念以及贯穿于前三者的话语体系。这四个方面并非独立自存，而是有机地、逻辑地形成了早期理学与前理学时期诸哲学形态各自不同的范式。由此，探寻"理学的发生"之"谜底"实际上也就是对不同范式予以揭示、辨析并抽绎其范式转换逻辑的过程，对此，本书"总论"将分三章予以重点论述。

第一章

为天地立心：
早期理学的哲学使命

早自宋代开始，学界就将哲学、思想使命或问题意识作为理解"理学的发生"问题的重要角度，朱熹与吕祖谦合编的《近思录》便体现了这种思考，在这本表面看来只是早期理学家语录汇编的作品中，朱吕二人以始于"道体"、终于"圣贤"的篇目编排方式呈现出对理学使命或问题意识的确认，即他们认为理学的核心使命是推本究原、确立"道体"。近世中西学术交流会通后，"道体追问"又被本体论或存在论等形而上学思维与话语重塑，冯友兰、牟宗三等学者的理学叙事都展现出这一视角下的思考与关切。

需要指出的是，从使命或问题意识角度对"理学的发生"问题展开的研究，总体而言对中国古代天人之学即天人关系这条线索重视不够。具体而言，历史上对"天人合一"或谓"万物一体"①观念最为推重的时代非宋明莫属，对此一命题最不吝笔墨者又以理学家居多——从"北宋五子"到程朱学派再到陆王学派，"天人合一"观念为理学家所普遍主张，在宋明社会中广泛流行——但学界往往疏于追问，理学家为何如此推重"天人合一"观念，或者说"天人合一"观念对于理学尤其是理学的发生发展究竟意味着什么。

---

① "天人合一""万物一体"等表述强调的重点略有不同，但内涵基本一致，宋明时期部分学者往往在相同或相近意义上使用这些表述，故本书除特别说明外不对这些表述作刻意区分。

要回答上述问题，有必要先对"天人合一"观念的源流做一番考察与界定，这是深入探究理学家为何秉持这一观念的前提。通过考察可以发现，作为观念的"天人合一"是天人关系这条哲学史或思想史线索逻辑发展的产物，它初步形成于魏晋时期，以天人合一于"气"为主要特征，并且在隋唐时期遭遇来自佛教的巨大挑战，后者以天人合一于"心"或"空"为主要特征。为应对佛教的挑战，早期理学家试图重建"天人合一"的机制与整全世界的本原，重新确立人在世界中的地位与生存方式，他们的追问展现出既区别于佛教哲学又不同于本土传统哲学的新特点。在这个意义上，"天人合一"观念直接关乎理学的使命，是理学发生的思想前提。

第一节　天人合一：理学天人观及其源流新考

作为中国古代哲学的独特话语与重要观念，"天人合一"在宋代迎来其最为广泛的流行，其中尤以理学家群体最为推重，如有史记载的首次对"天人合一"命题的确切表述即出自北宋张载：

> 释氏语实际，乃知道者所谓诚也，天德也。其语到实际，则以人生为幻妄，[以] 有为为疣赘，以世界为荫浊，遂厌而不有，遗而弗存。就使得之，乃诚而恶明者也。儒者则因明致诚，因诚致明，故天人合一，致学而可以成圣，得天而未始遗人，《易》所谓不遗、不流、不过者也。①

张载认为，尽管佛教对"道"知之甚深，但其否定人生、事功、

①　（宋）张载：《张子全书》，林乐昌编校，西北大学出版社 2015 年版，第 56 页。

世界之"有"却是典型的分裂天人的观念；儒家则主张诚明互通、致学成圣、天人兼得，是真正的"天人合一"。"天人合一"观念由此成为儒家思想的重要标志，是分判儒释、扬儒抑释的重要标准。此外，张载还有些表述虽未明确提到"天人合一"，但也展现出了"天人合一"的意涵，如："天地之塞，吾其体；天地之帅，吾其性。民，吾同胞；物，吾与也。"① 以万民为"我"同胞，万物为"我"同类，天地万物与"我"同体同帅，这些论述既形象又生动。

稍长于张载的邵雍也多次表达"天人合一"观念，如"学不际天人，不足以谓之学"②，以"天人合一"为学习之根本与鹄的。在哲学实践中，邵雍进一步将"天人合一"观念贯彻于体认世界与人生的观物之法，认为成圣的关键即在于以天地万物为一体的"反观"之法：

> 圣人之所以能一万物之情者，谓其圣人之能反观也。所以谓之反观者，不以我观物也。不以我观物者，以物观物之谓也。既能以物观物，又安有我于其间哉？是知我亦人也，人亦我也，我与人皆物也。此所以能用天下之目为己之目，其目无所不观矣。用天下之耳为己之耳，其耳无所不听矣。用天下之口为己之口，其口无所不言矣。用天下之心为己之心，其心无所不谋矣。③

根据视角或主体不同，邵雍区分了两种观物之法——"以我观物"与"以物观物"。"以我观物"即"我"通过观察、分析、推理等方式对"物"进行认识，这颇类似于所谓"主客二分"式观念，实际上也是"天人相分"观念。在邵雍看来，这种观物之法常被主体之"情"所障蔽而无法获得真知，所谓"以我观物，情也……情偏而暗"④。相

---

① （宋）张载：《张子全书》，第 53 页。
② 《邵雍全集》（三），郭彧、于天宝点校，上海古籍出版社 2015 年版，第 1223 页。
③ 《邵雍全集》（三），第 1175—1176 页。
④ 《邵雍全集》（三），第 1218 页。

比之下，"以物观物"要求物我一体、天人合一，以天下之目、耳、口、心为"我"之目、耳、口、心，用天下之目、耳、口、心来观、听、言、谋，便无所不观、无所不听、无所不言、无所不谋，最终获得真知。

周敦颐虽无明确的"天人合一"表述，但他通过"太极图"揭示的宇宙图式也隐含着"天人合一"观念。《通书·理性命》说：

> 厥彰厥微，匪灵弗莹。刚善刚恶，柔亦如之，中焉止矣。二气五行，化生万物。五殊二实，二本则一。是万为一，一实万分。万一各正，小大有定。①

周敦颐用语极省，以致后人对其哲学形态的理解分歧很大。不过，无论是从宇宙论角度理解还是从存在论角度理解，"是万为一，一实万分"所表达的"天人合一"或"万物一体"观念是明确的："是万为一"强调"一"的普遍性、主宰性以及由此而形成的世界的统一性，"一实万分"则强调"万"的具体的、有机的联系以及由此而形成的世界的整全性，天地万物整全而统一。

早期理学最后的开拓者、奠基者二程兄弟更是极为重视"天人合一"观念，他们反复强调，"天人一也"②，"天人本无二，不必言合"③，"天人无间断"④。对于"天人合一"背后的原理，二程亦多次给出形象生动的说明，如：

> 医书言手足痿痹为不仁，此言最善名状。仁者，以天地万物为一体，莫非己也。认得为己，何所不至？若不有诸己，自不与

① 《周敦颐集》，陈克明点校，中华书局2009年版，第32页。
② （宋）程颢、程颐：《二程集》，王孝鱼点校，中华书局2004年版，第20页。
③ （宋）程颢、程颐：《二程集》，第81页。
④ （宋）程颢、程颐：《二程集》，第119页。

己相干。如手足不仁，气已不贯，皆不属己。①

　　若夫至仁，则天地为一身，而天地之间，品物万形为四肢百体。夫人岂有视四肢百体而不爱者哉？圣人，仁之至也，独能体是心而已，曷尝支离多端而求之自外乎……医书有以手足风顽谓之四体不仁，为其疾痛不以累其心故也。②

　　二程将天地万物视为一个活泼泼的生命体，天地之间每一物都是这生命体的有机组成部分，健康的机体必定"疾痛累心"，牵一发而动全身，反之便是手足痿痹、疾痛不知的"病体"。在二程看来，使宇宙机体健康运转的动力是"仁"，"仁"构成了"天人合一"或谓"万物一体"的原理与根据。一个人若能体认这一点，就可以无所不至、无所不尽；反之，他便会与世界产生隔膜，对世界的体认永远不能臻至圆满。

　　以"北宋五子"为主要代表的早期理学家的"天人合一"观念深刻影响了后来者，从程门后学到朱熹，从陆九渊到王阳明，皆对相关观念做了深化。如胡宏主张以"仁"为线索"合于天地、通于鬼神"③，朱熹认为"天地万物，本吾一体，吾之心正，则天地之心亦正矣；吾之气顺，则天地之气亦顺矣"④，陆九渊说"宇宙便是吾心，吾心即是宇宙"⑤，王阳明亦有"天地万物，本吾一体者也"⑥之论。

　　基于理学家群体对"天人合一"观念的普遍接受，尤其是张载对"天人合一"命题的首次明确表述，学界有观点认为"天人合一"观念正式形成于宋代。同时还有观点认为"天人合一"观念形成于汉代，

① （宋）程颢、程颐：《二程集》，第15页。
② （宋）程颢、程颐：《二程集》，第74页。
③ 《胡宏集》，中华书局1987年版，第150页。
④ （宋）朱熹：《中庸章句》，《朱子全书》第6册，第33页。
⑤ 《陆九渊集》，钟哲点校，中华书局1980年版，第273页。
⑥ （明）王守仁：《王阳明全集》（上），吴光、钱明、董平、姚延福编校，上海古籍出版社2011年版，第89页。

其文献依据主要是董仲舒的"天人感应"相关理论，如"以类合之，天人一也"（《春秋繁露·阴阳义》），"天人之际，合而为一"（《春秋繁露·深察名号》）等。此外还有观点认为"天人合一"观念形成于先秦，张岱年、汤一介、张世英等学者皆是代表。张岱年认为中国哲学中所谓"天人合一"有两种含义，即天人相通与天人相类，天人相通观念发端于孟子，大成于宋代道学，天人相类是汉代董仲舒的思想。[①] 汤一介认为，根据现在能见到的资料，《郭店楚简·语丛一》"易，所以会天道、人道也"是最早最明确的"天人合一"思想的表述。[②] 张世英认为"天人合一"思想在西周天命观中已有明显萌芽，周公提出的"以德配天"是"天人合一"思想的明确表达。[③] 这些观点都有待商榷。

若要理解理学家为何极其推重"天人合一"观念，或"天人合一"观念对于理学的发生意味着什么，须对"天人合一"观念的源流做一番新的细致的考察。而作为这一考察的前提，对"天人合一"命题中诸概念的界定必不可少，否则争议各方只是自说自话。就"天"而言，古今诠释层出不穷，有学者提出"天"有物质之天、主宰之天、运命之天、自然之天、义理之天五种含义，[④] 有学者主张"天"有最高主宰、广大自然与最高原理三种含义，[⑤] 有学者认为"天"有命定、主宰义与自然义双重含义，[⑥] 有学者强调"天"作为超越世界的超越义，还有学者将"天"视作可以被经验的物质的苍天，[⑦] 等等。"人"的内涵相对确定，但也可指人类或某些群体、人类社会或其组织形式、

---

① 张岱年：《中国哲学大纲》，中国社会科学出版社 1982 年版，第 173 页。
② 汤一介：《论"天人合一"》，《中国哲学史》2005 年第 2 期。
③ 张世英：《中国古代的"天人合一"思想》，《求是》2007 年第 7 期。
④ 冯友兰：《中国哲学史》（上册），商务印书馆 2011 年版，第 45 页。
⑤ 张岱年：《中国哲学中"天人合一"思想的剖析》，《北京大学学报》（哲学社会科学版）1985 年第 1 期。
⑥ 李泽厚：《中国古代思想史论》，第 295 页。
⑦ 沈顺福：《诠"天"》，《管子学刊》2018 年第 3 期。

人类行为、人类文化、人类文明等。至于天人之间的关系如"合""分"等，也是众说纷纭，"合"可以指相即不离、有机联系，也可以指息息相通、融为一体，还可以指符合、结合、对立统一等；"分"可以指"人"与"天"各行其是、互不相干，也可以指"人"能违背天意，还可以指"人"认识、利用"天"来为自身服务。

为最大限度地包容关于"天人合一"命题中诸概念的不同理解，此处采取功能性定义方式，将"人"界定为人类及人为，将"天"界定为与"人"并存的宇宙主宰的竞合对象，"天"既可以外在于"人"，又可以按照某种规则内在于"人"，与"人"结成某种形式的统一体。"天人合一"一方面强调世界的整全性，另一方面强调世界的统一性，二者缺一不可，其总体倾向是"天""人"共同分有宇宙规则、秩序的制定权、主宰权，它具有多阶性：低阶之"合"以"天"的规则为宇宙规则，高阶之"合"则以"人"的规则为宇宙规则。"天人之分"的总体倾向是"人"向"天"竞争宇宙规则、秩序的制定权、主宰权。这实际上形成了对天人关系所涉诸概念的广义界定，这种界定广泛包容思想史上各种观点的差异性，保留诸概念的开放内涵。在这一视域下，中国古代天人关系的演进脉络便清晰起来，它整体上呈现为"合—分—合"的发展进程，这不是简单的重复与回环，而是具有"正题—反题—合题"性质的逻辑进程，这一进程有"由合而分"与"由分而合"两次关键转折。

第一次关键转折以"绝地天通"为标志，先民从上古"天人杂糅"的蒙昧状态中觉醒，摆脱"天即人"的低阶相合。"绝地天通"最早见于《尚书·周书·吕刑》，是周穆王命人制定刑法时引述的一则传说，这一传说连带周穆王的引述首次得到详细阐释是在《国语》：

昭王问于观射父，曰："《周书》所谓重、黎实使天地不通者，何也？若无然，民将能登天乎？"对曰："非此之谓也。古者民神不杂……及少皞之衰也，九黎乱德，民神杂糅，不可方物。夫人作享，家为巫史，无有要质。民匮于祀，而不知其福。烝享无度，民神同位。民渎齐盟，无有严威。神狎民则，不蠲其为。嘉生不降，无物以享。祸灾荐臻，莫尽其气。颛顼受之，乃命南正重司天以属神，命火正黎司地以属民，使复旧常，无相侵渎，是谓绝地天通。"（《国语·楚语下》）

从周穆王尤其是观射父的讲述来看，"绝地天通"说的是重、黎受命分管天、地以使天（神）与地（民）隔绝开来的事情。正如有学者所指出的，尽管这并非真实的历史事件，却是真实的思想史事件，即它反映了讲述者所处时代的思想观念。① 具体而言，"绝地天通"反映的是西周前期（周穆王所处时代）至春秋后期（观射父、楚昭王所处时代）要求人间秩序从"民神杂糅"转向"民神不杂"的观念，这展现了从"天人杂糅"走向"天人相分"的思想趋向。这种趋向也体现在春秋战国时期主要思想家身上：孔子"罕言天道"（参见《论语·公冶长》），"不语怪力乱神"（《论语·述而》），对死亡、鬼神等与人格"天"有关的事情往往持保留态度，搁置不论，所谓"未能事人，焉能事鬼"，"未知生，焉知死"（《论语·先进》）；孟子以"人性"言"天命"，赋予人以独立性；荀子强调"明于天人之分""制天命而用之"（《荀子·天论》），赋予人以能动性。这些对人格"天"的有意疏离、区隔都是为了摆脱"绝地天通"之前的"民神杂糅""天人杂糅"状态，以彰显人文之精神。总而言之，先秦时期天人关系的总体趋向是从低阶"天人相合"走向"天人相分"。

汉代学术兼收并蓄，对天人关系做出进一步阐释。董仲舒从宇宙

---

① 黄玉顺：《绝地天通——天地人神的原始本真关系的蜕变》，《哲学动态》2005 年第 5 期。

论层面说"天"，谓"天、地、阴、阳、木、火、土、金、水九，与人而十者，天之数毕也"（《春秋繁露·天地阴阳》），其中第二个"天"指宇宙，即"宇宙由十种成分组成"①。然而，这个"宇宙"并非无所不包，"物"并不在其中，所谓"起于天，至于人而毕。毕之外，谓之物"（《春秋繁露·天地阴阳》）。董仲舒的宇宙图式看似繁复，实则并未形成整全世界观念。另外，董仲舒之"天"又有人格神色彩，他说"天亦人之曾祖父也"（《春秋繁露·为人者天》），"天亦有喜怒之气、哀乐之心，与人相副"（《春秋繁露·阴阳义》）。董仲舒哲学中的"天"杂有"自然之天"和"上帝之天"多重含义。无论基于哪一种含义，当董仲舒说"天人之际，合而为一"或"以类合之，天人一也"，"合"更多是雷同、近似之意，即形象上的"人副天数"与感应上的"同类相动"，其天人观可称为"天人相类"。

相比之下，魏晋玄学的天人观更趋近于新的"合"。以王弼为代表的正始玄学强调"天"的整全性："荡然公平，则乃至于无所不周普也。无所不周普，则乃至于同乎天也。"② 无所不周普便可同乎"天"，"天"是完备、整全的存在。另外，王弼强调万物的统一性，他说："万物万形，其归一也。"③ 又说："夫事有归，理有会。故得其归，事虽殷大，可以一名举；总其会，理虽博，可以至约穷也。譬犹以君御民，执一统众之道也。"④ "万物归一""执一统众"等观念意味着王弼已经意识到，天地万物应该也可以统一为一个整体。这种整体观念在竹林玄学代表人物身上同样显化。嵇康说："万物为一，四海同宅。"⑤ 阮籍说："天地合其德，日月顺其光，自然一体，则万物经其常，入谓之幽，出谓之章，一气盛衰，变化而不伤。是以重阴雷电，非异出也；

---

① 冯友兰：《中国哲学简史》，第 163 页。
② 《王弼集校释》，楼宇烈校释，中华书局 1980 年版，第 36—37 页。
③ 《王弼集校释》，第 117 页。
④ 《王弼集校释》，第 622 页。
⑤ 《嵇康集校注》，戴明扬校注，中华书局 2015 年版，第 28 页。

天地日月，非殊物也。故曰：自其异者视之，则肝胆楚越也；自其同者视之，则万物一体也。"① "万物为一""万物一体"观念容易让人联想到先秦道家，不过先秦道家如庄子更多强调万物之间的无差等，竹林玄学则更多强调万物之间的有机统一，即"万物"是涵盖重阴雷电、天地日月的整全世界，此世界统一于"气"，所谓"一气盛衰，变化而不伤"。至西晋玄学，对于整全世界的认识更加明确，郭象说："天地者，万物之总名也。"② 他亦曾直接说："天者，万物之总名也。"③以自然之天为"万物之总名"，也就是确立了以"天"为代称的整全世界的观念，而人与天是一体的："同天人，均彼我，故外无与为欢，而嗒焉解体，若失其配匹。"④

可见，魏晋时期"天"作为涵盖万物的整全世界的内涵逐渐确立起来，天地万物之间以"气"为介质或根据实现了有机统一，此即阮籍所谓"一气盛衰""万物一体"。但是，"天人合一于气"这一集中体现上古至魏晋时期智慧的天人观念，随后遭遇了来自佛教的巨大挑战，下文将重点指出，宋儒对"天人合一"观念的推重正是为了应对这一挑战。

第二节　万法唯心：来自佛教的挑战

一种区别于上古时期旧式"天人杂糅"观念形态的新式"天人合一"观在魏晋时期初步形成，在具体形态上，它以"气"为主要介质或根据，简而言之，天人合一于"气"。这种天人观在传统气论哲学的土壤中形成，也成为隋唐时期中国本土哲学建构的重要思想资源。孔

---

① 《阮籍集校注》，陈伯君校注，中华书局 2014 年版，第 115 页。
② （晋）郭象注，（唐）成玄英疏：《庄子注疏》，中华书局 2011 年版，第 11 页。
③ （晋）郭象注，（唐）成玄英疏：《庄子注疏》，第 26 页。
④ （晋）郭象注，（唐）成玄英疏：《庄子注疏》，第 23 页。

颖达在注解《周易》时说："太极谓天地未分之前，元气混而为一，即是太初、太一也。"① 作为天地万物终极本原亦即太初、太一的"太极"，被理解为混而未分之"元气"，自"太极"至"万物"是一个"一气化生"的生成演化过程。据说为陈抟所传的道教修炼图《无极图》也鲜明地体现了这一点，从最下层"玄牝之门"往上"炼精化气、炼气化神"，继而"五气朝元""取坎填离"，终至"炼神还虚、复归无极"，这一修炼过程被解释为"祖气"经过提升、炼化、贯通以至结成圣胎、修炼成仙的过程。② 总之，以气解易、以气论丹是隋唐时期易学、道教的重要思想观念，其哲理基础便是以"气"为介质或根据的天人合一观念。

　　然而，佛教的传播与兴盛给上述观念带来了巨大挑战。华严宗五祖宗密曾针对儒道两家的"元气论"批评道：

　　　　然今习儒、道者，只知近则乃祖乃父，传体相续，受得此身，远则混沌一气，剖为阴阳之二，二生天、地、人三，三生万物，万物与人，皆气为本。习佛法者，但云近则前生造业，随业受报，得此人身，远则业又从惑，展转乃至阿赖耶识，为身根本……策万行，惩恶劝善，同归于治，则三教皆可遵行；推万法，穷理尽性，至于本源，则佛教方为决了。③

　　此即是说，儒道两家同佛教一样具有追问世界本原的意识，但是他们找到的答案——"气"并未抵达究竟之处。世界本原或根本不在于"气"，而在于"阿赖耶识"。阿赖耶识就是如来藏心，或简而言之，就是"心"。宗密说：

---

① （魏）王弼注，（唐）孔颖达疏：《周易正义》，北京大学出版社 2000 年版，第 340 页。
② 《宋元学案》（一），中华书局 1986 年版，第 515 页。
③ （唐）宗密：《华严原人论校释》，石峻、董群校释，中华书局 2019 年版，第 11—21 页。

统唯一真法界，谓总该万有，即是一心。然心融万有，便成四种法界。一事法界，界是分义，一一差别，有分齐故。二理法界，界是性义，无尽事法，同一性故。三理事无碍法界，具性分义，性分无碍故。四事事无碍法界，一切分齐事法，一一如性融通，重重无尽故。①

"一真法界"，即如《大乘起信论》所谓"真如门"，天台宗所谓"诸法实相"，是世界超言绝相之终极本原，这个本原即是"心"。此"心"融摄万有而开理、事、理事无碍、事事无碍四种"法界"，此为方便众生悟入而开方便法门。对此，《华严经》觉林菩萨偈说得更为通俗、形象：

心如工画师，能画诸世间，五蕴悉从生，无法而不造……若人欲了知，三世一切佛，应观法界性，一切唯心造。②

此偈语可简要概括为"三界唯心"，即天地万物皆是"心""识"的产物，或者说，心生万物。所谓心生万物，当然不是在经验生成意义上立论，世间没有哪样事物是以"心"为质料生产、制造出来的；心生万物强调的是万事万物借由"心"这一终极本原呈现自身和确立意义，"心"是天地万物的逻辑本原。

心生万物，意味着万物因"心"而具有逻辑关联。对于这种逻辑关联，华严宗三祖法藏曾说：

达无生者，谓尘是心缘，心为尘因，因缘和合，幻相方生。由从缘生，必无自性，何以故？今尘不自缘，必待于心；心不自

① （唐）宗密：《注华严法界观门》，《大正藏》第45册，第684页。
② 《大方广佛华严经》卷十九，《大正藏》第10册，第102页。

心，亦待于缘。由相待故，则无定属缘生；以无定属缘生，则名无生。①

　　法藏论述了心、尘及其关系，认为心识是因，凡尘是缘，"因缘和合"造就了天地万物（之幻相），这就是所谓"缘起"。作为外部条件的尘缘不能自主成缘，而必须借助心识的发动，所以在缘起理论中，心识仍可说是第一位的。从另一角度而言，既然天地万物皆是因缘和合的产物，是"缘起"，也就"必无自性"，亦即没有本质规定性可言，这也就是所谓"性空"。合而言之，"缘起性空"便是"心生万物"的原理与机制，即天地万物不过是幻相而已，虚而不实，这构成了佛教尤其是华严宗对世界本原问题的回答。

　　佛教不仅为当时士人提供了新的知识与思维方式，而且为大众提供了新的修行途径与生命寄托。至禅宗兴起，甚至连外在的读经、戒律、禅定都可以不要，而随时随地都有可能实现顿悟成佛，所谓"担水砍柴，无非妙道"，"饥来吃饭，困来即眠"，修行与日常生活合二为一。也正是凭借玄远幽深的思维、精致缜密的研辨以及对生死问题的关注与安顿，佛教在当时赢得了广泛的社会信仰。

　　但在早期理学家看来，佛教的上述观点有分裂天人的倾向，张载就曾批评说：

　　　　若谓万象为太虚中所见之物，则物与虚不相资，形自形，性自性，形性、天人不相待而有，陷于浮屠以山河大地为见病之说。此道不明，正由懵者略知体虚空为性，不知本天道为用，反以人见之小因缘天地。明有不尽，则诬世界乾坤为幻化。②

----

①　（唐）法藏：《华严经义海百门》，《大正藏》第45册，第627页。
②　（宋）张载：《张子全书》，第2页。

　　张载认为，佛教将"万象"视作"太虚中所见之物"，也就是所谓"心生万物"，物与虚、形与性、人与天均失去了实在的联系而彼此隔绝、独立自存，活生生的现实世界由此成为"梦幻泡影"。在张载看来，佛教"心生万物"观念过于强调"虚空之性"，忽视了"天道之用"，缺少对现实世界的观照，最终导致天人分离。

　　二程也多次批评佛教天人观存在的问题，如：

　　　　释氏本怖死生，为利岂是公道？唯务上达而无下学，然则其上达处，岂有是也？元不相连属，但有间断，非道也。孟子曰："尽其心者，知其性也。"彼所谓"识心见性"是也。若"存心养性"一段事则无矣。彼固曰出家独善，便于道体自不足。或曰："释氏地狱之类，皆是为下根之人设此，怖令为善。"先生曰："至诚贯天地，人尚有不化，岂有立伪教而人可化乎？"①

　　二程认为，佛教对道体的追索只求"上达"而无"下学"，从而导致本末间断、天人相隔，反致其"上达"误入歧途，无以见道。究其原因，佛教"本怖死生"，"出家独善"，而失却天人合一、万物一体之觉悟与视域。故二程指出，即便像儒家那样，主张"至诚贯天地"，人尚需费一番变化的功夫，何况佛教"唯务上达而无下学"，人的教化修养便更难实现。

　　事实上，就形式逻辑而言，佛教自有其道理，因为其旨在构造一个超越于现实世界的彼岸世界，该世界的整全性、统一性建基于思维构造而非经验体认，这种思路在逻辑上也是可以成立的。也就是说，佛教哲学并非完全如张载、二程等学者所批评的那样彻底分裂天人，其中亦蕴含"天人合一"观念，只不过佛教的"天人合一"观强调的

---

　　① （宋）程颢、程颐：《二程集》，第139页。

是天与人合一于意义的、虚幻的世界，其介质或根据是"心"，也可以说是"空"。总之，佛教的"天人合一"观与中国本土哲学的"天人合一"观，一者重心一者重气，一者虚空一者实在，区别显著。

然而，佛教这种"重心""虚空"的天人观不得不面对早期理学家从经验层面提出的批评，程颐曾尖锐指出：

> 释氏有出家出世之说。家本不可出，却为他不父其父，不母其母，自逃去固可也。至于世，则怎生出得？既道出世，除是不戴皇天，不履后土始得，然又却渴饮而饥食，戴天而履地。①

在程颐看来，佛教主张的"出家"尚可实现，只需弃父逃母即可；"出世"却难成行，因既要出世，便须不戴皇天、不履后土，而现实中人却须渴饮、饥食、戴天、履地，这一矛盾终究无法解决。据此，二程认为佛教的问题归根结底在于天人之间不相贯通，一方面"将自家躯壳上头起意""去佗身上起意思"，念念不忘肉身的出离，另一方面又"奈何那身不得，故却厌恶；要得去尽根尘，为心源不定，故要得如枯木死灰。然没此理，要有此理，除是死也"。一言以蔽之，"释氏其实是爱身，放不得，故说许多"，不如"放这身来，都在万物中一例看，大小大快活"。②

的确，人不只存在于思维之中，而是首先生存于"现实"之中，尽管这"现实"并非不言自明。当心识作为超越存在确立起来，人将面临一个重大抉择，即如雅斯贝斯所说："让超越存在将我引出世界以外从而达到世界否定呢，还是相信超越存在要求我只在世界以内来实现我呢？"③前一种情形正是佛教选择的道路，即作为超越存在的心识

---

① （宋）程颢、程颐：《二程集》，第195页。
② （宋）程颢、程颐：《二程集》，第33—34页。
③ ［德］卡尔·雅斯贝斯：《生存哲学》，王玖兴译，上海译文出版社2013年版，第81页。

将人引向对世界的否定，引向出家出世，引向世界以外。对此，包括张载、二程等在内的早期理学家完全不能认同，他们认为这条道路否弃了活生生的现实世界，否弃了世间人伦秩序，甚至连带"我"（"我们"）也一起否弃了，是不可取的。早期理学家选择的是第二条道路，也就是相信超越存在要求人在世界以内实现自身，因此他们继承中国传统本土哲学的思想资源，也就是"天人合一于气"的传统，将之作为立论起点，这也是"北宋五子"思想系统无一不贯穿"气论"的原因所在。与此同时，早期理学家也清醒地认识到，这第二条道路的实现单靠"天人合一于气"的传统资源是远远不够的，因为以"气"为介质或根据的世界说到底只是经验现实，而在经验现实之中，世界无非是"生机的持续"，而且也只限于"生机的持续"，天人合一的整全世界之超越于"生机"的价值与意义无法得到体现。

正是基于对"天人合一于心"与"天人合一于气"这两种天人观的全面认识与双重批判，早期理学家找到了新的致思方向，那就是重建"天人合一"的相合方式或根据，或谓重新确认"天人合一"的整全世界的终极本原。这一本原既不能仅仅停留在中国传统本土哲学所看重的经验层面、物理层面，也不能像佛教哲学所主张的那般脱离经验、否弃现实。这种对"天人合一"的整全世界的相合根据与终极本原的追问，构成了以"北宋五子"为主要代表的早期理学家的哲学使命与核心问题意识。

当然，对佛教的批判和重建哲学本原的思考并不是从"北宋五子"才开始的，早在中唐，韩愈、李翱等人的言辞就已非常激烈，宋初儒家学者不过是这一态度的继承与延续。但是，对于中唐以至宋初学者来说，佛教极为推重的所谓心性之学都是些"无用之空言"[①]，根本不值得深入研究并加以批判，他们的思路是以"立"为"破"，也就是

---

　　① （宋）欧阳修：《答李诩第二书》，《欧阳修全集》卷四十七，中华书局 2001 年版，第670 页。

直接用儒家价值观念去批判佛教的价值观念。这意味着，这些学者对佛教的批判很少从哲理层面展开，也就难以触及佛学的哲理基础，个别批判甚至流于"口舌之争"。真正就佛教心性之学展开正面批判的是"北宋五子"，他们试图"破""立"并举，正是这种思路发展出了早期理学在本原追问上的心性之学。

第三节 天地之心：早期理学的寻根之旅

在回应佛教挑战的过程中，以"北宋五子"为主要代表的早期理学家实际上是认可"心"这一话语的，因为这本就是儒家话语，但他们绝不能认可佛教在"真如门""诸法实相""一真法界"等意义上定义的"心"，亦即"心"不能是性空之心，而必须是"天地之心"。对"北宋五子"而言，其哲学使命是赋予"心"以"天地之心"的形式与内涵，重建天人合一的整全世界之本原与根据，此即张载"横渠四句"首句所言——"为天地立心"①。

"天地之心"概念始出先秦，《周易》有"复，其见天地之心乎？"（《周易·复卦·象传》）之语，《礼记》有"人者，天地之心"（《礼记·礼运》）的说法。先秦以降，学界对"天地之心"的理解不一。② 笼统地说，主要有三种观点。第一种观点以"动""生"为"天地之心"，如东汉荀爽说："复者，冬至之卦。阳起初九为天地心，万物所始，吉凶之先，故曰'见天地之心'矣。"③ 第二种观点以"静""无"为"天地之心"，如王弼说："复者，返本之谓也。天地以本为心者也。凡动息则静，静非对动者也；语息则默，默非对语者也。然

---

① （宋）张载：《张子全书》，第259页。

② 参见陈来《宋明儒学的"天地之心"论及其意义》，《江海学刊》2015年第3期；沈顺福《"天地之心"释义》，《中原文化研究》2016年第4期。

③ （唐）李鼎祚：《周易集解》卷六，王丰先点校，中华书局2016年版，第163页。

则天地虽大，富有万物，雷动风行，运化万变，寂然至无是其本矣。故动息地中，乃天地之心见也。若其以有为心，则异类未获具存矣。"①这两种观点都与《周易》密切相关，因复卦是下震上坤之卦，"群阴剥阳，至于几尽，一阳来下，故称反复"②，也就是说复卦象征"阴极阳生"，"阴极"则静，"阳生"则动，故有上述两种观点的分歧。第三种观点则主要沿革《礼记》的思路，以"人"为"天地之心"，亦即将"人"视为天地万物之最灵秀者，如《礼记·礼运》言："人者，其天地之德，阴阳之交，鬼神之会，五行之秀气也。"从某种意义上说，这一理解隐含着中国传统哲学的"气论"立场。

"北宋五子"关于"天地之心"的论述，在话语表达、内涵界定、详略安排上不尽一致，但他们试图综合进而超越以上三种诠释进路并赋予"天地之心"以超越性、实在性、道德性的致思路向是相似的。

就邵雍而言，他继承了《周易》"复见天地之心"的观念，但并未滞泥于"动"或"静"，而是主张"天地之心"见于"动静之间"：

> 人皆知天地之为天地，不知天地之所以为天地。不欲知天地之所以为天地则已，如其必欲知天地之所以为天地，则舍动静将奚之焉！夫一动一静者，天地至妙者欤！夫一动一静之间者，天地人至妙至妙者欤！是故知仲尼之所以能尽三才之道者，谓其行无辙迹也。③

对此，邵雍之子邵伯温后来做了进一步发挥，他说：

> 盖天地之心，不可以有无言，而未尝有无，亦未尝离乎有无

---

① 《王弼集校释》，第336—337页。
② （唐）李鼎祚：《周易集解》卷六，第160页。
③ 《邵雍全集》（三），第1157页。

者也；不可以动静言，而未尝动静，亦未尝离乎动静者也。故于动静之间，有以见之。然动静之间，间不容发，岂有间乎！惟其无间，所以为动静之间也。①

　　这些说法已然不同于荀爽或王弼的经验性思路，邵氏父子意义上的"天地之心"实为天地万物之"至理"，也就是理之极致。另外，邵雍又主张人心应合于"天地之心"，进而成就"圣人之心"，这又赋予"天地之心"以道德性。总之，邵雍的"天地之心"既不是"动而生物"也不是"静而止"，而是神妙万物的几微之理，邵雍努力赋予"天地之心"以超越性、实在性和道德性，尽管这一努力还并不十分成功。

　　具体而言，邵雍哲学中的"天地之心"又以"太极"的面目出现，所谓"心为太极"②。《庄子》中已有"太极"一词："夫道有情有信，无为无形……在太极之先而不为高，在六极之下而不为深，先天地生而不为久，长于上古而不为老。"（《庄子·大宗师》）作为表征空间的概念，"太极"用来描述"道"的特点。《周易》"《易》有太极，是生两仪，两仪生四象，四象生八卦，八卦定吉凶，吉凶生大业"（《周易·系辞上传》）一语则奠定了"太极"以"始""基"等为内涵的本原地位。汉唐以下，对"太极"的主流解释大都以"气论"为主要方向，即"气释太极"，魏晋隋唐时期中国本土哲学"天人合一"的整全世界正是以"气论"意义上的"太极"为终极本原。邵雍亦认可这一观念，他说："本一气也，生则为阳，消则为阴。故二者一而已矣。"③ 又说："一气分而阴阳判。得阳之多者为天，得阴之多者为地。"④ 天地万物是一气阴阳之变化。

---

① 《宋元学案》（一），第 475 页。
② 《邵雍全集》（三），第 1214 页。
③ 《邵雍全集》（三），第 1199 页。
④ 《邵雍全集》（三），第 1197 页。

于此，周敦颐的致思方向与邵雍近似，他虽无关于"天地之心"的直接论述，但其核心概念"太极"在事实上扮演着"天地之心"的角色。周敦颐说：

> 太极动而生阳，动极而静，静而生阴。静极复动。一动一静，互为其根；分阴分阳，两仪立焉。阳变阴合，而生水、火、木、金、土。五气顺布，四时行焉。①
>
> 二气五行，化生万物。五殊二实，二本则一。是万为一，一实为万。万一各正，小大有定。②

这些论述都表达了以"太极元气"为本原的观念。

值得注意的是，邵雍与周敦颐又在上述基础上赋予"太极"不同于"气"的新内涵。一方面，无论是邵雍还是周敦颐，都试图使"太极"超越于经验性的"动"与"静"，如邵雍强调"天地之心"非动非静而实见于动静之际，周敦颐提出"动而无静，静而无动，物也；动而无动，静而无静，神也……物则不通，神妙万物"③；另一方面，他们又努力维持"太极"之经验性与超越性之间的关联，以此确证"太极"的实在性；再一方面，无论是邵雍所谓"圣人之心"还是周敦颐所谓"人极"，其作为"天地之心"在人身上的体现，都具有明显的道德色彩。可见，邵、周的"天人合一"观念，固然有以"气"为介质或根据的面向，但这并非其主要贡献或创见，其运思重点在于对超越本原的追问，这重意义上的"太极"，后来朱熹称之为"理"。因此，邵、周哲学都展现出超越于中国传统本土哲学"天人合一于气"与佛教哲学"天人合一于心"两种形态的努力。当然，这种努力还难

---

① 《周敦颐集》，第4页。
② 《周敦颐集》，第32页。
③ 《周敦颐集》，第27页。

言彻底的成功，其中少了一些有机融合的圆融，而更多机械叠加的意味，二人的哲学建构尚不成熟。

张载向以"横渠四句"闻名于世，首句"为天地立心"极其贴切地说出了早期理学家的使命与诉求。对张载来说，"天地之心"是天地万物之主宰，亦即"天地之帅"。"天地之帅"不在别处，就是"我之性"，所谓"天地之塞，吾其体；天地之帅，吾其性"。如此，"为天地立心"也就是人类"大其心""合天心"的过程。由于"天大无外"，"心"也需要大到"无外"的程度。这一境界的实现单靠闻见小知无法完成，而必须依靠德性之知。

具体而言，张载对"天地之心"的追求落实为以"太虚"（或简言"虚"）为核心的体系建构。"虚"字在《老子》《庄子》等早期经典中都已常见，大多表示"空""无"之意。"太虚"一词早在《庄子》中就已出现："以无内待问穷，若是者，外不观乎宇宙，内不知乎太初。是以不过乎崑崙，不游乎太虚。"（《庄子·知北游》）是一个表征空间的概念。总之，早期哲学中的"虚""太虚"大多在经验层面上使用，其思辨哲学意味在佛教出现以后才渐浓。在佛教中，"虚"或"虚空"获得了以真如、本觉、理等为内涵的本原地位，甚至可以说佛教的天人观就是主张合一于"虚"。张载对"太虚"或"虚"的使用与佛道不无关系，尤其是将"太虚"与"气"建立哲学上的关联，颇有应对佛老的意味在其中，他说：

> 若谓虚能生气，则虚无穷，气有限，体用殊绝，入老氏"有生于无"自然之论，不识所谓有无混一之常。若谓万象为太虚中所见之物，则物与虚不相资，形自形，性自性，形性、天人不相待而有，陷于浮屠以山河大地为见病之说。①

---

① （宋）张载：《张子全书》，第 2 页。

在张载看来，"太虚"与"气"既非经验生成关系，也非意义建构关系，而是"有无混一""相待而有"。天地万物固然合一于"气"，但更为本质的关系却是合一于"虚"，"虚"是"气"形而上的根据。由此也可以说，作为天人合一之根据的"太虚"既非经验之"气"又不离经验之"气"。与此同时，张载赋予"太虚"以道德性，所谓"天德即是虚"①，"虚者，仁之原"②，"虚则生仁"③。总的来看，张载的"太虚"哲学较邵雍与周敦颐的"太极"哲学更加精致，这主要体现在他对"太虚"与"气"的分别上，或者说体现在他对本原的经验性与超越性之分辨上。当然，具体到某些论述，张载似乎说得还不够清晰，这也是学界一直对张载哲学形态存在分歧的重要原因。

在"天地之心"问题上，二程兄弟的思考更加深入。二程论"天地之心"兼宗《周易》与《礼记》，强调"天地之心"的超越性特点，程颐有对话如下：

> 曰："既有知觉，却是动也，怎生言静？人说'复其见天地之心'，皆以谓至静能见天地之心，非也。《复》之卦下面一画，便是动也，安得谓之静？自古儒者皆言静见天地之心，唯某言动而见天地之心。"或曰："莫是于动上求静否？"曰："固是，然最难。释氏多言定，圣人便言止。且如物之好，须道是好；物之恶，须道是恶。物自好恶，关我这里甚事？若说道我只是定，更无所为，然物之好恶，亦自在里。故圣人只言止。所谓止，如人君止于仁，人臣止于敬之类是也。"④

表面看来，二程以"动"为"天地之心"，所谓"唯某言动而见

---

① （宋）张载：《张子全书》，第77页。
② （宋）张载：《张子全书》，第262页。
③ （宋）张载：《张子全书》，第263页。
④ （宋）程颢、程颐：《二程集》，第201页。

天地之心"，实际上此"动"并非经验意义上的"动"，二程言"动"实则是为打破传统儒家及佛教单纯以经验之"静"（"定"）为"天地之心"的刻板印象，其最终目标在于"止"，"圣人只言止"。"止"是一个超越于经验动静的概念，它既可体现于"动"中也可体现于"静"中，正如程颢致张载书信中所说："所谓定者，动亦定，静亦定，无将迎，无内外。"① 不囿于动静的"定"才是真正的"定"，也便是"止"。如能做到"止于仁""止于敬"，便是圣人，圣人之心合于"天地之心"，故二程说"一人之心即天地之心"②，此"心"固然有知有觉，更重要的是有道有理。

具体而言，二程的"天地之心"观念主要落实在"天理"（"理"）等概念上。同邵雍、周敦颐、张载等人一样，二程首先承认天人合一于"气"，"浩然之气，乃吾气也，养而不害，则塞乎天地"③。然而，天人何以合一于"气"？二程说："有道有理，天人一也，更不分别。"④ 又说："所以谓万物一体者，皆有此理，只为从那里来。"⑤ "天人合一"或"万物一体"的终极根据在于"理"。"理"不仅具有超越性，而且具有实在性，"惟理为实"⑥。"理"不仅具有超越性与实在性，而且具有道德性，"仁者，天下之正理"⑦，至实之"理"的内涵是"仁"。也正是在此意义上，二程说"仁者以天地万物为一体"⑧，"仁者，浑然与物同体"⑨，天人合一于"仁"。

---

① （宋）程颢、程颐：《二程集》，第460页。
② （宋）程颢、程颐：《二程集》，第13页。
③ （宋）程颢、程颐：《二程集》，第20页。
④ （宋）程颢、程颐：《二程集》，第20页。
⑤ （宋）程颢、程颐：《二程集》，第33页。
⑥ （宋）程颢、程颐：《二程集》，第1169页。
⑦ （宋）程颢、程颐：《二程集》，第1173页。
⑧ （宋）程颢、程颐：《二程集》，第1179页。
⑨ （宋）程颢、程颐：《二程集》，第16页。

本章小结

哲学使命是理解早期理学范式转换的重要维度，以往学界对这一问题的研究，往往不够重视天人关系这一视角。实际上，理学家特别推重的"天人合一"观念直接关乎理学的哲学使命与问题意识。

中国古代天人观大致经历了"天人杂糅→天人相分→天人相类→天人合一"的发展历程，形式上的"天人合一"观念初步形成于魏晋时期，天人相合的介质或根据是"气"，即"天人合一于气"。之后隋唐时期极度兴盛的佛教主张"万法唯心"，以"心"为介质或根据建构起一个超越的、虚空的彼岸世界，这种"天人合一于心"的观念给中国本土哲学带来了巨大挑战。鉴于佛教否弃现世与伦常的流弊，自中唐至宋初儒家学者持续不断地予以批判，但大都思辨性不足，较少触及佛学的哲理基础，基本上属于"只立不破"。正是在这一时期，以"北宋五子"为主要代表的早期理学家展现出了"破立并举"的姿态，试图在"心""气"之外重新寻找天人合一的介质或根据，重新确立天人合一的整全世界之本原，这构成了早期理学家的哲学使命和问题意识。

早期理学的"寻根"之旅从扬弃佛教的"心学"体系入手，他们试图赋予"心"以超越性、实在性与道德性，使之既区别于佛教哲学虚空性的"心生万物"，又区别于中国本土哲学经验性的"一气流行"。统而言之，早期理学确立起来的世界本原是"天地之心"；分而言之，"北宋五子"对"天地之心"的追问又具体落实为不同的话语体系与思想体系，如在邵雍与周敦颐那里主要体现为"太极"，在张载那里主要体现为"太虚"，在二程那里则主要体现为"天理"，如此等等。从邵雍、周敦颐到张载、二程，"北宋五子"的本原追问由粗疏而渐精致，展现出早期理学不断趋于成熟的发展历程。

第二章

从本末到体用：
早期理学的思维转型

　　早期理学家在"天人合一"视域下展开本原追问的"寻根"之旅，并提出各自哲学体系的核心概念，如邵雍与周敦颐的"太极"、张载的"太虚"、二程的"天理"等。这些概念实则古已有之，但在早期理学家这里被赋予了新的内涵，而支撑这些概念内涵转变的便是思维方式层面的转型。

　　思维方式是非常广义的概念，即便在前面缀上"哲学"二字加以限定，其所指仍然比较广泛，从不同角度、不同层面可以做出不同的界定。比如根据哲学追问对象——现成的或非现成的——不同，哲学思维可以区分为现成论思维和生成论思维；① 根据对理性之根源的设定不同，哲学思维可以划分为世界论的、意识论的和人类学的三种不同范式；② 根据文化、地域、民族等的不同，也可以对哲学思维做出区分，"辩证思维、整体思维、意象思维、直觉思维和意向思维，构成了中国传统哲学思维的基本特征"③。本书所指哲学思维方式，主要基于本原追问方式而言，即一种追问是具体的追问还是抽象的追问，是经验性的追问还是思辨性的追问，是宇宙论式的追问还是存在论等形而

---

① 邹广文、崔唯航：《从现成到生成——论哲学思维方式的现代转换》，《清华大学学报》（哲学社会科学版）2003 年第 2 期。
② 王南湜：《论哲学思维的三种范式》，《江海学刊》1999 年第 5 期。
③ 蒙培元：《中国哲学主体思维》，《蒙培元全集》第六卷，第 1 页。

上学式的追问，等等。当然，这背后隐含着所追问对象的区别，即追问的是"元素"还是"根据"，是"构成"还是"规定性"。

就中国古代哲学而言，唐宋之前以"道"为本原追问之鹄的，以"本末论"为本原追问之方法，这种思维在追问经验的"存在之先"时简洁、有效，但有其不可消解的理论困难。为解决这些困难，玄学与佛教做了许多探索，逐渐建立起"体相用"思维，但这种思维走上了宗教超越之路，有否弃现实与伦理的倾向。有鉴于此，以"北宋五子"为主要代表的早期理学家扬弃上述两种思维方式，发展出"体用"思维，既实现了对思辨的"存在之先"的追问，又未舍弃现实与伦理。就此而言，理学的思维转型有其理论上的必然性。思维转型是理学发生的关键环节，同时促成了中国古代哲学史上第一次大型范式转换。

第一节　物有本末：历史传统及其理论困境

哲学无非是对本原的追问。所谓本原，在西方哲学中最早被表述为逻各斯（logos），在中国哲学中则被表述为"道"。中国古代哲学追问"道"的历史，可以溯至先秦。

就儒家而言，关于"道"的追问在孔子那里已发端绪。"夫子之言性与天道，不可得而闻也"（《论语·公冶长》），孔子之"道"侧重于"人道"，"人道"的应然之义是"仁道"或"君子之道"。孔子还开启以"性"为线索追问"人道"之先河，[①] 尽管相关论述略显疏阔，

① 据徐复观考证，作为由"生"字孳乳而来的文字，"性"字早在周初就已出现，春秋时开始被较多地使用，但此时"性"字含义不一，有的是"生"字的假借，有的可作欲望、本能解释，还有的可作本性、本质解释，最后一种含义的出现意味着当时的人们"开始不能满意于平列的各种现象间的关系，而要进一步去追寻现象里面的性质"。"现象里面的性质"也就是现象之本原，由此所展开的思考与讨论可以看作是具有哲学意味的本原追问。参见徐复观《中国人性论史·先秦篇》，九州出版社 2014 年版，第 52—54 页。

但"性相近也，习相远也"（《论语·阳货》）、"克己复礼为仁"（《论语·颜渊》）等命题所包含的"性—习""己—礼"等极具思想张力的范畴成为后来儒家内部各种本原追问路向的共同源头。孔子之后，子思与孟子更多发挥了孔子关于"性""己"等内向性观念，如子思《中庸》开篇便言"天命之谓性，率性之谓道"，将人先天禀赋之"性"作为"道"，以"率性"为"达道"之方法。孟子也大抵是这样的思路，他从"心善"角度言"性善"，亦即以恻隐、羞恶、辞让、是非"四端之心"推出仁、义、礼、智"四德之性"，主张"尽心"以"知性""知天"。总体而言，思、孟主张"仁义内在"，其思路是将"人道"之本原归结为人的先天道德本性，主张道德修养应从自身出发，存心养性，扩充善端。相比子思、孟子的伦理绝对主义思路，告子、荀子则倾向于伦理相对主义，如告子以水的流向取决于外力的导引为喻，提出人性"无分于善不善"（《孟子·告子上》）；荀子则进一步提出，"人之性恶，其善者伪也"（《荀子·性恶》），主张通过"师法之化""礼仪之道"实现"化性起伪""积善成德"。总的来说，告、荀主张"仁义外在"①，其思路是将"人道"之本原归结为外在的"礼法教化"。

相较儒家对"人道"的重视，道家更加重视"天道"。老子言："有物混成，先天地生，寂兮寥兮，独立不改，周行而不殆，可以为天下母。吾不知其名，字之曰道，强为之名曰大。"（《老子》第二十五章）又言："道生一，一生二，二生三，三生万物。"（《老子》第四十二章）将"道"视为"天下母"以及"一"之所出，也就是以"道"为天地万物生成化育的本原。至于"道"的特点，要言有二：一是"自然"，所谓"人法地，地法天，天法道，道法自然"（《老子》第二

---

① 告子主张"食色，性也"（《孟子·告子上》），并以此为基础言"仁内"，因此告子所说的"仁"与孟子所说的先天的、道德性的"仁"并不完全是一个概念。如果以孟子之"仁"为判准，则告子思想实为"仁义外在"，这与荀子有更多相似之处。

十五章）；二是"无为"，所谓"道常无为"（《老子》第三十七章），
"为学日益，为道日损。损之又损，以至于无为，无为而无不为"
（《老子》第四十八章）。这两方面实际上又是一回事，一言蔽之即是
"无"，所谓"天下万物生于有，有生于无"（《老子》第四十章）。庄
子也有类似观点，如："夫道有情有信，无为无形；可传而不可受，可
得而不可见；自本自根，未有天地，自古以固存；神鬼神帝，生天生
地；在太极之先而不为高，在六极之下而不为深，先天地生而不为久，
长于上古而不为老。"（《庄子·大宗师》）这同样是将"道"理解为
"无为无形""自本自根""高深长久"的宇宙本原。总之，相比早期
儒家以"有"（仁、性、礼）来解释"道"，早期道家则更多给出了
"无"（自然、无为）的解释。

嗣后，《易传》学派[1]对本原的探索展现出调和儒、道等各家的倾
向，《周易·说卦传》言："昔者圣人之作《易》也，将以顺性命之
理。是以立天之道曰阴与阳，立地之道曰柔与刚，立人之道曰仁与
义。"《易传》将道家重视的天道（天地之道）与儒家重视的人道统而
言之，试图为它们找到一个共同的本原。最终，这个本原落实到"阴
阳变化"，如《周易·系辞上传》所言，"一阴一阳之谓道。继之者善
也，成之者性也"。

在上述探索基础上，汉代学者进一步推本究原。董仲舒提出："天
地人，万物之本也。天生之，地养之，人成之。天生之以孝悌，地养
之以衣食，人成之以礼乐，三者相为手足，合以成体，不可一无也。"
（《春秋繁露·立元神》）这一观点既可以依字面意思理解为天、地、
人"三本论"，也可以进一步总结归纳为"二本论"——一为"天"
（天、地之统称）亦即自然之天，一为"人"亦即人文教化。董仲舒

---

① 关于《易传》的成书年代及学派属性，学界一直存在争议，本书总体上认可郭沫若、李
泽厚等学者的观点，即《易传》成书于荀子之后甚或更晚，《易传》学派广泛吸收了儒、道乃至
法、阴阳等多家多派的思想。

的本原追问也是在调和儒道、融通孟荀的基础上进行的，相对而言更倾向于儒家尤其是荀学。

由以上粗疏梳理可见，无论先秦还是汉代，无论儒家还是道家，抑或综合儒道的一些学派，追问"道"的基本方式可概括为三个步骤：一是对世界中的事物进行比较、分析，二是做出"本"与"末"的判别，三是选取其中"本"的方面作为本原。孔子的"仁"、孟子的"性"、荀子的"礼"、老庄的"无"乃至董仲舒的"天、地、人"都是这样产生的，这种思维方式可称之为"本末论"。

具体而言，《论语》曾载有子之言："君子务本，本立而道生。孝弟也者，其为仁之本与！"（《论语·学而》）又如子游讥评子夏的弟子："子夏之门人小子，当洒扫、应对、进退，则可矣。抑末也，本之则无。如之何？"（《论语·子张》）有子强调"君子务本"，并以孝悌为"为仁"之本；子游明确将"本""末"对举，并主张以追求道德修养为"本"，以洒扫应对进退为"末"。这些论述其实都是孔子思想的延续与发展，亦即强调从诸善之中选择最为重要的一种作为"本"（"人道"）。孟子也有关于"本末论"的思考，面对徐辟关于孔子为何赞水的提问，孟子回答说："原泉混混，不舍昼夜。盈科而后进，放乎四海，有本者如是，是之取尔。苟为无本，七八月之间雨集，沟浍皆盈；其涸也，可立而待也。故声闻过情，君子耻之。"（《孟子·离娄下》）将孔子赞水理解为"求本"，这是符合孟子自身思维方式的，他以"善性"为"本"实际上是在"善""恶"之间做出的选择：他从未彻底否认人身上有"非善"的成分，但他认为这些成分非"本"，故而不必称"性"。荀子的"礼"同样是在对"治"与"乱"的"本末论"分析中找到的答案，他说："先王恶其乱也，故制礼义以分之，使有贫富贵贱之等，足以相兼临者，是养天下之本也。"（《荀子·王制》）此外，《大学》中也有不少关于"本末论"的表述，如"物有本末，事有终始，知所先后，则近道矣"，"其本乱而末治者否矣"，"德者本也，财者末也"，等等，这些提炼与运用都已十分娴熟。

　　道家思想中也有丰富的"本末"思维，老子曾就生命与名利的关系发出三连问："名与身孰亲？身与货孰多？得与亡孰病？是故甚爱必大费，多藏必厚亡。知足不辱，知止不殆，可以长久。"（《老子》第四十四章）答案显而易见。老子哲学之鹄的在于"长生久视""天长地久"，而根据他的判断，只有自然无为之"道"能实现这一愿景。庄子也有类似观念，他说："夫道不欲杂，杂则多，多则扰，扰则忧，忧而不救。古之至人，先存诸己而后存诸人。所存于己者未定，何暇至于暴人之所行！"（《庄子·人间世》）先"存诸己"后"存诸人"，这非常清晰地体现了庄子的"本""末"之判。

　　此外，从《易传》的"一阴一阳之谓道"到董仲舒的"天地人"三本（"性礼"二本）也都是以"本末"思维追问本原的典范。总之，先秦汉代各家各派多少都对"本末论"有着方法的自觉，文本上的例证还可有更多，兹不赘举。

　　通过以上分析可以发现"本末"思维的形态或特点。在儒家尤其是孔、孟、荀那里，"本""末"之判准更多在于必要性，如"仁道""君子之道"是相对于"不仁之道""小人之道"而言的，"善性"是相对于"恶性"而言的，"礼义"是相对于"悖乱"而言的，之所以前一系列为"本"而后一系列为"末"，是因为前者可导向秩序而后者会破坏秩序、导向混乱，故前者比后者更重要。相对而言，在道家尤其是老庄那里，"本""末"之判准更多在于经验发生上的先后亦即时空性，如老子之"道"生一、生二、生三、生万物，道好比是母，万物好比是子，母为"本"子为"末"，故道为"本"物为"末"。在《易传》学派或汉代学者那里，"本""末"之判准则融合了必要性与时空性两个指标，如董仲舒的"天、地、人"三本，"天地"更多是万物时空性上的"本"，"人"则更多是万物必要性上的"本"。当然，无论是必要性上的优先还是时空性上的优先抑或二者兼而有之，"本末论"的特点都可以归结为一点，那就是强调"本"在经验层面的优先性，由此追问到的本原可说是一种"经验的存在之先"。在经验世界中，"本末论"的确有其重要价值，因为它可在一定程度上指导人们一时一地的具体实践。但是"本末论"的经验性、具体性也使其具有难以消解的理论困难。

首先，"本末论"的困难在于它容易导向"相对"与"功利"，难以确立终极性的哲学本原。对此，《孟子》所载对话可做一说明：

> 任人有问屋庐子曰："礼与食孰重？"曰："礼重。""色与礼孰重？"曰："礼重。"曰："以礼食，则饥而死；不以礼食，则得食，必以礼乎？亲迎，则不得妻；不亲迎，则得妻，必亲迎乎！"屋庐子不能对，明日之邹以告孟子。孟子曰："于答是也何有？不揣其本而齐其末，方寸之木可使高于岑楼。金重于羽者，岂谓一钩金与一舆羽之谓哉？取食之重者与礼之轻者而比之，奚翅食重？取色之重者与礼之轻者而比之，奚翅色重？往应之曰：'紾兄之臂而夺之食，则得食；不紾，则不得食，则将紾之乎？逾东家墙而搂其处子，则得妻；不搂，则不得妻，则将搂之乎？'"（《孟子·告子下》）

任人对孟子弟子屋庐子的质问显然是针对其师徒关于"仁义内在"观点而发出的：如果说仁义礼智是"本"，那么当仁义礼智遭遇"食""色"等不得不解决的现实生存问题时，人该如何选择？如果人不得不选择"食""色"，那么仁义礼智还称得上是"本"吗？在此情形之下，"食""色"还仅仅是"末"吗？不得不说，任人的确提出了一个尖锐的问题，把屋庐子给问住了。后来孟子给出的答案，在现实层面当然是没有问题的，却并未从理论上回应任人的质问，这是因为当他说出"食之重者""色之重者"与"礼之轻者"时，他实际上已经对这个情境中的"本""末"做了调整：食色为本而仁义礼智为末，而这已经背离了其仁义礼智为本、食色为末的一贯主张。至于后面所谈及"食色"与"非礼"（"紾兄之臂""搂邻处子"）的关系，只不过将前述以"食色之重者"与"礼之轻者"对举换成了以"食色之轻者"与"礼之重者"对举，这仍然是在具体情境中立论，依旧未对任人的问题给出实质性回应。

实际上，引文中孟子的一句话已然点出问题之所在，那就是"不揣其本而齐其末，方寸之木可使高于岑楼"，如果基于地平线来衡量，岑楼无疑高于方寸之木，但若不基于地平线而将方寸之木置于岑楼之上，岑楼与方寸之木的高低就要换一种说法了。就经验层面而言，孟子的这句话是正确的，但问题在于，经验性的"本""末"之判随时会因情境不同而发生变化。也就是说，经验性的"本末论"容易导向"相对"与"功利"。试问，一个因现实效用不同而不断变化的甚至有可能消失的"本"怎么能够成为哲学意义上的终极本原呢？

其次，"本末论"的困难还体现在它容易导向哲学上的"多元论"，这在董仲舒那里体现得较为明显。董仲舒主张天、地、人皆是万物之本的"三本论"，或谓以天（自然之天）、人（人文教化）为本的"二本论"，"天地"赋予万物以形制，"人"则赋予万物以秩序，"三本"或"二本"可以共存而不相乖离。然而，这种多个本原的"多元论"怎么可能是彻底的、究竟的哲学追问呢？

最后，"本末论"的困难还在于它可能导致事物完整性乃至世界整体性的缺失。从先秦汉代的"本末论"探索与实践来看，所有学者都强调"本"的重要性，个别学者甚至主张抛弃"末"，比如老子就有"崇本息末"的倾向，王弼曾在《老子指略》中这样概括老子的思想："《老子》之书，其几乎可一言而蔽之。噫！崇本息末而已矣。"[①] 在

---

① 《王弼集校释》，第198页。

"崇本息末"观念中，某种情境下的"末"很可能不具有存在价值，"末"的消失似乎也不会给"本"带来实质性影响，但这样做的结果却很可能使事物丧失完整性。比如老子常以树为喻，强调其本在根，树叶枝桠只是其末，可是若按"本末"思维，将树叶枝桠全部去掉，此树还能保持其完整性、丰富性与生命力吗？

"本末"思维内蕴的上述种种理论困难，使其在魏晋动荡时代很难再为时人提供有力的理论支持与思想寄托，所以魏晋隋唐学者开始着手探索新的思维方式和应对之道。

第二节　思维谋变：从玄学到佛教的努力

对于真正的哲学追问来说，凡是在数量上超过一个的本原——如董仲舒的"三本论"或"二本论"——都太多了，凡是不能永恒存在的本原也都不能算作终极本原。于是，从魏晋时期开始，有学者便在"本末"思维基础上探索新的、更有力的哲学思维方法。

不得不说，"本末论"自身即蕴含着自我变革的因素，如孟子曾说"天之生物也，使之一本"（《孟子·滕文公上》），老子曾说"昔之得一者，天得一以清，地得一以宁，神得一以灵，谷得一以盈，万物得一以生，侯王得一以为天下贞"（《老子》第三十九章），这些论断都有追求"一本"亦即追求"本"的一元化的意味。又如荀子说"本末相顺，终始相应"（《荀子·礼论》），强调本与末、终与始的一致性、统一性。但是，这些论述总体上仍是经验性的，也基本上都在"本末论"框架之内，并未构成对"本末论"的实质性改变。

真正迈出关键性步伐的，王弼要算一个。王弼人生短暂，著述成果不算太多，其思想主要体现在对《老子》《周易》《论语》等几部经典的诠释中，然而就是这些看起来并不系统的文字，却处处闪耀着哲

学之光，尤其是他对《老子》的注解，展现出了其改造既有思维方式
的努力。王弼曾这样概括老子哲学的要旨：

> 　　《老子》之文……其大归也，论太始之原以明自然之性，演幽
> 冥之极以定惑罔之迷。因而不为，损而不施；崇本以息末，守母
> 以存子；贱夫巧术，为在未有；无责于人，必求诸己；此其大
> 要也。①
> 　　《老子》之书，其几乎可一言而蔽之。噫！崇本息末而已矣。
> 观其所由，寻其所归，言不远宗，事不失主。文虽五千，贯之者
> 一；义虽广瞻，众则同类……故见素朴以绝圣智，寡私欲以弃巧
> 利，皆崇本以息末之谓也。②

　　在王弼看来，老子哲学的核心主张是"崇本息末"："本"是"素
朴""寡欲"等自然无为之事，亦即"无"；"末"是"圣智""巧利"
等有为有造之事，亦即"有"，这一概括非常精当。不过王弼并未止步
老子，在注解《老子》第三十八章时说：

> 　　用夫无名，故名以笃焉；用夫无形，故形以成焉。守母以存
> 其子，崇本以举其末，则形名俱有而邪不生，大美配天而华
> 不作。③

　　在注解《论语·阳货》"天何言哉？四时行焉，百物生焉。天何言
哉！"一语时，王弼也有类似说法：

---

① 《王弼集校释》，第196页。
② 《王弼集校释》，第198页。
③ 《王弼集校释》，第95页。

予欲无言，盖欲明本。举本统末，而示物于极者也。①

"崇本举末"与"举本统末"意思相同，均指既重视"本"又不否弃"末"，其中蕴含着"本末并举"的方法论意涵，这明显不同于老子哲学的"崇本息末"论。而且，在"本""末"内涵的赋予上，王弼也与老子存在较大区别。王弼所主张的"本"固然是"自然"，但不是老子哲学意义上的"自然"，亦即不是毫无道德属性的"自然而然""自己—如此"，而是儒家哲学意义上的"自然"，亦即以道德为先天属性的"德性自然"。②作为王弼哲学之"本"的"自然"实际上是一种具有道德属性的实体，这显然继承了儒家尤其是思孟学派的传统。与此同时，王弼对所谓"末"——"仁义"的态度也与老子区别较大，老子主张摒弃仁义等道德观念，所谓"绝圣弃智，民利百倍；绝仁弃义，民复孝慈；绝巧弃利，盗贼无有"（《老子》第十九章），王弼却主张对仁义等道德观念采取"举""统"等态度，所谓"绝仁非欲不仁也，为仁则伪成也"③，"绝圣而后圣功全，弃仁而后仁德厚"④。

王弼上述观念背后其实有其方法论的支撑，那就是对"一""多"关系新的理解，他在注解《老子》第四十二章时说：

万物万形，其归一也。何由致一？由于无也。由无乃一，一可谓无？已谓之一，岂得无言乎？有言有一，非二如何？有一有二，遂生乎三。从无之有，数尽乎斯，过此以往，非道之流。故万物之生，吾知其主，虽有万形，冲气一焉。百姓有心，异国殊风，而王侯［得一者］主焉。以一为主，一何可舍？愈多愈远，损则近之。损之至尽，乃得其极。既谓之一，犹乃至三，况本不一，而道可近乎？损之而益，［益之而损］，岂虚言也。①

王弼从形式逻辑角度论证了"本一"这样一个命题。"万物万形，其归一也"表明万物（"多"）具有统一的可能性，而"既谓之一，犹乃至三，况本不一，而道可近乎"表明万物（"多"）具有统一的必要性，即"本一"尚且有可能衍化为"多"，如果"本多"那就离"道"更远了。这一思路既追求"本"的一元，又试图将"末"（"多"）收摄于"一本"之下，展现出了改造传统"本末"思维的努力，也在一定程度上解决了"本末论"所面临的本原多元、本末分离等困难。遗憾的是，对于"一"何以能够收摄"多"，王弼并没有给出详细论证，其所谓"一"归根结底仍是一种物质性实体，所谓"万物之生，吾知其主，虽有万形，冲气一焉"。"一"与"多"仍未摆脱经验性的本末关系，王弼的努力难言取得了真正的成功。

佛教的传入与传播带来了新的本原追问思维。尽管佛教对世界、本原、人生的思考有其独立的源头与体系，但其在中国的传播与发展过程中确也吸收借鉴了玄学以及儒、道各家的思想资源。此处要重点提到东晋时期的道生，其主要贡献是"大顿悟"说，这一观点是针对支遁的"小顿悟"说而提出的。按照支遁的观点，修行开悟共分十个层级，是谓"十住"，其中六住以下属于渐悟，虽所悟渐多，但终究不够完整，若想彻底开悟，须是七住往上，因为自七住始方有顿悟。到了道生这里，他"取了支公的'顿悟'义，而彻底抛弃了十住之说，使顿悟与'七住'脱离关系"②。也就是说，道生取消了开悟的次第性，主张人可以不经过渐悟的工夫，一悟即悟，其背后原理如下：

① 《王弼集校释》，第117页。
② 刘斯翰：《顿悟说和六祖》，《广东社会科学》1997年第3期。

竺道生法师大顿悟云：夫称顿者，明理不可分，悟语照极。以不二之悟，符不分之理。理智惠释，谓之顿悟。①

"顿悟"成立的依据在于"理不可分"。此处的"理"当指佛理、佛性，是佛教追问的本原。凡是经验的事物都是可以分割、分解的，而此处道生认为"理不可分"，此"理"显然是超越于经验的。由于"理"不可分，亦即不存在甲理、乙理、丙理等部分的拆解，故而对"理"的认识、体悟也是不可分解的，不能今日悟知一分，明日再悟知一分。如此，也就不存在"一住""二住"等开悟层次，凡悟皆是一悟全悟，"顿悟"由此而证成。不难发现，"理不可分"观念中蕴含着一种截然不同于传统经验性思维的新的思维方式，这可以说是一种超越性思维或思辨性思维，而这种思维是改造"本末论"范式的理论前提。

在僧肇那里，思辨性思维已趋成熟，《肇论》各篇时时可见这种思维方式的影子，如《般若无知论》说：

生灭者，生灭心也。圣人无心，生灭焉起？然非无心，但是无心心耳。又非不应，但是不应应耳。是以圣人应会之道，则信若四时之质。直以虚无为体，斯不可得而生，不可得而灭也。②

难曰：论云言用则异，言寂则同，未详般若之内，则有用寂之异乎？

答曰：用即寂，寂即用。用寂体一，同出而异名，更无无用之寂而主于用也。③

---

①　（晋）慧达：《肇论疏》，《大正藏》第 54 册，第 55 页。

②　（晋）僧肇：《肇论校释》，张春波校释，中华书局 2010 年版，第 100 页。

③　（晋）僧肇：《肇论校释》，第 106 页。

这两则引文有两点值得特别注意：一是"虚无为体"，二是"用寂体一"。僧肇认为，圣人之心"以虚无为体"，此"虚无"并不是老子哲学意义上的"虚无"，亦即并非真的什么都没有，而是"无心心""不应应"，也就是无执取之心、无刻意之应。在这层意思中，僧肇强调"体"作为本原的超越性、绝对性，这不同于传统"本末"思维中本原的经验性、相对性。同时，僧肇还强调"用寂体一"，即超越于经验之上的"虚无"之"体"有其"用"和"寂"，"用"指作用、发用，"寂"指属性、特征，二者同属于"体"。也就是说，尽管"体"是本，"用""寂"是末，"体"却逻辑地蕴含在"用""寂"之内，统一而不可分离。可见，僧肇的思想体系中已经蕴含解决传统"本末"思维之困难的新方法，这就是"体用"思维。按照汤用彤的说法，"肇公之学说，一言以蔽之曰，即体即用"，并认为僧肇的相关论述已达至最高水平，后之学者很难超越。①

不过，正如有学者所指出的，在所有汉语佛典中首次将"体用"（严格地说是"体相用"）思想作为佛教一个基本原理推出来的，是《大乘起信论》，甚至可以说《大乘起信论》整个文本就是在围绕"体用"思想展开论述，就是在解释"体用"原理。②《大乘起信论》在解释摩诃衍（大乘）时说：

> 摩诃衍者，总说有二种。云何为二？一者法，二者义。所言法者，谓众生心。是心则摄一切世间法出世间法，依于此心显示摩诃衍义。何以故？是心真如相，即示摩诃衍体故。是心生灭因缘相，能示摩诃衍自体相用故。所言义者，则有三种。云何为三？一者体大，谓一切法真如平等不增减故。二者相大，谓如来藏具

①　汤用彤：《汉魏两晋南北朝佛教史》，《汤用彤全集》第一卷，河北人民出版社 2000 年版，第 250—254 页。

②　陈坚：《不是"体用"，而是"体相用"——中国佛教中的"体用"论再思》，《佛学研究》2006 年总第 15 期。

足无量性功德故。三者用大，能生一切世间出世间善因果故，一切诸佛本所乘故，一切菩萨皆乘此法到如来地故。①

"法"指"法体"，"义"指"义理"。自"法"而言，摩诃衍是"众生心"，或者说"众生心"即是摩诃衍之"体"；"众生心"又有三种相——真如相、生灭相、因缘相，其中真如是众生心之"体"，即摩诃衍，生灭是众生心之"相"，因缘是众生心之"用"。自"义"而言，也就是自一般义理而言，摩诃衍之"体"即是真如，摩诃衍之"相"是如来藏之无量功能，摩诃衍之"用"则展现为一切世间出世间善因果。可见，《大乘起信论》对摩诃衍的解释正是基于"体用"思维，不过其中多了一个"相"的环节，这一环节是佛教哲学"体用"思维的特色。由于"相"与"用"高度相关，后人多不突出强调"相"，甚至往往将"相"与"用"合而为一，直接言"用"。

随着"体用"思维的不断成熟，这一范式也成为佛教哲学的主要特点，后来禅宗南北二宗的领袖都对此有理论与方法的自觉。如北宗禅创始人神秀说"我之道法总会归'体用'两字"，南宗禅创始人慧能说"我此法门，以定惠为本……定惠体一不二。即定是惠体，即惠是定用"。至华严宗，法藏对"体（相）用"思维的理解和运用更加醇熟，他在给武则天讲解华严奥义时说："谓金无自性，随工巧匠缘，遂有狮子相起。起但是缘，故名缘起。"② 也就是说，金狮子及其作为塑像的展现只是"相"和"用"，而其"体"是"金""工巧匠"等的因缘和合，无自性、非真有，可说是"空"。

总之，作为思维方式的"体用论"在宋代以前的佛教那里已经趋于成熟。当然，"体用论"是否可完全归功于佛教，学术界一直存

---

① 《大乘起信论校释》，（梁）真谛译，高振农校释，中华书局2016年版，第13页。
② （唐）法藏：《华严金师子章校释》，方立天校释，中华书局1983年版，第2页。

在争议。[①] 比如明末清初顾炎武与李颙之间就曾发生过一场论争。简而言之,李颙认为体用二字出于佛书,真正体用并举始于六祖《坛经》;顾炎武则认为体用并举始于伯阳,因为东汉魏伯阳所著《周易参同契》首章就已有"春夏据内体,秋冬当外用"的说法。的确,若就形式而言,则"体""用"以及相近范畴的对举使用古已有之,甚至比伯阳还要早,比如在荀子那里就已有"万物同宇而异体,无宜而有用为人,数也"(《荀子·富国》)的用法,司马谈论道家宗旨时也说过"其术以虚无为本,以因循为用"(《史记·太史公自序》),乃至后来王弼有"万物虽贵,以无为用,不能舍无以为体"[②]之语。但是,这些关于"体用""本用"等的早期用法大都是经验性的,亦即基于传统"本末"思维,真正有思辨意味的用法的确是从佛教才开始的。

佛教的"体(相)用论"与其世界观、人生观相适应,有其鲜明的特色。具体而言,无论是《肇论》的"虚无"、《大乘起信论》的"心",还是《华严经》的"缘起""理"等,佛教的本原追问都是在一种彻底的超越意义上展开的,也就是说,这些"体"一定都是超越于经验世界的存在。更为重要的是,"体"不具有实在性,它在本质上是"缘起"之"空",这一点法藏在关于"金狮子"的讲解中已论说得非常透辟。与此同时,佛教的"用"可以指"体"的潜能、呈现、作用或属性等。因此,在不同语境下,"体(相)用论"可以展现为不同的形态,或说有不同的特点。但不管何种形态、何种特点,佛教的宗旨是确定的,那就是其具有浓厚思辨色彩的"体(相)用论"否认世界万物有实体性本原,进而将世界万物解释成为超时空的逻辑建

---

① 关于"体用论"的历史考察与哲学考察,近世学界已有不少成果。著作方面,可参见熊十力《体用论》。论文方面,可参见张岱年《中国古典哲学中若干基本概念的起源与演变》,《哲学研究》1957年第2期;方克立《论中国哲学中的体用范畴》,《中国社会科学》1984年第5期;景海峰《中国哲学体用论的源与流》,《深圳大学学报》(人文社会科学版)1991年第1期;沈顺福《体用论与传统儒家形而上学》,《哲学研究》2016年第7期;等等。

② 《王弼集校释》,第94页。

构而非历时空的经验建构。如此一来，"本"就不再是经验性的存在之先，而成了超越性的存在之先；"末"也不再是"食之无味弃之可惜"之存在，而是与体同源、依体而起、不可分离之存在，这在一定程度上解决了中国传统本土哲学"本末"思维的理论困难，也为早期理学家提供了新的思想资源，"北宋五子"以此为基础展开了多元化的哲学探索与实践。

第三节　体用一源：早期理学的多元实践

伴随着佛教的传播与发展，"体用"思维在唐宋之际已较为成熟。当宋儒出来复兴儒学、开创新的哲学范式时，他们已能比较深刻地理解传统"本末"思维的理论困难与当时"体用"思维的致思取向。尤其是作为理学重要开拓者、奠基者的"北宋五子"，都自觉不自觉地对"体用"思维做了各种方式、各种程度的探索与运用。

邵雍在"北宋五子"中年龄最长，哲学探索也最早，从其主要传世文献《皇极经世书》和《伊川击壤集》来看，他有不少关于"体"与"用"的言说，这些言说都服务于其"先天学"建构。邵雍以"心"（"心法"）为其"先天学"追问的本原，所谓"先天之学，心也"[①]，"先天学，心法也"[②]，而此"心"主要是指"天地之心""圣人之心"。在邵雍看来，若想实现"圣人之心"，须先改变主客二分式的观物之法，进而以"一己之心"合于"天地之心"亦即天地万物之"至理"。在此意义上，"圣人之心"也可以说就是"理"，只不过此"理"还不完全是后来程朱哲学意义上的"天理"。以先天心法为依据，宇宙万物得以生成运化，这些发生在现象世界的变化，邵雍称之

---

① 《邵雍全集》（三），第 1217 页。
② 《邵雍全集》（三），第 1228 页。

为"迹",所谓"后天之学,迹也"①。进一步分析可以发现,支撑邵雍"先天""后天"之分或"心""迹"之判的,正是其"体用"思维。邵雍说:"用也者,心也。体也者,迹也。心迹之间有权存焉者,圣人之事也。"② 又说:"体在天地后,用起天地先。"③ "心"是"用","迹"是"体";"心用"先天,"迹体"后天。

需要注意的是,佛教"体用论"有多种形态,总体上其思辨性皆体现于对"体"之超越性的强调,就此而言,邵雍对"体""用"及其关系的理解与佛教的观念有所不同,其"体用论"展现出一种独特形态。邵雍说:"'精气为物',形也。'游魂为变',神也。又曰:'精气为物,体也;游魂为变,用也。'"④ "精气为物,游魂为变"语出《周易·系辞上传》,意指气聚而为万物、散而为鬼神,邵雍通过化用这一经典命题给出了关于"体""用"的新解释,在他看来,"体"指的是气聚而为万物之形质,"用"则指贯穿气之聚散亦即贯穿物之形质的神妙特性,"气"寓于"体"(形质)之中,而"用"(神妙)寓于"气"之中,所谓"气者,神之宅也。体者,气之宅也"⑤。也就是说,邵雍"体用论"中的"体"(迹)指的是现象世界的具体事物,"用"(心)才是具体事物存在、发生的根据。

邵雍所谓"体"承续的是中国本土哲学"以形质为体"的观念,如孔颖达在疏解《周易·系辞上传》"故神无方,而易无体"句时说,"体是形质之称"⑥。既然"体"是形质,依体而起之"用"无论表示作用还是属性都应在"体"之"后"。朱熹曾将这种"体用论"形态概括如下:"若以形而下者言之,则事物又为体,而其理之发见者为之

---

① 《邵雍全集》(三),第1217页。
② 《邵雍全集》(三),第1153页。
③ 《邵雍全集》(四),第282页。
④ 《邵雍全集》(三),第1222页。
⑤ 《邵雍全集》(三),第1214页。
⑥ (魏)王弼注,(唐)孔颖达疏:《周易正义》,第315页。

用。"① 这种"体用论"形态实际上仍处于"本末"思维框架之下，具有浓厚的经验色彩。邵雍继承了这种"体用论"关于"体"的理解，却改变了其中对于"用"的理解。"用"在邵雍这里被解释为"先天之心"，亦即天地万物之至理，而且"用""先于""体"，这就使"用"具有了超验色彩。总之，邵雍的"体用论"虽在概念上仍具有经验色彩，但在观念上展现出了思辨哲学的努力。而且，与佛教思维不同的是，邵雍以之为本原的"心用"并不是虚空，而是实理，这也是整个早期理学家群体区别于佛教的关键之处。

周敦颐虽无明确的"体""用"论述，其哲学体系也蕴含着"体用"思维。对于邵雍哲学中的"形体神用"观，周敦颐从"动静"视角做出了分析，《通书·动静》言：

> 动而无静，静而无动，物也。动而无动，静而无静，神也。动而无动，静而无静，非不动不静也。物则不通，神妙万物。水阴根阳，火阳根阴。五行阴阳，阴阳太极。四时运行，万物终始。混兮辟兮！其无穷兮！②

邵雍哲学中的"形神关系"问题在这里以"物神关系"面目出现。在周敦颐看来，"物""神"之间的关系概而言之即"物则不通，神妙万物"，而这种判别的做出是以"动静"问题为切入点的。周敦颐认为，"物"——现象世界的具体事物——具有动与静的特性，动时非静，静时非动，动、静两种状态绝不可能同时存在，这也符合人们对事物的经验认识。相比之下，"神"的特性是"动而无动，静而无静"，如果将这一命题补足，便是"（物）动而（神）无动，（物）静而（神）无静"，也就是说，"神"并不滞泥于"物"的动静状态，它

---

① （宋）朱熹：《晦庵先生朱文公文集》卷四十八，《朱子全书》第22册，第2226页。
② 《周敦颐集》，第27—28页。

自有其超越于"物"的一面。当然,"神"虽超越于"物",但并不彻底脱离于"物",它通过"物"表现出经验性的动静状态。"神"与"物"属于体用关系。

周敦颐对"体用"思维的运用还体现在以"成圣"为目标的工夫论建构中,《通书·思》言:

> 《洪范》曰:"思曰睿,睿作圣。"无思,本也;思通,用也。几动于彼,诚动于此。无思而无不通,为圣人。不思,则不能通微;不睿,则不能无不通。是则无不通,生于通微,通微,生于思。故思者,圣功之本,而吉凶之几也。《易》曰:"君子见几而作,不俟终日。"又曰:"知几其神乎!"①

周敦颐对《尚书》"思曰睿,睿作圣"一语做了再阐释,提出"不思""思""思通""无思"等高度相关、层层递进的概念或观念,其中便蕴含着关于"思"的两种理解:"不思""思""思通"三者中的"思"均指对象性的思考、认知,此三者的区别在于"思"的程度不同;至于"无思",它实际上既不是"思"也不是"不思",而是超越于"思"与"不思"的湛然神圣之境,其呈现于现象世界时是"无不通"("思通")的状态。在此意义上,周敦颐以"无思"为"本"、以"思通"为"用",这里的"本用"关系实际上也就是"体用"关系。

无论是"另一种动静"还是"无思",周敦颐所指向或描述的其实都是"太极",也就是其哲学体系的本原。因此,尽管"太极"有时也被周敦颐做经验性理解,亦即被视为"气"而化生万物,但更值得注意的是"太极"作为"神"妙通万物的一面,亦即作为天地万物

---

① 《周敦颐集》,第21—22页。

之"体"的一面。在后一种意义上，周敦颐哲学的核心命题之一"无极而太极"便具有了思辨哲学的色彩，它并不是说"无极"派生出了"太极"，而是旨在说明"太极"并不受限于时空的超越性特点。

张载哲学不仅展现出开拓"体用"思维的努力，而且站在"体用论"视角对佛道两家的思维方式予以有力批判，他说：

> 若谓虚能生气，则虚无穷，气有限，体用殊绝，入老氏"有生于无"自然之论，不识所谓有无混一之常。若谓万象为太虚中所见之物，则物与虚不相资，形自形，性自性，形性、天人不相待而有，陷于浮屠以山河大地为见病之说。此道不明，正由懵者略知体虚空为性，不知本天道为用，反以人见之小因缘天地。明有不尽，则诬世界乾坤为幻化。幽明不能举其要，遂躐等妄意而然。不悟一阴一阳范围天地、通乎昼夜、三极大中之矩，遂使儒、佛、老、庄混然一途。①

"太虚"是张载哲学的本原性概念，"虚""气"关系在他那里是头等重要的哲学问题。于此，张载首先反对"生成论"，也就是将"虚"与"气"理解成生成与被生成的关系，这种观念虽可确保作为生成本原的"虚"是无穷无尽的，但作为被生成者的"气"却成为有限度之物，其后果便是"体用殊绝"。在张载看来，道家老子"有生于无"的观念正是典型的"生成论"思维。与此同时，张载也反对佛教的"唯心论"，所谓"浮屠以山河大地为见病"指的正是佛教的"缘起性空"观，在这种观念系统中，"虚"作为"性"是一种非实存的意识，而"气"作为"形"只是幻相，二者"不相资""不相待"，其后果也是体用分离。

---

① （宋）张载：《张子全书》，第2页。

在对佛道两家的批判中，张载的哲学观念也清晰地凸显出来。在张载看来，"虚""气"之间既不是纯粹的经验生成关系，也不是纯粹的意义呈现关系，而是"混一""相资"的体用关系。所谓"混一"，指"虚""气"没有先后，亦即并非先有"虚"后有"气"，二者始终共在；所谓"相资"，指"虚""气"不可分离，不存在无"虚"之"气"，也不存在无"气"之"虚"，二者始终共生。总而言之，"虚"是"气"的本原，而"气"是"虚"的呈现，二者相即不离，共生共在。

如果说邵雍、周敦颐、张载对"体用"思维的运用还略显生涩，其中还夹杂着传统"本末"思维的色彩，那么二程对"体用"思维的运用——无论是话语还是观念——都已较为成熟。在二程及其弟子门人眼里，"体用"思维是程门哲学的重要关节，甚至可以称作"天机"：

> 伊川自涪陵归，《易传》已成，未尝示人。门弟子请益，有及《易》书者，方命小奴取书箧以出，身自发之，以示门弟子，非所请不敢多阅。一日出《易传序》示门弟子，先生受之归，伏读数日后，见伊川。伊川问所见。先生曰："某固欲有所问，然不敢发。"伊川曰："何事也？"先生曰："至微者理也，至著者象也。'体用一源，显微无间'，似太露天机也。"伊川叹美曰："近日学者何尝及此？某亦不得已而言焉耳。"[1]

程颐自涪陵归家，此时《周易程氏传》已经著成，但直到弟子门人向他请教相关问题时，他才将书拿出示人。后来尹焞的一句发问似乎道出了程颐如此谨慎的原因，即尹焞认为书中"体用一源，显微无间"一语泄露了"天机"，程颐的回答似乎显示他亦认同这一说法，即此举实属迫不得已，因其他学者对于这极为关键的一点参不透、悟

---

① （宋）程颢、程颐：《二程集》，第439—440页。

不出，他只好将其点明。对于这泄露天机的一语，程颐在《周易程氏传·易传序》中这样论述：

> 君子居则观其象而玩其辞，动则观其变而玩其占。得于辞，不达其意者有矣；未有不得于辞而能通其意者也。至微者理也，至著者象也。体用一源，显微无间。观会通以行其典礼，则辞无所不备。①

以至微之理为"体"，以至著之象为"用"，"体用一源，显微无间"，二程寥寥数语便勾勒出其"体用论"观念。有学者认为，尹焞之所以认为此语"太露天机"是因为该语所蕴含的观念实际上来自华严宗，他担心此举会太过暴露程颐易学乃至其整个理学体系与华严宗的关系。② 这一解释是有道理的，因为从二程的"体用论"中的确可以看到华严宗理事关系论的影子。当然，也应当承认，二程只是取了佛教"体用论"的逻辑形式，在此基础上又赋予其新的内涵。具体而言，二程以之为"体"的"至微之理"是超越的、唯一的本原，所谓"天下只有一个理"③，"万物皆只是一个天理"④，此"理"是现象世界的终极根据，"气"只是"理"的发用和呈现；另一方面，二程以之为"体"的"理"又大不同于佛教之"理"，而是具有实在性、道德性，所谓"天下无实于理者"⑤，"惟理为实"⑥，此"理"的内涵是儒家最为珍视的核心价值观念——"仁"。二程正是在这一成熟的"体用论"范式下构建起"理体气用"的存在论、"性体情用"的人性论以及"用敬涵养为体、致知进学为用"的工夫论。

---

① （宋）程颢、程颐：《二程集》，第689页。
② 张祥龙：《拒秦兴汉和应对佛教的儒家哲学：从董仲舒到陆象山》，广西师范大学出版社2012年版，第297—298页。
③ （宋）程颢、程颐：《二程集》，第196页。
④ （宋）程颢、程颐：《二程集》，第30页。
⑤ （宋）程颢、程颐：《二程集》，第66页。
⑥ （宋）程颢、程颐：《二程集》，第1169页。

本章小结

理学的中心课题是重建天人合一的整全世界之终极本原——"天地之心",这一"寻根"之旅不仅是哲学使命与话语体系的转变,更为关键的是背后思维方式的转变。

中国传统本土哲学以"道"为本原追问之鹄的,以"本末论"为本原追问之方法,这种思维方式在追问"经验的存在之先"问题上简洁、有效,但也有难以消解的理论困难,即容易导向"相对"与"功利",容易导向多元论、本末分离。为解决"本末论"的理论困难,从玄学到佛教都做了许多探索,"体用"思维逐渐确立起来。作为一种新的思维方式,"体用论"追问的是"思辨的存在之先",它强调"体"的超越性、一元性以及"体""用"的统一性,可以在一定程度上解决"本末论"的理论困难。

早期理学家尤其是"北宋五子"的本原追问集中体现了思维转换的理论自觉。其中,邵雍的"体用"思维还具有较浓的经验色彩,尚不成熟,这主要体现在他沿袭传统哲学"以形质为体"的观念,倒是其所推重的先天心法之"用"具有一定的先验性、超越性。周敦颐虽无明确的"体用"表达,但其关于"动静""思"等问题的论述已展现出"体用"思维的特点。张载的"体用"思维进一步成熟,这主要体现在他对"太虚"与"气"的区分上,尽管这种区分尚不彻底。至二程兄弟,"体用"思维才真正清晰展现出来,这主要体现在他们对"理"与"气"的明确区分上,"理体气用"观念对理学发展影响深远。总而言之,尽管"北宋五子"话语体系各异,成熟程度不一,但总体趋向都是从经验"本末论"转向思辨"体用论",这种转变是理学范式转换的重要支撑。

第三章

造道·复性·正理:
早期理学的价值重建

通过视域调整、使命确认与思维转换，以"北宋五子"为主要代表的早期理学家逐步确立了"天人合一"的整全世界的终极本原——"天地之心"。"天地之心"在邵雍和周敦颐那里是"太极"（具体又有所区别），在张载那里是"太虚"，在二程那里是"天理"，这种哲学努力使早期理学可以与佛道两家在同一平台上展开对话。不过，就像雅斯贝斯所指出的，与宗教比起来，"哲学思维的最终问题，还是追求现实的问题"①，理学的哲学关怀不仅在于"形式"还在于"内容"，不仅在于"天道"还在于"人道"，它要赋予终极本原以具有现实指向的内涵，尤其是具有道德价值指向的内涵。

早期理学的价值重建可以溯源到唐初。唐初儒学重获官方重视，但基于治理效力的权威毕竟不可与思想本身的魅力同日而语，面对思维精深、慰藉熨帖的佛道宗教的日益兴盛，儒家学者感到空前的价值危机。从王通、孔颖达到韩愈、李翱，再到范仲淹、欧阳修等，唐宋之际的儒家学者相继出来辟佛辟道，重申儒家价值，倡建纲常伦理。这些早期工作确实引起了从上到下的广泛关注与重视，但儒家价值重建的哲理基础始终没有真正建立起来。

---

① ［德］卡尔·雅斯贝斯：《生存哲学》，第61页。

　　究其原因，佛道宗教尤其是佛教以"体用"思维为依托建构起来的"缘起性空"观具有相当的思辨性与穿透力，在此框架之下，否弃世间与人伦的观念与实践也具有相当的合理性，绝非一时"口舌之争"所能驳倒。因此，如何从哲理依据上解构佛道宗教的"凌空蹈虚"观念，使世界价值本原既不同于佛道宗教思辨性的"空"与"无"，又区别于传统儒家经验性的"有"，便成为唐宋之际儒家学者面临的重要课题。于此，韩愈、李翱只是开了一个头，这一课题的初步完成是由以"北宋五子"为主要代表的早期理学家来实现的。

第一节　道统营造：儒家价值谱系的重构

　　历经魏晋南北朝的长期分裂与动荡，儒学在唐代重获官方重视。治理效力上的价值固然使儒学不致失坠，但精神与心灵安顿方面价值的不足使其不能与佛道宗教相抗衡，并反过来不断削弱其权威。中唐以后，韩愈、李翱等人起而复兴儒学，他们针对佛老之"道"及其传道谱系，再造儒家之"道"，构建儒家"道统"，揭开了唐宋之际儒家价值重建的序幕。

　　尽管在唐之前隋已结束了中国持续几个世纪的分裂，但迅速取隋而代之的唐朝对于动荡的记忆还相当深刻，对于国家统一与政权巩固的需要也极为迫切，其早期统治者非常清楚，何家、何派、何种思想资源可以有效地达成这些目标。唐高祖李渊说："自古为政，莫不以学，则仁义礼智信五者俱备，故能为利博深。"① 唐太宗李世民更是直言其所爱好"惟在尧、舜之道，周、孔之教"，以其"如鸟有翼，如鱼依水，失之必死，不可暂无"。② 可见，尽管佛老之学已趋显化，甚

---

① 《全唐文》卷三《赐学官胄子诏》，（清）董诰等编，中华书局1983年版，第36页。
② （唐）吴兢：《贞观政要》卷六《慎所好》，中华书局2012年版，第187页。

至某些方面的影响力超过儒学，但统治者对于儒学的治理效力还是相当认可。在李渊恢复学校、祭祀周孔的基础上，李世民又采纳房玄龄等人的建议，升孔子为先圣、颜回为先师，在国学内设孔子庙堂并诏令全国广建孔子庙，令颜师古匡订"五经"，令孔颖达等人编撰《五经正义》，为士人读书、考试提供官方教义。

李渊、李世民的"好儒"观念与实践，总体而言是出于政治治理的考量，此时的儒学复兴很大程度上得益于自上而下的官方推动，并因此带有一定"工具性"色彩。与此相应，此一时期的儒学复兴成果在创新性上略显不足。如有学者指出，儒家早期经典中有不少关于超道德价值或性命之学的讨论，但是这些经典都必须经过新的解释和发挥，才能解决新时代的问题，尽管唐初有皇家学者的努力，但仍缺乏这种解释与发挥。①《五经正义》算是这一时期比较重要的成果，李世民曾赞此书"博综古今，义理该洽，考前儒之异说，符圣人之幽旨，实为不朽"②，该书确对唐初经籍统一、思想清整、政治治理贡献颇多，但也正如有学者所批评的那样，"就思想史的角度看，《五经正义》所做的只是一种综合与整理的工作，少有创新性的见解。它采用的理论框架，基本上还是汉代以来流行的宇宙论"③。

基于治理效力的权威毕竟不可与思想本身的魅力同日而语。佛老之学的精深思维与熨帖慰藉使其不断走向兴盛，其传道谱系也日趋精致，儒家权威不仅不能真正确立，还面临失坠的危险。儒家士人开始有意识地或谓自发地推动儒学复兴与价值重建，他们有针对性地营造儒家的传道谱系以对治佛老，其中尤以韩愈最具代表性，其《原道》言：

---

① 冯友兰：《中国哲学简史》，第 217 页。

② 《旧唐书》第八册卷七十三《列传第二十三孔颖达》，中华书局 1975 年版，第 2602—2603 页。

③ 冯达文、郭齐勇主编：《新编中国哲学史》上册，人民出版社 2004 年版，第 405—406 页。

斯吾所谓道也，非向所谓老与佛之道也。尧以是传之舜，舜以是传之禹，禹以是传之汤，汤以是传之文武周公，文武周公传之孔子，孔子传之孟轲，轲之死，不得其传焉。荀与扬也，择焉而不精，语焉而不详。[1]

韩愈提出一个与佛道两家完全不同的儒家"道统"，该"道统"以尧、舜、禹、汤、文王、武王、周公、孔子、孟子为主要传承脉络，荀子与扬雄只作为不合格的传承者被提到，汉魏隋唐学者则没有进入"道统"的资格，孟子之后接续"道统"的是韩愈自己，所谓"使其道由愈而粗传"[2]。"道统"所传之核心内容是儒家核心价值观念——仁义。韩愈说"仁与义，为定名；道与德，为虚位"[3]，"仁义"为"道德"之内涵，这便与佛老之"道"区别开来。韩愈还对仁、义、道、德做了进一步解释："博爱之谓仁，行而宜之之谓义；由是而之焉之谓道，足乎己，无待于外之谓德。"[4] 儒家之所以区别于佛道两家的核心价值在于"仁义"。

正如有学者所注意到的，韩愈"道统"说固然是受佛道二教传教谱系的刺激、启发而"发明"的，但其所述具体传承次序却是早自孟子就已基本提出的。[5] 孟子说："由尧、舜至于汤，五百有余岁，若禹、皋陶，则见而知之；若汤，则闻而知之。由汤至于文王，五百有余岁，若伊尹、莱朱则见而知之；若文王，则闻而知之。由文王至于孔子，五百有余岁，若太公望、散宜生，则见而知之；若孔子，则闻而知之。由孔子而来至于今，百有余岁，去圣人之世，若此其未远也；近圣人

---

① （唐）韩愈：《原道》，《韩昌黎文集校注》，马其昶校注，马茂元整理，上海古籍出版社1986年版，第18页。

② （唐）韩愈：《与孟尚书书》，《韩昌黎文集校注》，第215页。

③ （唐）韩愈：《原道》，《韩昌黎文集校注》，第13页。

④ （唐）韩愈：《原道》，《韩昌黎文集校注》，第13页。

⑤ 冯友兰：《中国哲学简史》，第218页。

之居，若此其甚也，然而无有乎尔，则亦无有乎尔。"（《孟子·尽心下》）孟子构建的传承体系始于尧，经舜、汤、文王而至于孔子，韩愈又在此基础上增补完善，将其阶段性地终结于孟子。尽管在韩愈之前，杨绾等人已开始重视孟子，但真正将孟子作为儒家"道统"之关键一环来尊崇的，还是始于韩愈。韩愈的"尊孟"之举虽未当即产生太大影响，但却在一定程度上开启了所谓"孟子升格运动"，孟子及其心性思想成为儒学复兴的重要思想资源与话语资源。[①]

韩愈营造的"道统"虽不那么完美，甚至有失武断，但毕竟从儒释道三家比较的视角将儒家谱系清晰地勾勒了出来，在当时产生了一定影响。以韩愈为师友的李翱在《复性书》中写道：

> 昔者圣人以之传于颜子，颜子得之，拳拳不失，不远而复，"其心三月不违仁"……其余升堂者，盖皆传也……子思，仲尼之孙，得其祖之道，述《中庸》四十七篇，以传于孟轲……性命之书虽存，学者莫能明，是故皆入于庄、列、老、释，不知者谓夫子之徒不足以穷性命之道，信之者皆是也。有问于我，我以吾之所知而传焉，遂书于书，以开诚明之源，而缺绝废弃不扬之道，几可以传于时，命曰《复性书》，以理其心，以传乎其人。[②]

李翱对儒家"道统"予以细化，指出孔子各弟子皆传其学，其关键在于子思，子思作为孔子之孙真正把握了"其祖之道"，并通过《中庸》传给孟子。与韩愈类似，李翱也自诩接续了思孟以后千年之传

---

① 根据葛兆光的研究，孟子的地位在有唐一代未有实质性改变，如官方祭祀名单中就始终没有孟子，处州孔庙中将孟子、荀子置于从祀儒者的图中也只是个例，孟子真正被官方承认并确立配享地位是北宋熙宁、元丰时期即11世纪七八十年代的事情。参见葛兆光《中国思想史》第二卷，第124—125页。

② （唐）李翱：《李翱文集校注》，郝润华、杜学林校注，中华书局2021年版，第15—16页。

统，不同的是，他不仅重视《孟子》，也重视《中庸》。

韩、李之后，"道统"观为宋初儒家学者普遍接受，但各人在"道统"营造思路上不尽相同，比如在"宋初三先生"之一石介那里，"道统"从韩愈所论十人扩充至将近二十人，其中既包括伏羲、神农、黄帝、少昊、颛顼、尧、舜、禹、汤、文王、武王、周公、孔子等"圣人"，也包括孟子、扬雄、王通、韩愈等"贤人"。[①]

"北宋五子"也普遍辟佛辟道，致力于儒家"道统"的营造。邵雍即明确反对佛教的出世观念："佛氏弃君臣父子夫妇之道，岂自然之理哉？"[②] 他提出儒家的传承谱系：

> 孔子赞《易》自羲轩而下，序《书》自尧舜而下，删《诗》自文武而下，修《春秋》自桓文而下。自羲轩而下，祖三皇也。自尧舜而下，宗五帝也。自文武而下，子三王也。自桓文而下，孙五伯也……仲尼后禹千五百余年，今之后仲尼又千五百余年，虽不敢比德仲尼上赞尧舜禹，岂不敢如孟子上赞仲尼乎？[③]

邵雍的"道统"观以传统"道统"观为基础，又展现出新的特点，即儒家"道统"不再是简单的直线型发展脉络，而是多条线索交织的曲折演进乃至周期演进，其中不仅蕴含"类型"的多元，也蕴含"变化"的多向。就"类型"多元化而言，三皇、五帝、三王、五伯各成一类，其分类依据在于行道标准，即道、德、功、力等；就"变化"多向化而言，"道统"在历史中的呈现不是单向演化，而是曲折乃至循环演进。这种"道统"营造方式具有较强的义理阐释意味。

周敦颐的"道统"观更加突出义理内涵，鲜有对儒家人物或经籍

---

① （宋）石介：《石徂徕集》（二），中华书局1985年版，第83页。
② 《邵雍全集》（三），第1243页。
③ 《邵雍全集》（三），第1157—1158页。

如何传承的具体论述。周敦颐说："圣希天，贤希圣，士希贤。"① 其中，圣、贤、士的区分与邵雍三皇、五帝、三王、五伯的划分异曲同工，只不过论述没有邵雍周详。从《通书》来看，周敦颐最为推崇的是孔子和颜回：孔子是"圣人"，"道德高厚，教化无穷，实与天地参而四时同"②；颜回则是"亚圣""大贤"，所谓"颜子'一箪食，一瓢饮，在陋巷，人不堪其忧，而不改其乐'……见其大则心泰，心泰则无不足。无不足则富贵贫贱处之一也。处之一则能化而齐。故颜子亚圣"③，"伊尹、颜渊，大贤也"④。对于周敦颐尊崇孔子和颜回，二程的说法与此相契，他们问学周敦颐时，周敦颐每每要求他们探寻"孔颜乐处"所乐何事。⑤

张载的"道统"叙述主要强调历史贡献，所谓"上世未有作而作之者也"。他列出"作者七人"，亦即具有原创贡献的七位人物，分别是伏羲（始服牛乘马者）、神农（始教民稼穑者）、黄帝（始正名百物者）、尧（始推位者）、舜（始封禅者）、禹（以功）、汤（始革命者）。⑥汤以下，文王、武王、周公、孔子虽因各种原因无"作"之名，但皆有"作"之实。孔子之后，便只有孟子，所谓"孔孟而后，其心不传，如荀扬皆不能知"⑦，这与韩愈的观点基本一致。

二程的"道统"观延续韩愈、李翱以来的思路，他们说："圣人无优劣。尧、舜之让，禹之功，汤、武之征伐，伯夷之清，柳下惠之和，伊尹之任，周公在上而道行，孔子在下而道不行，其道一也。"⑧孔子之后，二程主要认可颜回与孟子，且主张颜回在孟子之上，所谓"颜、

① 《周敦颐集》，第 22 页。
② 《周敦颐集》，第 42 页。
③ 《周敦颐集》，第 32—33 页。
④ 《周敦颐集》，第 23 页。
⑤ （宋）程颢、程颐：《二程集》，第 16 页。
⑥ （宋）张载：《张子全书》，第 257—258 页。
⑦ （宋）张载：《张子全书》，第 81 页。
⑧ （宋）程颢、程颐：《二程集》，第 324 页。

孟虽无大优劣，观其立言，孟子终未及颜子"①。

随着"道统"观念的深化，儒家经典与治学方法也在发生改变。

就经典而言，《孟子》《大学》《中庸》等的地位逐渐抬升，如少时喜爱军事的张载拜谒范仲淹，范仲淹见他抱负远大，建议他不要从军而是去读《中庸》，可见《中庸》已是宋初士人极为看重的经典。后来张载说："学者信书，且须信《论语》、《孟子》。《诗》、《书》无舛杂。《礼》虽杂出诸儒，亦若无害义处，如《中庸》、《大学》出于圣门，无可疑者。"② 张载对后来所谓"四书"的重视已不亚于甚至超过了所谓"五经"。二程的观点与张载较为一致，他们说："学者当以《论语》、《孟子》为本。《论语》、《孟子》既治，则《六经》可不治而明。"③ 又说："且先读《论语》、《孟子》，更读一经，然后看《春秋》……《春秋》以何为准？无如《中庸》。"④ 在二程看来，《论语》《孟子》《中庸》都是义理之书，具有阅读、治学方面的优先性。

就治学方法而言，文献训诂取向的方法开始让位于义理探索取向的方法。从范仲淹到"宋初三先生"，一股新的"疑惑传注"的学术风气在宋初涌现，他们主张"经以明道""文以通理"。早期理学家如"北宋五子"对此进一步发挥，二程曾说："古之学者，皆有传授。如圣人作经，本欲明道。今人若不先明义理，不可治经，盖不得传授之意云尔。如《系辞》本欲明《易》，若不先求卦义，则看《系辞》不得。"⑤ 程颐还曾说："先识得个义理，方可看《春秋》。"⑥ "明理"而非训诂章句成为治经的基础与关键，义理探赜取代文献训诂成为治学的首要方法，这一方法实际上也正与早期理学对宇宙本原的理解认定

① （宋）程颢、程颐：《二程集》，第280页。
② （宋）张载：《张子全书》，第85页。
③ （宋）程颢、程颐：《二程集》，第322页。
④ （宋）程颢、程颐：《二程集》，第164页。
⑤ （宋）程颢、程颐：《二程集》，第13页。
⑥ （宋）程颢、程颐：《二程集》，第164页。

与思维方式相适应。

　　总之，从唐初到北宋中叶，儒学复兴运动历经工具性、自发性等阶段而进至全面复兴。其间，儒家"道统"以韩愈所建构的形态为基础，不断发展出多元化的建构标准、传承脉络、文本依据与治学方法，但这些方面又各自呈现出一致趋向：在建构标准上，"道"体现出一种强调道德尤其是儒家仁义道德的理想主义倾向；在传承脉络上，学者大都以上古圣贤人物为开端、以孟子为阶段性终点，体现出明显的"尊孟"倾向，这一倾向在北宋神宗元丰年间达到顶峰，此时孟子被官方追封为"邹国公"并配享孔庙；在文本依据上，《论语》《孟子》《大学》《中庸》等儒家经典的地位逐步抬升，尤其经张载、二程等人的推重、发掘与阐释，至朱熹时"四书"之名得以最终确立并在地位上超过所谓"五经"；治学方法上，以义理探赜为主的方法逐渐取代以训诂章句为主的方法，"明道""明理"成为治学的前提与关键环节，贯穿治学全程。这些转变为儒家价值的哲理重建提供了思想、文本与方法上的重要基础。

第二节　性论复兴：儒家价值哲理的重建

　　唐宋时期儒家价值重建首先展现为道统营造，强调道德、尊崇孟子、抬升"四书"、注重义理等是这个过程中的突出特点。道统营造在一定程度上形成了对佛老的对治，但在更为严苛的意义上，这还只能算作是"表面工作"或准备工作，儒家价值的重建在根本上有赖于儒家价值哲理基础的重建。

　　隋唐以前，儒家价值在哲理层面自成逻辑，具有一定的自洽性，即便是在魏晋那样动荡、分裂的时期，那些看似放浪形骸、桀骜不羁的士人事实上也大都以儒家价值观念为持守，鲁迅对此曾有敏锐的观察："表面上毁坏礼教者，实则倒是承认礼教，太相信礼教……他们（引者注：指魏晋名士）的本心，恐怕倒是相信礼教，当作宝贝……"①在某种意义上甚至可以说，玄学在派别归属上应划入儒家。②汉魏以降，真正对儒家价值形成挑战或威胁的，是日益兴盛的佛道宗教，尤其是佛教，其所宣扬的价值观念在很大程度上与儒家相互抵牾，且这些价值观念大都有着比儒家更为精深、更为坚实的哲理基础。

总体而言，佛道宗教的价值建构可以说是围绕以"性"为核心的概念范畴系统展开的，这其中也包括"心""命"等高度相关的概念范畴。

就佛教来说，"缘起性空"观念此时已经成熟。"因缘""缘起"是原始佛教就有的观念，但早期"缘起"观多执持"空""有"之一端，在思想上不够彻底，真正将这一问题讲透彻的，般若中观派的龙树是一个重要代表。龙树《中论·观四谛品》说："众因缘生法，我说即是无，亦为是假名，亦是中道义。未曾有一法，不从因缘生，是故一切法，无不是空者。""因缘生法"之所以是"空"，是因为万法皆是因缘和合而生，并非"实有"，亦即无本质规定性，但"空"又不是"无"，否则世间万物就得不到合理解释，于是龙树提出"假名"，即世间万物皆假以名相而存在。"缘起性空"观中的"缘起"讲存在的机制，"性空"讲存在的本质，二者共同指向世界的空无自性，这就解决了早期佛教执持"空""有"之一端的弊病，进入了"中道"。"缘起性空"观既肯认世间名相，又否弃世间价值，具有高深、圆融的思辨性，包括华严宗在内的多家佛教宗派都极为推重。华严宗三祖法藏《华严义海百门》说，"尘是心缘，心为尘因，因缘和合，

---

① 鲁迅：《魏晋风度及文章与药及酒之关系——九月间在广州夏期学术演讲会讲》，《鲁迅杂文集》，天津人民出版社 2016 年版，第 223 页。

② 参见张恒《儒门内的王弼——对王弼哲学派别归属的一个阐明》，《孔子研究》2019 年第 2 期；沈顺福、任鹏程《玄学是儒学——从心学的角度来看魏晋玄学的派性》，《人文杂志》2021 年第 3 期。

幻相方生"，从心尘因缘的视角进一步发展了"缘起性空"观念。而天台宗的"性具"之说不仅主张"性"的超越性，而且将"性"所蕴含的一切可能性具体地揭示出来，智𫖮《观音玄义》说：

> 问："缘、了既有性德善，亦有性德恶否？"答："具。"问："阐提与佛断何等善恶？"答："阐提断修善尽，但性善在；佛断修恶尽，但性恶在。"问："性德善恶何不可断？"答："性之善恶但是善恶之法门，性不可改，历三世无谁能毁，复不可断坏。譬如魔虽烧经，何能令性善法门尽？纵令佛烧恶谱，亦不能令恶法门尽。如秦焚典坑儒，岂能令善恶断尽耶？"①

智𫖮以"性具善恶"说对《大般涅槃经》"三因佛性"理论做了进一步发挥，"缘"指缘因佛性，"了"指了因佛性，二者兼具善恶，皆归于非善非恶之中道正因佛性。智𫖮认为，佛性不可改、不可毁，是人人本有的普遍的、超越的存在；但佛性兼具善恶，开善恶之法门，其与阐提之区别在于达与不达，所谓"阐提既不达性善，以不达故，还为善所染，修善得起广治诸恶。佛虽不断性恶，而能达于恶，以达恶故，于恶自在，故不为恶所染，修恶不得起"②。智𫖮从"性""修"（"达"）二义论说佛性，深刻圆融，独具特色，为众生成佛提供了哲理依据与方便法门。

道教的"性命双修"论此时也正趋于完善。早期道教以"气化宇宙论"为基本理论依据，主张天地万物由元气化生，修炼的目的在于"轻身益气，延年度世"③。在佛教的刺激与影响下，道教开始转变以形体修炼为主的做法，展现出浓厚的理论旨趣，这在唐初成玄英等人

---

① （隋）智𫖮：《观音玄义》卷一，《大正藏》第 34 册，第 882 页。
② （隋）智𫖮：《观音玄义》卷一，《大正藏》第 34 册，第 882 页。
③ （汉）王充：《论衡校释》，黄晖校释，中华书局 1990 年版，第 337 页。

那里体现得非常明显。成玄英说："水火金木，异物相假，众诸寄托，共成一身，是知形体由来虚伪。"① 又说："既知形质虚假，无可欣爱，故能内则忘于脏腑，外则忘其根窍故也。"② 认为"形体"因"共成"而"虚伪"，这显然是受了佛教的影响；进而主张内外两忘，则展现出了不同于形体修炼的精神修炼向度。后起的道教人士意识到精神修炼对道教原旨的偏离，试图综合形体与精神两种修炼取向，如司马承祯便既强调"养气为先"，又强调"收心离境"，展现出"性命双修"进路。《真元妙道修丹历验抄》说得更为清楚："夫至道真旨，以凝性炼形长生为上。所谓凝性者，心灵也，乃内观不动，湛然无为焉。""凝性炼形"方可"形性俱超"，"得长生不死高真妙道"。

佛道二教都将"性"作为其价值建构过程中极为重视的问题，尽管他们对"性"的理解并不相同，但二者"性"都具有相当的普遍性、超越性。事实上，儒家对"性"的关注与论说要远远早于佛道宗教，"心性论"是孔子以降儒家追问人的本质暨"人道"的主要运思取向，它构成了儒家哲学追问的基础性理论，甚至在某些学者那里"性"（或"心性"）即是"道"。这种"即性论道"的思路不仅规定了儒学的发展脉络，也影响了佛道二教的言说方式。相较而言，传统儒家的性论道德性有余但普遍性、超越性不足，佛道宗教的性论则普遍性、超越性有余而道德性不足。这种凌空蹈虚、不重道德伦理与人间秩序的观念是儒家学者所不能接受的，于是复兴儒家性论并赋予其更具思辨性的哲理内涵便成为儒家学者的重要使命。

韩愈复兴儒家性论的思想资源主要来自先秦与汉代，更确切地说，来自孟子、荀子、董仲舒、扬雄等人。韩愈说：

> 孟子之言性曰：人之性善；荀子之言性曰：人之性恶；扬子

---

① （晋）郭象注，（唐）成玄英疏：《庄子注疏》，第148页。
② （晋）郭象注，（唐）成玄英疏：《庄子注疏》，第148页。

之言性曰：人之性善恶混。夫始善而进恶，与始恶而进善，与始也混而今也善恶；皆举其中而遗其上下者也，得其一而失其二者也。①

在韩愈看来，孟子的"性善论"、荀子的"性恶论"、扬雄的"性善恶混论"虽各有千秋，但也都有所欠缺，他在综合这些观点的基础上进一步提出：

性也者，与生俱生也；情也者，接于物而生也。性之品有三，而其所以为性者五；情之品有三，而其所以为情者七。曰何也？曰：性之品有上中下三。上焉者，善焉而已矣；中焉者，可导而上下也；下焉者，恶焉而已矣。其所以为性者五：曰仁、曰礼、曰信、曰义、曰智。上焉者之于五也，主于一而行于四；中焉者之于五也，一不少有焉，则少反焉，其于四也混；下焉者之于五也，反于一而悖于四。②

韩愈的性论可以归结为三个方面：生之谓性、情由性定、性情三品。其中，"生之谓性"当然不是韩愈的原创，这可以说是早期儒家论性的基本原则，韩愈只是将其继承了下来。"情由性定"也是早自汉代开始就逐渐成熟的观念，兹不赘述。值得注意的是"性情三品"。韩愈认为，人性分为上、中、下三品：上品之性善，于"仁""礼""信""义""智"五德主于一而行于四；中品之性可善可恶，某一德稍有不足或违背，其余四德亦混杂不纯；下品之性恶，于五德皆有所违背。这种将性分为三品的观念实则借鉴董仲舒的思想，董仲舒曾说"圣人之性，不可以名性；斗筲之性，又不可以名性；名性者，中民之性"

---

① （唐）韩愈：《原性》，《韩昌黎文集校注》，第21页。
② （唐）韩愈：《原性》，《韩昌黎文集校注》，第20页。

（《春秋繁露·实性》）。所不同的是，董仲舒的性论有一个前提性的限定，即以可改变的"中民之性"为"性"，他实际上是要强调王道教化对于"性"的重要性，其实质是一种伦理相对主义；而韩愈则认为善、善恶混、恶是人性的三种不同形态，且不可变易，对于性善或性善恶混者，可使其"就学而明"，对于性恶者则只能使其"畏威寡罪"。

总的来说，韩愈的性论是对先秦汉代儒家性论的承续与局部修改，在创新性上略显不足。当然，在佛道二教极为兴盛的社会氛围中，韩愈重提儒家性论、发出儒家声音、阐明儒家立场，这本身已有其意义，他对"性"的实在性（"与生俱生"）和道德性（"性分三品"）的赋予，也深刻影响了后世儒家价值哲理重建的致思取向。

在韩愈性论基础上，李翱进一步将"性"作为哲学体系的核心范畴予以详论，他说：

> 人之所以为圣人者，性也；人之所以惑其性者，情也。喜、怒、哀、惧、爱、恶、欲七者，皆情之所为也。情既昏，性斯匿矣。非性之过也，七者循环而交来，故性不能充也……情不作，性斯充矣。①

李翱对"性""情"关系做了细致辨析，他认为只要"情""不作"，人与生俱来之"性"便充实圆满，足以使人成为圣人；如若"情""作"以至于"昏"，"性"便"匿"而"不能充"，人便不能成为圣人。一言以蔽之，李翱认为"性"原本完满自足，人之所以没有成为圣人要归因于"情"，即"性善情邪"或"性善情扰"。这也意味着，如果能将情欲控制得当，人人都有成圣的潜质，也正是在这个意

---

① 《李翱文集校注》，第13页。

义上，李翱主张"复性""归源"，以成圣成贤。相比韩愈性论对孟子、荀子、扬雄、董仲舒等人观点的调和，李翱的性论展现出较为明显的向孟子、荀子回归的倾向，"性"不仅具有实在性与道德性，而且其道德性具有确定性，那就是"善"。

从"性情三品"说到"性善情邪"（"性善情扰"）说，一个实在的、具有道德性的价值本原在韩、李等人的性论复兴实践中逐渐清晰起来。"性"的实在性与道德性的获得，使世间与人伦的价值得以确认，这在一定程度上形成了与佛老的抗衡，也成为早期理学家"论性及气""人性即理""变化气质"等更加成熟的人性观念与价值观念的理论先导。不过，韩、李等人的理论经验性有余而思辨性不足，其对佛道宗教的价值观念虽有所"破"，但显然力道不够，更加思辨、精致的理论是由以"北宋五子"为代表的早期理学家来完成的。

第三节　性理合一：儒家价值本体的确立

自中唐开始的性论复兴使儒家价值重建在哲理基础层面迈出了重要一步，但从早期韩愈、李翱等儒家学者的理论建构来看，其性论虽在"性"的实在性与道德性等维度多有侧重，但对"性"的超越之维还少有涉及。也就是说，韩、李等人尚未摆脱经验思维，难以对佛道宗教尤其是佛教形成实质性回应，这也意味着儒家价值重建的哲理根基并不牢靠。

宋儒接续承担重建儒家价值的时代课题，对此，他们实际上负有双重使命，即一方面要使作为价值本原的"性"区别于佛教思辨性的"空"，另一方面又要使其区别于传统儒家经验性的"有"。从早期理学家的性论建构来看，他们总体上采取了将"性"形而上学化的策略，在这个过程中确认或赋予"性"以实在性、超越性、道德性。

　　就"性"的实在性而言，早期理学家普遍认可传统儒家论性的基本原则——"生之谓性"或"天命之谓性"。邵雍说"言性者必归之天"①，"资性，得之天也"②，"天使我有是之谓命。命之在我之谓性"③；周敦颐说"天以阳生万物，以阴成万物"④；张载则直截了当地说"性，即天也"⑤。即"天"言"性"确认了"性"的实在性，确保"性"是真真切切的"有"，而不是"空"与"无"。

　　就"性"的超越性而言，早期理学家开始有意识地区分"性"与"气"，试图使"性"从形而下的或经验性的"气"中超拔出来，获得超越的、绝对的价值。这种努力在邵雍那里已有体现，邵雍说："气则养性，性则乘气。故气存则性存，性动则气动也。"⑥ "气"是"性"的载体，无"气"则"性"无以存在；"性"是"气"的主宰，无"性"则"气"无以活动。这与传统儒家以气释性、性即是气的观念已然不同。"性"的特点是通过"神"体现出来的，所谓"心性而胆情，性神而情鬼"⑦。至于"神"的特点，邵雍说"气一而已，主之者乾也。神亦一而已，乘气而变化，能出入于有无死生之间，无方而不测者也"⑧，"性—神"乘气而变、出入有无死生之间、无方不测，这与"气"明显不同。落实到人身上，"性""气"关系又体现为"性""情"关系，邵雍说："任我则情，情则蔽，蔽则昏矣。因物则性，性则神，神则明矣。潜天潜地不行而至不为阴阳所摄者，神也。"⑨ "情"本质上是"气"之所发，"气"有清浊，"情"便时有明晦；"性"则

①　《邵雍全集》（三），第 1340 页。
②　《邵雍全集》（三），第 1224 页。
③　《邵雍全集》（三），第 1240 页。
④　《周敦颐集》，第 23 页。
⑤　（宋）张载：《张子全书》，第 252 页。
⑥　《邵雍全集》（三），第 1211 页。
⑦　《邵雍全集》（三），第 1214 页。
⑧　《邵雍全集》（三），第 1213 页。
⑨　《邵雍全集》（三），第 1217 页。

不同，其"不为阴阳所摄"，不拘于"气"之形质。如此一来，"性公而明，情偏而暗"①。邵雍这种"性明情暗"说不得不让人联想到李翱的"性善情邪"（"性善情扰"）说，虽不能说他们所论之"性"已有完全的超越性，但其的确展现出了不同于"气"（"情"）的一面。这种对"性"与"气"、"性"与"情"的辨析成为"性"的形上化的理论先导。

周敦颐论性与邵雍思路相近，他首先承认"性"有经验的一面："性者，刚柔、善恶，中而已矣。"② 朱熹认为这是"以气禀而言"③，也就是说，从"气"的角度而言，"性"因气禀不同而呈现刚善、刚恶、柔善、柔恶之分别，这也正是天地万物各各不同、千变万化的原因所在。这一解释有其合理之处。与此同时，周敦颐论性还有另一重维度，那就是以"诚"言"性"，强调其超越的一面，他说："寂然不动者，诚也；感而遂通者，神也；动而未形、有无之间者，几也。诚精故明，神应故妙，几微故幽。诚、神、几，曰圣人。"④ "寂然不动"指"诚"不囿于经验性的时空，具有超越的色彩；"感而遂通"指"诚"体流行妙用之显现；"动而未形、有无之间"则指动静体用之间，正是做工夫之处。如此，"诚"便不仅仅是日常生活中经验性的心理状态或行为规范，而且成为一种超越性存在。

张载将"性"的两重向度明确表述出来，他说："太虚无形，气之本体。其聚其散，变化之客形尔。至静无感，性之渊源。有识有知，物交之客感尔。客感客形与无感无形，惟尽性者一之。"⑤ 张载论"性"仍然是从"气"上起头，但是"气"之聚散只是"性"的客感客形，亦即只是一种有限存在；除此之外，"性"还有一种本原形态的

---

① 《邵雍全集》（三），第 1218 页。

② 《周敦颐集》，第 20 页。

③ 《周敦颐集》，第 20 页。

④ 《周敦颐集》，第 17—18 页。

⑤ （宋）张载：《张子全书》，第 1 页。

存在，那就是无感无形之"虚"。合而言之，"性"在张载这里有"虚""气"两重向度，所谓"合虚与气，有性之名"①。这两重向度又被张载创造性地表达为"天地之性"与"气质之性"：

> 形而后有气质之性，善反之则天地之性存焉。故气质之性，君子有弗性者焉。人之刚柔、缓急、有才与不才，气之偏也。天本参合不偏，养其气，反之本而不偏，尽性而天矣。②

张载分"性"为二，一为"气质之性"，一为"天地之性"，前者本质上是"气"，后者本质上是"虚"。当然，张载所做的这种区分实际上是要突出"天地之性"，有意将"天地之性"视为"性"的本质规定，所谓"气质之性，君子有弗性者焉"，"君子所性"只在"天地之性"。

分"性"为二的思路同样见于二程。二程论性，先从"性""气"的关系入手，所谓"论性而不及气，则不备；论气而不及性，则不明"③，这与张载、周敦颐、邵雍的思路一致。不同的是，二程在"性""气"之外又区分出"才"这一概念：

> 性出于天，才出于气，气清则才清，气浊则才浊。譬犹木焉，曲直者性也，可以为栋梁、可以为榱桷者才也。才则有善与不善，性则无不善。"惟上智与下愚不移"，非谓不可移也，而有不移之理。所以不移者，只有两般：为自暴自弃，不肯学也。使其肯学，不自暴自弃，安不可移哉？④

---

① （宋）张载：《张子全书》，第3页。
② （宋）张载：《张子全书》，第15页。
③ （宋）程颢、程颐：《二程集》，第1253页。
④ （宋）程颢、程颐：《二程集》，第252页。

　　相比邵、周、张三人，二程的分疏更加细致，"气"有清浊、"才"有善恶，"性"则无不善；而"性"之所以纯粹至善，是因为它与超越性的"天理"是同一的。程颐说："性即理也，所谓理，性是也。天下之理，原其所自，未有不善。喜怒哀乐未发，何尝不善？发而中节，则无往而不善。"①"性"不仅是天地万物的本质、实然，更是依据、所以然。"理—性"②超越意义的确立，使儒家价值本体得以最终确立，也标志着理学以相对成熟的形态出场。对此，朱熹曾大加赞佩："如'性即理也'一语，直自孔子后，惟是伊川说得尽。这一句，便是千万世说性之根基。"③的确，"性即理"命题对人之"性"与天之"理"的打通，实在是解决了儒学的大问题。一方面，"性即理"观念一定程度上补足了儒家哲学自先秦至唐代思辨性不强的短板，构成了对佛道二教的有力回应；另一方面，"性即理"观念也在一定程度上对佛学思维予以批判性反思，它没有在人的生存世界之外构建一个完全独立的理性世界、精神世界，而是从"天人合一"视角出发，始终坚持只有"一个世界"，生存世界之外别无其他世界。

　　就"性"的道德性而言，其内涵无疑是儒家的核心价值观念——"仁"。邵雍说："仁配天地谓之人，唯仁者真可谓之人矣。"④"性"的内涵是"仁"，唯有"仁"才是人的本质规定。超越之"仁"又具体显现为儒家名教制度，邵雍说："自三代而下，汉、唐为盛，未始不由治而兴，乱而亡，况其不盛于汉、唐者乎？其兴也，又未始不由君道盛，父道盛，夫道盛，君子之道盛，中国之道盛；其亡也，又未始不由臣道盛，子道盛，妻道盛，小人之道盛，夷狄之道盛。"⑤人伦之治在于行君道、父道、夫道、君子之道、中国之道，人伦之乱源自行臣

---

① （宋）程颢、程颐：《二程集》，第292页。
② "理—性"是针对二程"性即理"命题而构造的合成词。
③ （宋）朱熹：《朱子语类》卷九十三，《朱子全书》第17册，第3107—3108页。
④ 《邵雍全集》（三），第1213页。
⑤ 《邵雍全集》（三），第1168页。

道、子道、妻道、小人之道、夷狄之道，这是对儒家名教制度最为直白的认可。

按照周敦颐的观点，对"诚"的理解除了"寂然不动"的向度，还有"纯粹至善""五常之本（百行之源）"等向度，周敦颐说："诚者，圣人之本。'大哉乾元，万物资始'，诚之源也。'乾道变化，各正性命'，诚斯立焉。纯粹至善者也。"① 又说："圣，诚而已矣。诚，五常之本，百行之源也。"② "寂然不动"强调"诚"不滞泥于经验性的时空关系，"纯粹至善"强调"诚"不滞泥于经验性的道德分判，"五常之本、百行之源"则强调"诚"是人类伦理与行为的终极本原，它们共同指向"诚"作为"性"的道德性。作为超越存在的"诚"是刚善、刚恶、柔善、柔恶之"性"的范导与主宰，而圣人之所以为圣人正是因其以"诚"为本，或者说完全合乎"诚"的要求。而"圣人在上，以仁育万物，以义正万民"③，"诚""圣"之要义仍在于仁与义。

张载之所以要突出强调"天地之性"，是因为唯有"天地之性"（或"太虚"）堪当宇宙万物与世间人伦之终极本原，他说："和乐，道之端乎！和则可大，乐则可久。天地之性，久大而已矣。"④ 唯"天地之性"可以永恒。张载又说"万物取足于太虚，人亦出于太虚"⑤，"虚则生仁"⑥，"至善者，虚也"⑦，"虚"或"天地之性"是天地万物的价值本原。

在二程那里，当"性""理"合一，这个本原或主宰就不再是冰冷抽象的存在，而具有了人间的温度，因其蕴含着儒家向来推重的德

---

① 《周敦颐集》，第13—14页。
② 《周敦颐集》，第15页。
③ 《周敦颐集》，第23页。
④ （宋）张载：《张子全书》，第17页。
⑤ （宋）张载：《张子全书》，第262页。
⑥ （宋）张载：《张子全书》，第263页。
⑦ （宋）张载：《张子全书》，第263页。

性内涵。二程说："仁、义、礼、智、信五者，性也。仁者，全体；四者，四支。"①"理—性"即是"五常"，尤以"仁"为其"全体"。于此，可简明谓之"性即仁"。二程主张"性即理"，又主张"性即仁"，自然也就主张"理即仁"。二程确曾直截了当地表达这一观念："仁者，天下之正理。失正理，则无序而不和。"②"仁"作为"理"被提升到了世界本原的地位。

作为"理"之"仁"，首在于"通"，此意为二程受医学理论与实践的启发而悟出："医家以不认痛痒谓之不仁，人以不知觉不认义理为不仁，譬最近。"③又说："切脉最可体仁。"④还说："医书言手足痿痹为不仁，此言最善名状。"⑤对于身体来说，当手、足等部位出现问题时，"心"自能有所感觉，知痛知痒，进而有所应对，这种"疾痛累心"的状态是身体的本然状态、健康状态，这种感知的通贯就是"仁"的具体体现。相反，当"手足痿痹""不认痛痒"，"仁"也便消失了。回到哲学上："若夫至仁，则天地为一身，而天地之间，品物万形为四肢百体。夫人岂有视四肢百体而不爱者哉？圣人，仁之至也，独能体是心而已，曷尝支离多端而求之自外乎？"⑥在二程看来，宇宙万物就像一个整全的、活生生的有机生命体，其中的每一人、每一物都是这生命体的有机组成部分，"仁"即是万物之间的彼此贯通、相互珍视，"仁之至也"便是圣人。

作为"理"之"仁"，还在于"公"。二程说："不违（仁——引者注）处，只是无纤毫私意。有少私意，便是不仁……（仁——引者注）只是一个公字。学者问仁，则常教他将公字思量。"⑦在二程看

---

①　（宋）程颢、程颐：《二程集》，第14页。
②　（宋）程颢、程颐：《二程集》，第1173页。
③　（宋）程颢、程颐：《二程集》，第33页。
④　（宋）程颢、程颐：《二程集》，第59页。
⑤　（宋）程颢、程颐：《二程集》，第15页。
⑥　（宋）程颢、程颐：《二程集》，第74页。
⑦　（宋）程颢、程颐：《二程集》，第284—285页。

来，"公"与"私"相对，如若人能做到无一丝一毫之私意，自然能"物我兼照""人我兼照"，也就能视天地万物为一体，故而能够知痛痒、泛爱众，如此则非仁而何？

当然，"仁"又区别于"爱"，这是二程论性的突出特点。二程以"体用论"范式解释"仁"与"爱"，并以"仁"为"性"、为"体"，以"爱"为"情"、为"用"。这样一来，二程性论便展现出了与先秦人性思潮截然不同的面相，如在孟子那里视之为"性"的恻隐、羞恶、辞让、是非四端之心，在二程这里便只是"情"："若夫恻隐之类，皆情也，凡动者谓之情。"① 以此为理论基础，二程强调以性制情，"损人欲以复天理"②。这种以"体用"范式建构起的性情观、理欲观几乎规定了整个宋明理学对于"人如何生存"这一根本哲学问题的回答。

总之，"北宋五子"尤其是二程以"天人合一"为视域，以"体用一源"为方法，实现了"性""理"合一。"理"是世界运化发展的原理、根据、所以然者，也是人类生存发展的最高法则——"仁"，正如程颢所说，"学者须先识仁。仁者，浑然与物同体。义、礼、知、信皆仁也"③。由此，作为儒家最高伦理的"仁"成为"天人合一"的宇宙生命体之本原，亦即人类生存之本原。"仁"不是思考的对象，而是宇宙生命体生机勃发的行动之源头，宋儒的本原追问因此也具有了生存论的意味。

本章小结

隋唐时期佛道宗教的兴盛使儒家价值危机空前凸显，唐宋之际儒

---

① （宋）程颢、程颐：《二程集》，第105页。
② （宋）程颢、程颐：《二程集》，第1170页。
③ （宋）程颢、程颐：《二程集》，第16页。

家价值重建早自唐初就已发其端绪，先有自上而下的尊儒、用儒，后有自下而上的辟佛辟道、营造道统，宋初诸儒更是完成了对儒学经典的再造和对学术方法的调整。强调道德、尊崇孟子、抬升"四书"、注重义理是上述过程中最为显著的几个发展趋向。当然，在更为严格的意义上，以上还都只是准备工作，儒家价值重建在根本上有赖于儒家价值哲理重建，这项工作主要是由早期理学家尤其是"北宋五子"完成的。

　　针对佛道二教重视"心性"的思想特点，"北宋五子"也从"心性"问题入手，他们试图赋予"性"以实在性、道德性与超越性，使之既区别于佛教思辨性的"空"，又区别于传统儒家经验性的"有"。在具体思路上，"北宋五子"的总体趋向是"分性气""合性理"，也就是将"性"区分为经验层面与超越层面，如邵雍将"性"区分为"性"与"气"，周敦颐区分为"诚"与"气"，张载区分为"天地之性"与"气质之性"，二程区分为"天命之性"与"气质之性"。从邵雍到二程，"性"的超越性不断提升，最终实现了与超越性"天理"的同一，性即理即仁即道，这标志着理学最终实现了儒家价值本体的形上化，儒家价值在哲理上获得了重建。早期理学的价值重建既实现了对汉唐儒学经验思维的超越，也实现了对佛老之学空虚观念的对治。儒家价值重建与理学的发生相伴随，是理学的发生与中国古代哲学范式转换的重要一维。

分　论
"北宋五子" 的多元开拓

　　上篇从整体上勾勒了理学的发生机制，从范式视角来看，理学的发生是一个范式转换的过程，这一过程涉及哲学使命、思维方式、价值观念以及贯穿于前三者的话语体系等多个有机关联的维度。可以说，理学的出现标志着中国本土哲学内部生长出了具有思辨性的崭新形态。当然，在现代性语境中，任何一种宏大叙事都面临质疑与拷问，关于理学发生机制的哲理叙事同样如此。有鉴于此，以下将从早期理学家群体中选取较有代表性的几位，通过个案分析的方式，对他们如何具体地实现范式转换与哲学建构予以考察。

　　唐宋之际思潮激荡，学者辈出，大有与先秦诸子时代相媲美之势。不过，要想确认其中哪些学者属于所谓"理学家"以及哪些学者较有代表性，却也并不容易，因为这并非纯粹的历史学问题，同时还是解释学问题，或说这不纯然关乎考证，还关乎解释。南宋无名氏编的《诸儒鸣道集》最早关注这一问题，而最早对此做出明确界说的是朱熹，他在《伊洛渊源录》《近思录》等编著中对理学谱系的追溯与建构推动有宋一代形成了所谓"北宋五子"的观念，也就是以周敦颐、程颢、程颐、邵雍、张载五人为早期理学最主要的开拓者和奠基者。嗣后，这一谱系建构方式经《宋史》等经典得以明确与强化。迄至今日，学界一般仍以"北宋五子"为理学思潮的实际开端。

当然，也有观点认为，对理学的溯源不应止于"北宋五子"，与其同时的司马光、王安石、苏轼等以及更早些时候的"宋初三先生"乃至范仲淹、欧阳修等亦应全部或部分地划归早期理学家行列，如南宋黄震就曾说"本朝理学虽至伊洛而精，实自三先生而始，故晦庵有伊川不敢忘三先生之语"①。黄震所言"理学"更多指向与训诂之学相对的义理之学，所谓"自本朝讲明理学，脱去诂训"②。注重义理确实是宋儒治学思考的重要路向，从广义义理之学的角度来说，宋初诸儒的确有理由划归理学家行列。但是本书所谓"理学"不仅是"义理之学"，更是"性理"取向的"义理之学"。尽管宋初诸儒也对"性理"有所涉及，但最为典型、最具代表性的还要数"北宋五子"，他们对"性""理"以及其他相关、相近概念范畴开展了深入的、具有一定思辨性的哲学追问。

以"北宋五子"为考察个案还有一个不可多得的优势，即这五人之间有密切关系或联系：周敦颐曾做过二程的老师，"每令寻颜子、仲尼乐处，所乐何事"③；张载是二程的表叔，三人切磋学问、相互砥砺，张载去世后部分弟子门人转入二程门下；邵雍是二程的近邻，两家交往三十余年。尽管五人的脾气性格、学问旨趣、概念使用、体系建构不尽相同，但他们有着共同的问题意识与运思方式，实则形成了一个学术共同体，以他们为个案深入考察早期理学的发生、发展，不仅是必要的，也是可行的。需要申明，以"北宋五子"为个案并不意味着早期理学只有这五位学者或者这五位学者的所有思想都可纳入理学，他们只是理解早期理学的"方便法门"。

---

① （宋）黄震：《读诸儒书》，《黄氏日抄》卷四十五，文渊阁《四库全书》本。
② （宋）黄震：《读论语》，《黄氏日抄》卷二。
③ （宋）程颢、程颐：《二程集》，第16页。

第四章

邵雍：“心法” 先天

作为宋学重要开拓者，“北宋五子” 中争议最大者莫过于邵雍：较其他 “四子” 而言，争议主要在于具体概念的诠释路向；但于邵雍而言，争议却上升为可否将其视为理学家这一关乎身份判定的根本层面。

针对邵雍之学派别归属的争议早在宋代就已出现。尽管朱熹很敬重邵雍，也从邵雍之学中汲取了不少养分，但他多次表示邵雍之学 “近佛学”“似老子”，言其儒学品性不纯。如朱熹曾说：“康节之学，近似释氏，但却又挨傍消息盈虚者言之……某固言其与佛学相近者，此也。” 又说：“似老子。只是自要寻个宽闲快活处，人皆害它不得。后来张子房亦是如此。方众人纷拏扰扰时，它自在背处。”① 至于南宋诸儒根据朱熹所编撰《伊洛渊源录》将邵雍与周敦颐、张载、二程并称 “五子”，实是一场 “误会”，按朱熹的说法，邵雍之入《伊洛渊源录》是书商自作主张、擅自增添的结果。② 对邵雍派别归属的争议在新旧宋史之间也体现得非常明显：旧史中邵雍被列入 “隐逸传”，新史编撰者则认为 “邵雍高明英悟，程氏实推重之，旧史列之隐逸，未当”③，又将其调入 “道学传”，置于周敦颐、二程、张载之后。清人编纂《四库全书》时，以邵雍之学 “于羲、文、周、孔之易理，截然

① （宋）朱熹：《朱子语类》卷一百，《朱子全书》第 17 册，第 3342—3343 页。
② （宋）朱熹：《朱子语类》卷六十，《朱子全书》第 16 册，第 1962 页。
③ 《宋史》第三六册，第 12710 页。

异途"① 而将其代表作《皇极经世书》归入术数。近世以来，相关争议并未稍减。牟宗三在其关于宋代理学的著作《心体与性体》中纵论周敦颐、张载、二程、胡宏、朱熹等巨擘，唯独未论邵雍，按他的解释："专讲宋明理学时，邵尧夫就不在内了。尽管他在当时很有地位，二程和他也很熟，时有来往，但他们讲学问并不在一条路上，邵尧夫的学问并不在这个系统之内。"② 依牟宗三之见，孔门义理须是道德的理想主义，术数家只是自然主义与命定主义，宋明儒只讲理不讲数，邵雍不能入宋明儒之正宗。③ 牟宗三将邵雍视为术数家而非理学家，这在一定程度上也代表了近世学界对邵雍学术倾向的一种普遍看法。

的确，"道德的理想主义"或对德性的预设、坚守与追求构成了儒门的核心价值与重要特征，而理学之所以可定性为儒学，在根本上也是因其对仁义礼智信等儒门价值的持守。当然，理学之为理学，还有更为复杂的判准。陈来曾从四个方面归纳理学的特点，即为发源于先秦的儒家思想提供宇宙论、本体论论证，以儒家圣人为理想人格、以实现圣人精神境界为人生终极目的，以儒家仁义礼智信为根本道德原理并论证其具有内在基础，以存天理、去人欲为道德实践基本原则并提出各种"为学功夫"。④ 概而言之，理学以儒家价值、超越思维、圣贤工夫等为判准，推天道以明人事，追求世界本原与儒家伦理在人身上的超越性贯通，力图为仁义找到形上根据与践履工夫。在此框架下，狭义理学主张"性即理"，以"理—性"为终极根据，狭义心学则在此前提下主张"心即理"，强调"心"与"理—性"的同一。由此，广义理学确实重"理"重"心"而不重"数"，邵雍又确乎在术数上用力颇多，是古代最重"数"的哲学家之一，但这是否意味着他只讲"数"不讲"理"和"心"，是否意味着他没有儒家价值持守，是否意

① 《四库全书总目》卷一百零八《皇极经世索隐》提要，中华书局1965年版，第916页。
② 牟宗三：《中国哲学十九讲》，《牟宗三先生全集》第29册，第389页。
③ 牟宗三：《心体与性体》（一），《牟宗三先生全集》第5册，第182页。
④ 陈来：《宋明理学》引言，第15—16页。

味着他不求儒家圣贤工夫？一言以蔽之，这是否意味着邵雍只是术数家而不是理学家？对此的甄别，既关乎对邵雍学派属性的判定，也关乎对整个理学思潮的理解。

第一节　心迹之辨：先天学的提出

邵雍的哲学思考有着体系与方法的自觉，他说，"先天之学，心也。后天之学，迹也"①，"先天学，心法也……万化万事，生乎心也"②，"后天乃效法耳"③。尽管这些表述略显疏阔，从中仍不难看出邵雍将其学问体系化的努力。具体而言，邵雍将"学"分为"先天学"与"后天学"："先天学"重"心"，是"心法"；"后天学"重"迹"，是"效法"。邵雍并不否定"后天学"，但更看重"先天学"，因为万化万事生乎心，"心"是某种意义上的本原，重"心"的"先天学"更加根本。

"先天""后天"作为哲学话语出自《周易·乾卦》"先天而天弗违，后天而奉天时"一语，原文是说"大人"无论先于天象而谋还是后于天象而动都与"天"契合，天人之间没有违逆。这对原本表征时间顺序的经验性概念，被邵雍赋予了什么新义呢？对此，朱熹曾有一解读："据邵氏说，先天者，伏羲所画之易也；后天者，文王所演之易也。"④ 又说："盖自初未有画时说到六画满处者，邵子所谓先天之学也。卦成之后，各因一义推说，邵子所谓后天之学也。"⑤ 在朱熹看来，邵雍所谓"先天之学"即伏羲易学，"后天之学"即文王易学，这实

---

① 《邵雍全集》（三），第 1217 页。
② 《邵雍全集》（三），第 1228 页。
③ 《邵雍全集》（三），第 1212 页。
④ （宋）朱熹：《晦庵先生朱文公文集》卷三十八，《朱子全书》第 21 册，第 1665 页。
⑤ （宋）朱熹：《晦庵先生朱文公文集》卷三十八，《朱子全书》第 21 册，第 1664 页。

际上是将"先天"（"先天之学"）与"后天"（"后天之学"）视作一组分判易学（《易》图及《易》理）形态的概念。这一解读影响深广，但也有学者提出质疑，认为这并非邵雍原意，而是朱熹的误读。①

邵雍究竟有没有朱熹所理解的意思？邵雍曾说："'起震终艮'一节，明文王八卦也。'天地定位'一节，明伏羲八卦也。八卦相错者，明交错而成六十四也。"② 对此，陈莹中《答杨中立游定夫书》解释说"盖先天之学本乎伏羲而备于文王"③，这也基本合于《史记》"伏羲作八卦，周文王演三百八十四爻"④ 的说法。基于这些材料所展现的观念，朱熹认定"先天之学"是伏羲易学，"后天之学"是文王易学，二者图象排列、方位均不相同。从这一解释框架出发，本节开头所提"心迹之辨"——"先天学"重"心"是"心法"，"后天学"重"迹"是"效法"——似乎可以得到一种圆融的解释，即"先天学"（心法）指伏羲作为易学初创者凭其所知所觉进行发明创造，"后天学"（效法）指文王等后来者对伏羲易学的继承与沿革。

然而，以易学形态作为邵雍先、后天学分判的唯一解释框架，就失之于拘泥了。首先，单就易学（《易》图及《易》理）形态而言，邵雍并非总是以伏羲与文王为划分标准，他曾说："法始乎伏羲，成乎尧，革于三王，极于五霸，绝于秦。"⑤ 又说："尧之前，先天也。尧之后，后天也。"⑥ "先天之学"仍指伏羲易学，"后天之学"则包括尧之后的文王易学等多种形态。这与前述以伏羲与文王为划分标准的观

---

① 赵中国：《邵雍先天学的两个层面：象数学与本体论——兼论朱熹对邵雍先天学的误读》，《周易研究》2009 年第 1 期。
② 《邵雍全集》（三），第 1237 页。
③ 《邵雍全集》（五），第 67—68 页。
④ 《史记》有多处记载，如《日者列传》言"自伏羲作八卦，周文王演三百八十四爻而天下治"，《周本纪》言"西伯盖即位五十年。其囚羑里，盖益《易》之八卦为六十四卦"。参见《史记》，岳麓书社 2012 年版，第 1716、56 页。
⑤ 《邵雍全集》（三），第 1235 页。
⑥ 《邵雍全集》（三），第 1212 页。

念似有抵牾，而邵雍大概也没想说得太过清楚。① 其次，也是更重要的一点，邵雍用以分判先、后天学的一组概念"心"与"迹"不仅表征"原创"与"沿革"，二者关系更是当时重要的思想议题。自魏晋以降，"心迹之辨"便成为儒佛之间争鸣辩论的重要话题，唐宋之际相关论辩更趋显化。② 张载和二程均曾就此与佛教展开对话。张载批评佛教说：

> 未识圣人心，已谓不必求其迹；未见君子志，已谓不必事其文。此人伦所以不察，庶物所以不明，治所以忽，德所以乱，异言满耳，上无礼以防其伪，下无学以稽其弊。③

《河南程氏遗书》亦记载二程与佛教人士论辩的情形：

> 旧尝问学佛者，"《传灯录》几人？"云"千七百人"。某曰："敢道此千七百人无一人达者。果有一人见得圣人'朝闻道夕死可矣'与曾子易箦之理，临死须寻一尺布帛裹头而死，必不肯削发胡服而终。是诚无一人达者。"禅者曰："此迹也，何不论其心？"曰："心迹一也，岂有迹非而心是者也？正如两脚方行，指其心曰：'我本不欲行，他两脚自行。'岂有此理？盖上下、本末、内外，都是一理也，方是道。"④

---

① 徐洪兴在论述邵雍哲学时也曾提到，"邵雍似不欲把自己的'先天学'说得太清晰"。徐洪兴还举出朱熹也有类似看法，即朱熹认为《易》之心髓全在"先天""后天"之分判，邵雍不肯亦不敢大段说破。参见徐洪兴《唐宋之际儒学转型研究》，上海人民出版社 2018 年版，第270 页。

② 如向世陵有专文讨论宋代儒佛之间就"心迹"问题展开的争论。参见向世陵《宋代儒佛的"一心"说辨》，《中国人民大学学报》2009 年第 5 期。

③ （宋）张载：《张子全书》，第 56 页。

④ （宋）程颢、程颐：《二程集》，第 3 页。

佛教在"心迹之辨"问题上的基本取向是"论心不论迹",即"心""迹"不必为一,这种观念是与其以"心"为本原的形上学相适应的。佛教主张"三界虚伪,唯心所作"①,"三界虚妄,但是一心作"②,"心如工画师,画种种五阴;一切世界中,无法而不造"③,作为精神现象的意识之"心"是世界的本原,是天地万物的总根据,而"迹"只是意义的呈现,是"虚伪"与"虚妄"的存在。基于"万法唯心"观念,佛教对人间、现世、伦理持否定态度,这也是儒家学者时时处处批驳佛教的原因所在。张载所谓"有是心,则有是迹"④,二程所谓"心迹一也",都是以"心与迹一"来反对佛教"心与迹二""论心不论迹"等观念,力主人间、现世、伦理真实无妄。

在此思想氛围中,邵雍重视"心迹之辨"问题并以其分判"先天学"与"后天学",便不难理解了,这完全不外于时代。从下面论述中似可窥见邵雍对"心迹之辨"时代议题的重视及其基本看法:

> 文中子曰:"易乐者必多哀,轻施者必好夺。"或曰:"天下皆争利弃义,吾独若之何?"子曰:"舍其所争,取其所弃,不亦君子乎?"若此之类,礼义之言也。"心迹之判久矣",若此之类,造化之言也。⑤

"心迹之判久矣"语出王通,当时魏徵问王通圣人是否"忧"与"疑",王通皆言是,但魏徵走后,王通又向董常言否。董常疑惑:"子亦二言乎?"王通答:"徵所问者迹也,吾告汝者心也。心迹之判久矣,吾独得不二言乎?"董常又问:"心迹固殊乎?"王通答:"自汝

---

① 《大乘起信论校释》,第55页。
② 《十地经论》卷八,《大正藏》第26册,第169页。
③ 《大方广佛华严经》卷十,《大正藏》第9册,第465页。
④ (宋)张载:《张子全书》,第97页。
⑤ 《邵雍全集》(三),第1242页。

观之则殊也,而适造者不知其殊也,各云当而已矣。则夫二未违一也。"① 王通认为心迹实则归一,邵雍也认可这一观点。

可见,邵雍所谓先、后天学的分判,固然有以易学(《易》图及《易》理)形态为判准的考虑,甚至可以说这种考虑是基础性的,但其问题意识和着力之点却不止于此。与唐宋时期诸多儒家学者如张载、二程一样,邵雍不认可佛教"万法唯心"以及受此影响流布俗间的"论心不论迹"等观念,他要有针对性地提出自己的一套理论体系。一方面,这套体系的重点仍在"心",即其"先天学",但此"心"不同于佛教之"心",不仅仅是意识等精神现象,不仅仅是"空";另一方面,这套体系不否弃"迹",即其"后天学",邵雍认为"用也者,心也。体也者,迹也。心迹之间有权存焉者,圣人之事也"②,这展现出了以"体用不二"思维来改造佛教义理、建构理学范式的努力。就此而言,邵雍的哲学建构一定程度上体现了对治佛教的理论自觉,整体上隶属于广义理学思潮对时代思想使命的回应与承当。

当然,邵雍的理论建构又与张载、二程等人有所不同,其《周易》象数视角与道家道教元素使其理论展现出了独特见地。按朱震的说法,"濮上陈抟以《先天图》传种放,放传穆修,修传李之才,之才传邵雍"③,即邵雍之学源出道家。尽管学界对这一传承谱系有较大争议,④但不可否认,无论是先、后天之图还是先、后天之学,都是在易学及道家、道教思想资源基础上的创发,这使邵雍之学有了精致的宇宙论背景。尽管邵雍之学相较张载、二程等人思辨性略显不足,但其从精致宇宙论走向道德形上学的思路却异常清晰:邵雍重"数",但更重"理";重"天地",更重"天地之心"。

---

① 张沛:《中说校注》,中华书局 2013 年版,第 127—128 页。
② 《邵雍全集》(三),第 1153 页。
③ 《周敦颐集》,第 137 页。
④ 如周建刚援引吾妻重二的观点,认为朱震《汉上易传》关于周敦颐《太极图》源自陈抟的说法是谬说。参见周建刚《周敦颐与邵雍思想异同辨》,《哲学研究》2017 年第 9 期。

第二节 天地之心：从"以我观物"
到"以物观物"

孟子说，"心之官则思，思则得之，不思则不得也"（《孟子·告子上》），在"心"的多重含义中，思虑、意识是最为基本的一种，佛教的"万法唯心"论便是以此为基础建构起来的。邵雍的"先天学"既以此"心"作为下手之处，又将此"心"作为扬弃对象，因其面临着诸多理论困难。

一 一己之心："以我观物"及其困难

邵雍与周敦颐、张载、二程等人一样，以追问天人合一的整全世界之终极本原为鹄的。而邵雍本原追问的特色，如前所述，在于始于易学，或说易学为其思考提供了一个入口，一个从宇宙论运思的视角，这一视角集中体现于"观物"观念。

观物，顾名思义即是对事物的观察、体认等。一般来说，观察、体认要用到各种感觉与认识器官、功能，对此邵雍亦有提及，如"观之以目""观之以耳""观之以口""观之以心"等。表面看来，心与目、耳、口一样，都属身体器官，只是功能不同；但实际上，心的地位相对较高。邵雍说："心为身本，家为国本，国为天下本。心能运身。苟心所不欲，身能行乎？"① 又说："人居天地之中，心居人之中，日中则盛，月中则盈，故君子贵中也。"② 还说："心一而不分，则能应弗违。"③ 这些论述一再申明，"心"有所欲而可运身、有所谋而可

---

① 《邵雍全集》（三），第1225页。
② 《邵雍全集》（三），第1199页。
③ 《邵雍全集》（三），第1220页。

应物，由此成为人身之主宰。也正因如此，相较观之以目、耳、口，观之以心便是更重要的观法，邵雍说：

> 人或告我曰："天地之外别有天地万物，异乎此天地万物。"则吾不得而知之也。非唯吾不得而知之也，圣人亦不得而知之也。凡言知者，谓其心得而知之也；言言者，谓其口得而言之也。既心尚不得而知之，口又恶得而言之乎？以心不可得知而知之，是谓妄知也。以口不可得言而言之，是谓妄言也。吾又安能从妄人而行妄知妄言者乎？①

在邵雍看来，"心不得而知"则"口不得而言"。"一己之心"是"观物"的中枢，目视、耳听所得之材料必须经"心"的加工方成真正的"知识"，而只有经过"心"加工的"知识"才能予以言说，否则就是"妄知""妄言"，行"妄知""妄言"者就是"妄人"。故而，邵雍说："所以谓之观物者，非以目观之也。非观之以目，而观之以心也。"②

然而，"观物"不仅涉及器官及其功能问题，更涉及主体及其视角问题。"观之以心"的主体及其视角是"一己之心"，也就是"我"，这种观法被邵雍称为"以我观物"。邵雍认为"以我观物"难以实现对事物的真正认识，因为"以我观物，情也……情偏而暗"③。换言之，"我"以"一己之心""观物"，难免带有好恶之情，有好恶便有私意，有私意便有偏见、误读、曲解，以此法"观物"便难以形成对事物的真正认识。而且，"以我观物"的困境不仅存在于共时维度，还存在于历时维度，邵雍说："夫古今者，在天地之间犹旦暮也。以今观

① 《邵雍全集》（三），第 1149—1150 页。
② 《邵雍全集》（三），第 1175 页。
③ 《邵雍全集》（三），第 1218 页。

今则谓之今矣，以后观今则今亦谓之古矣。以今观古则谓之古矣，以古自观则古亦谓之今矣。是知古亦未必为古，今亦未必为今，皆自我而观之也。安知千古之前，万古之后，其人不自我而观之也。"① 若"以我观之"，则古为古、今为今、后为后，然而变换一下视角，以后观今则今为古，以古观古则古为今，可见古、今、后并非一成不变，而是相对的、变易的，这说明"以我观物"之观法是不可靠的。

事实上，佛教"心与迹二""论心不论迹"等观念在根本上正是基于"以我观物"之观法，邵雍对"以我观物"的批评实际上也是对佛教的批评。针对"以我观物"的理论困难，邵雍提出"以物观物"的解决方案："以物观物，性也……性公而明……"② 要想实现"以物观物"，必须在"观之以心"的基础上"观之以理"：

> 夫所以谓之观物者，非以目观之也。非观之以目，而观之以心也。非观之以心，而观之以理也。天下之物莫不有理焉，莫不有性焉，莫不有命焉。所以谓之理者，穷之而后可知也。所以谓之性者，尽之而后可知也。所以谓之命者，至之而后可知也。此三知者，天下之真知也。虽圣人无以过之也，而过之者非所以谓之圣人也。③

尽管"观之以心"已在一定程度上解决了"观之以目、耳、口"的困难，但这仍然不够。"心知"尚不是"天下之真知"，"天下之真知"在于理、性、命之"知"，唯有穷理、尽性、至命，方能实现"天下之真知"，方能实现"公而明"，方能成圣。"观之以理"与"以物观物"实为一枚硬币之两面：就观物主体而言是"以物观物"，此

---

① 《邵雍全集》（三），第 1156 页。
② 《邵雍全集》（三），第 1218 页。
③ 《邵雍全集》（三），第 1175 页。

与"以我观物"相对；就观物视角而言是"观之以理"，此与"观之以心"相对。只有"观之以理"，才能实现"以物观物"，跳脱"以我观物"之困境。接下来的问题是，"理"者为何，如何实现"观之以理"？

二 天地之心："以物观物"及其超越

只有"观之以理"才能实现"以物观物"，从而解决"观之以心""以我观物"之困难。"理"是什么，如何"观之以理"？

一般认为，邵雍哲学的重点在于"象"和"数"，在《观物篇》中，邵雍这样说：

> 物之大者无若天地，然而亦有所尽也。天之大，阴阳尽之矣。地之大，刚柔尽之矣。阴阳尽而四时成焉，刚柔尽而四维成焉。夫四时四维者，天地至大之谓也。①

在邵雍看来，人类的认识始于对客观世界的认识，而客观世界中最大、最难认识者莫过于天地。尽管天地至大，也总有办法可以穷尽对它的认识，那就是借助"阴阳""刚柔""四时""四维"等范畴。如果考虑到邵雍曾说"天以理尽而不可以形尽"②，就不难看出"阴阳""刚柔""四时""四维"等的生成衍化机制便是"天地之理"。这些观点同时表明，邵雍是可知论者，这决定了其学问的品格。具体而言，邵雍曾有如下论述：

> 太极既分，两仪立矣。阳下交于阴，阴上交于阳，四象生矣。阳交于阴阴交于阳而生天之四象，刚交于柔柔交于刚而生地之四

---

① 《邵雍全集》（三），第 1146 页。
② 《邵雍全集》（三），第 1209 页。

象，于是八卦成矣。八卦相错，然后万物生焉。是故一分为二，二分为四，四分为八，八分为十六，十六分为三十二，三十二分为六十四。故曰"分阴分阳，迭用柔刚，《易》六位而成章"也。十分为百，百分为千，千分为万。犹根之有干，干之有枝，枝之有叶。愈大则愈少，愈细则愈繁。合之斯为一，衍之斯为万。[①]

这段论述可分为两部分来看，自"太极既分"至"万物生焉"为第一部分，这是邵雍根据《周易·系辞上传》"《易》有太极，是生两仪，两仪生四象，四象生八卦，八卦定吉凶，吉凶生大业"这一揲蓍画卦的基本顺序而对天地万物之生成衍化做出的"图象学"解释。从图象的生成来看，"太极"因"动静"[②]而分出"两仪"——"阳"与"阴"，同时产生"柔"与"刚"。阳、阴进一步细分，动之大者谓之太阳，动之小者谓之少阳，静之大者谓之太阴，静之小者谓之少阴，太阳、太阴、少阳、少阴分别对应日、月、星、辰，此即天之四象，该四象交则尽天之体；柔、刚进一步细分，静之大者谓之太柔，静之小者谓之少柔，动之大者谓之太刚，动之小者谓之少刚，太柔、太刚、少柔、少刚分别对应水、火、土、石，此即地之四象，该四象交则尽地之体。天地四象合（太阳、少阴、少阳、太阴四象之上依次添加阳爻与阴爻）而成八卦（乾☰、兑☱、离☲、震☳、巽☴、坎☵、艮☶、坤☷），八卦两两叠加而变六十四卦，于是图象生成，万物也由此衍化而成。与此同时，图象的生成过程也蕴含着"数"的变化，这就是上

---

① 《邵雍全集》（三），第 1196 页。

② 关于"动静"，邵雍曾说："人皆知天地之为天地，不知天地之所以为天地。不欲知天地之所以为天地则已，如其必欲知天地之所以为天地，则舍动静将奚之焉！"参见《邵雍全集》（三），第 1157 页。也就是说，若想探寻"天地之所以为天地"的原因或根据，就必须从"动静"处下手。具体而言："天，生于动者也。地，生于静者也。一动一静交而天地之道尽之矣。动之始则阳生焉，动之极则阴生焉。一阴一阳交而天之用尽之矣。静之始则柔生焉，静之极则刚生焉。一柔一刚交而地之用尽之矣。"参见《邵雍全集》（三），第 1146 页。"动静"是邵雍哲学中极为重要的问题，它与"天地之心"密切相关。

述引文中所谓自 "一分为二" 而至 "衍之为万"，简而言之便是 "太极" 之 "一" 按照 "加一倍法"① 法则，经过数变之后成为 "六十四"，进而衍生出百、千、万、亿。

邵雍以上述象数规律为基本原则，又杂以其他自创规则，对自然界生物的生成衍化、人类社会的历史演进乃至整个宇宙的运化周期都做了细致推演。就自然界而言，邵雍认为地之四象 "水火土石" 变生 "雨风露雷"，"雨风露雷" 又进一步化生 "走飞草木" 等动植物；天之四象 "日月星辰" 变生 "暑寒昼夜"，"暑寒昼夜" 又进一步化生 "性情形体" 等动植物的特征。"走飞草木" 之 "性情形体" 感应 "暑寒昼夜" 与 "雨风露雷"，便生出自然界的千变万化。体现在 "数" 上，"动数"（动物之数）与 "植数"（植物之数）均为 17024，二者 "唱和"（即相乘）又可得 "动植通数"，为 289816576。就人类社会而言，邵雍将自然界化生万物的 "四府" 春、夏、秋、冬四时移植到人类社会，建构了人类社会的 "四府"《易》《书》《诗》《春秋》四经；阴阳在四时之中升降，《礼》《乐》则在四经之中污隆。四经交错形成四经之用："意言象数者，《易》之用也。仁义礼智者，《书》之用也。性情形体者，《诗》之用也。圣贤才术者，《春秋》之用也。"② 修习意言象数便分别形成三皇、五帝、三王、五伯等《易》之四体；修习仁义礼智便分别形成虞、夏、商、周等《书》之四体；修习性情形体便分别形成文王、武王、周公、召公等《诗》之四体；修习圣贤才术便分别形成秦穆公、晋文公、齐桓公、楚庄王等《春秋》四体。四经之体分别以道、德、功、力行化、教、劝、率，进而形成不同时代的不同治理状况和社会状况。就宇宙周期而言，邵雍的 "数推" 主要体现在其著名的 "元会运世" 说之中。按照中国传统的计时方法，

① "加一倍法" 为程颢语，指每增加一个爻位便增加一倍的卦象，邵雍对此亦认可。参见（宋）程颢、程颐《二程集》，第 428 页。

② 《邵雍全集》（三），第 1153 页。

十二时辰为一日，三十日为一月，十二月为一年，三十年为一世。这种计时方法的优点是充分考虑了人的生命周期，其计量单位兼顾中期和短期计量需要，具有较强的实用性；当然，如果说这种计时方法有什么缺点的话，那就是不太考虑长期计量问题。邵雍显然不满足于这种中短期计量方式，他仿照传统计时方法的递进规律创造了以"元""会""运""世"为计量单位的新方法，其中三十年为一世，十二世为一运，三十运为一会，十二会为一元。换算下来，1 元 = 12 会 = 360 运 = 4320 世 = 129600 年。以此为基本算法，宇宙之数可无限循环推演。此外，邵雍还以数术解释律吕声音等现象，兹不赘述。

邵雍的象数学固然蕴含一定的天文学、数学知识，[①] 但其对"数"的意义赋予与推算演化却更多基于感应思维，也就是说，"数"并不是现代数学意义上的纯粹数据，而是与自然界、人类社会的诸多现象联系在一起，而这种联系基本上属于假想与臆断，以至于二程、朱熹等人都不以为然。邵雍去世后，晁说之曾致信程颐，希望从程颐处多了解一些邵雍的学问，程颐答复说："某与尧夫同里巷居三十年余，世间事无所不论，惟未尝一字及数耳。"[②] 朱熹亦曾批评邵雍："圣人说数说得简略，高远疏阔。《易》中只有个奇耦之数，天一地二，是自然底数也。大衍之数是揲著底数也。惟此二者而已。康节却尽归之数，窃恐圣人必不为也。"[③] 朱熹认为邵雍"说得过于密了"，造成了对"数"的滥用，"坐地默想推将去，便道某年某月某日，当有某事"，即便是圣人也不可能做这样的推算。朱熹的批评是有道理的，邵雍哲学中的"象数"部分并不是真正意义上的哲学的产物，更不宜以科学相看待。

尽管如此，邵雍之学在哲学史上仍有实质性贡献，但贡献之处并不在于所谓"象数"，因为邵雍自己也承认"象数"并非终极本原。

---

① 潘雨廷：《论邵雍与〈皇极经世〉的思想结构》，《周易研究》1994 年第 4 期。
② （宋）程颢、程颐：《二程集》，第 444 页。
③ （宋）朱熹：《朱子语类》卷六十七，《朱子全书》第 16 册，第 2215 页。

尽管"数"已较"象"及现象具有抽象性，但它仍只是"理"的展现。以"象""数"推究天地万物之理，这才是邵雍哲学的真正贡献。

邵雍从易学出发，以"加一倍法"的象数规律及其他自创规则，构建了一个关于自然界生成、人类社会演进乃至整个宇宙运化的庞大术数体系，但他也承认，只有术数是不够的。在《观物外篇》中，邵雍就其图象学说过这样一句话："《图》虽无文，吾终日言而［未尝离乎］是，盖天地万物之理尽在其中矣。"①《先天图》是邵雍学问大厦的根基所在，其一切言说均从图开始，以图为据。然而，图之所以重要并不在于其所展现的卦象，而在于其所蕴含的"天地万物之理"。不仅图象学本于"理"，术数学亦是如此，邵雍说：

> 象起于形，数起于质。名起于言，意起于用。天下之数出于理，违乎理则入于术。世人以数而入术，故失于理也。②

"术"在中国传统思想中主要指技法与策略，对于深谙技术和志于哲学的人来说，"术"往往因其"形而下"的特征而遭到贬视，如著名的"庖丁解牛"典故中，庖丁对梁惠王说："臣之所好者道也，进乎技矣。"（《庄子·养生主》）庖丁认为自己之所以善于"解牛"，是因为超越了"技"的层面进入了"道"的层面。言外之意，"道"比"技"要高明。邵雍亦有此意，在他看来，"天下之数"皆有其"理"上的依据，如若"数推"不依据"理"，便流于"术"，不足为取。

邵雍关于"数""理"关系的论述还可见于其与程颐的对话：

> 伊川谓尧夫："知《易》数为知天？知《易》理为知天？"尧

---

① 《邵雍全集》（三），第 1213 页。
② 《邵雍全集》（三），第 1209 页。

夫云：“还须知《易》理为知天。”①

若想“知天”，绝不能只知数，还得知理。虽然“数”已有一定抽象性，但它并非终极存在，而只是“理”的展现，“理”的地位优先于“数”。总之，邵雍“象”“数”背后有“理”作为更加高深、本原的依据。

尽管在邵雍文本中“理”有时指向数理、物理，② 但仅仅指出这一点是不够的，这样的观念早已有之。邵雍的创见更在于他赋予“理”以超出数理、物理的内涵，使其在最高层次上与“性”“命”相一致，与“道”“心”“太极”等概念内在关联，而后者是邵雍哲学的最高范畴，可与程朱之“理”相对勘。邵雍在解释《周易》“穷理尽性，以至于命”一句时说：

> 《易》曰：“穷理尽性，以至于命。”所以谓之理者，物之理也。所以谓之性者，天之性也。所以谓之命者，处理性者也。所以能处理性者，非道而何？是知道为天地之本，天地为万物之本。以天地观万物，则万物为万物，以道观天地，则天地亦为万物。③

还曾说：

> 天使我有是之谓命。命之在我之谓性。性之在物之谓理。④

---

① （宋）程颢、程颐：《二程集》，第428页。
② 如“今之学历者但知历法，不知历理”中“历理”即指历法的原理，又如“占天文者观星而已，察地理者观山水而已”中“地理”即指自然环境变化发展之规律。参见《邵雍全集》（三），第1224、1205页。
③ 《邵雍全集》（三），第1150页。
④ 《邵雍全集》（三），第1240页。

作为天地万物存在、发展、变化的法则、规律、原理、机制等，"理"是"命""性"在"物"之称，与"命""性"具有内在的一致性。在"理""性""命"之上或背后还有"道"，"道"是天地万物的总本原、总根据。而根据邵雍的说法，"性者，道之形体也……心者，性之郛郭也"①，"性"是"道"的显现，自然与"道"相一致；"心"是"性"的载体，可以说"心"中含"性"。在此意义上似亦可说，"心"中含"理"。邵雍说："元有二：有生天地之始，太极也；有万物之中各有始者，生之本也……天地之心者，生万物之本也。"②含"理"之"心"不仅仅是"一己之心"，更是"天地之心"，"天地之心"是"理"之至者。邵雍以"天地之心"来扬弃"一己之心"，"非观之以心，而观之以理"也就是说"非观之以一己之心"，而"观之以天地之心"。

在两首同名为《冬至吟》的诗作中，邵雍曾对"天地之心"予以直接、集中地论述：

> 冬至子之半，天心无改移。一阳初起处，万物未生时。玄酒味方淡，大音声正希。此言如不信，更请问庖牺。③

> 何者谓之几，天根理极微。今年初尽处，明日未来时。此际易得意，其间难下辞。人能知此意，何事不能知？④

"天地之心"在这两首诗中又叫作"天心""天根"，若要进一步理解这组概念，有必要先对"天地之心"观念做一简要溯源。"天地之心"较早的出处有二：一是《周易·复卦·象传》"复，其见天地之心乎"，二是《礼记·礼运》"人者，天地之心也"。先秦以降，学

---

① 《邵雍全集》（四），第2页。
② 《邵雍全集》（三），第1240页。
③ 《邵雍全集》（四），第380页。
④ 《邵雍全集》（四），第360页。

界对"天地之心"有多种诠释，笼统地说有三种意见：第一种意见以"动""生"为"天地之心"，此说可见于荀爽；第二种意见以"静""无"为"天地之心"，此说可见于王弼；第三种意见以"人"为"天地之心"。前两种意见都是《周易》的路子，因复卦下震上坤，群阴剥阳，一阳来下，象征"阴极"而"阳生"，"阴极"则静，"阳生"则动，故有两种意见之分歧，第三种意见则主要沿革《礼记》的路子。

从邵雍对"天地之心"的诠释来看，其思路构成对《周易》和《礼记》各路向的扬弃。邵雍指出，"天地之心"出现于"冬至子之半"，冬至是一年之中白昼最短、黑夜最长的一天，冬至过后白昼逐渐伸长而黑夜逐渐缩短。"阳"象征白昼，"阴"象征黑夜，故可说冬至之日"阴极"而"阳生"。这种诠释路向主要接续《周易》而来，《周易·复卦·象传》所谓"先王以至日闭关，商旅不行，后不省方"便指效法复卦而在冬至日休养生息。邵雍说"此际易得意，其间难下辞"，确实中肯，因为在经验世界中不可能找到一个具体而确凿的分界时点，所以只能勉为其难将其描述为"今年初尽处，明日未来时"，"一阳初起处，万物未生时"，亦即只能将其描述为一个"由 A 而 B"的变化过程。

可见，"天地之心"的"变化"义——确切地说是"之所以变化"义——是邵雍特别看重的，因其构成了天地万物生成衍化的根据。尽管"天地之心"从宇宙论而来，但它并不仅仅是气论意义上的"太极"或"道"，亦即并不仅仅是经验性存在，更是天地万物"变易"之"理"，此"理"极为微妙，"《易》之首于乾坤，中于坎离，终于水火之交、不交，皆至理也"[1]。作为至理的"天地之心"体现于"动静"之中，邵雍说：

---

① 《邵雍全集》（三），第 1238 页。

人皆知天地之为天地，不知天地之所以为天地。不欲知天地之所以为天地则已，如其必欲知天地之所以为天地，则舍动静将奚之焉！夫一动一静者，天地至妙者欤！夫一动一静之间者，天地人至妙至妙者欤！是故知仲尼之所以能尽三才之道者，谓其行无辙迹也。①

若想探寻"天地之所以为天地"亦即天地之理、天地之道，必须从"动静"处下手。邵雍说："天，生于动者也。地，生于静者也。一动一静交而天地之道尽之矣。动之始则阳生焉，动之极则阴生焉。一阴一阳交而天之用尽之矣。静之始则柔生焉，静之极则刚生焉。一柔一刚交而地之用尽之矣。"②"动静""生出""阴阳"与"柔刚"，"天地"便产生于"阴阳""柔刚"的交合之中，故"一动一静之间"即动静交合之变化规律是天地人之"至妙至妙者"，是天地之道、天地之理。邵雍一笔带过的这一点，后来被其子邵伯温说透了：

世儒昧于《易》本，不见天地之心，见其一阳初复，遂以动为天地之心，乃谓天地以生物为心。噫，天地之心何止于动而生物哉！见其五阴在上，遂以静为天地之心，乃谓动复则静，行复则止。噫，天地之心何止于静而止哉！为虚无之论者，则曰天地以无心为心。噫，天地之心一归于无，则造化息矣。盖天地之心，不可以有无言，而未尝有无，亦未尝离乎有无者也；不可以动静言，而未尝动静，亦未尝离乎动静者也。故于动静之间，有以见之。然动静之间，间不容发，岂有间乎！惟其无间，所以为动静之间也。③

---

① 《邵雍全集》（三），第 1157 页。
② 《邵雍全集》（三），第 1146 页。
③ 《宋元学案》（一），第 474—475 页。

　　"天地之心"既不可以"动""生"言，也不可以"静""止"言，更不可以"虚无"言，而是"一动一静""动静之间"，这在一定程度上展现出了使"天地之心"摆脱经验色彩的努力。在不滞泥于经验性动静的变易之"理"的意义上理解"天地之心"，则邵雍"心为太极""道为太极"① 话语下的"心""道""太极"等概念便被赋予了不同于"气"的新内涵，它们都可以在"理"的意义上获得新的理解，这是邵雍哲学相较汉唐哲学的新见。

　　作为"理"的"天地之心"或"道""太极"，如何与经验世界发生联系？或者说，"心""迹"如何为一？这是邵雍哲学需要解决的问题。如前所述，邵雍的解决思路是引入"体用"思维，他说："用也者，心也。体也者，迹也。"② "迹"是"体"，指涉经验世界中有形有象之物，其实质是"气"；"心"是"用"，指涉有形有象之物背后的规律、法则或依据，其实质是"神"或"理"。"体在天地后，用起天地先"③，"用"先于"体"而在，是"体"的依据，"体"是"用"的呈现，"理气""心迹"这两对"关系范畴"都可以在这种范式下得以确立。可以说，通过引入"体用"思维，邵雍哲学中经验论与存在论之间的张力得到一定程度的缓解。当然，与后来的程朱相比，邵雍的"体用"论思辨性仍显不足。

　　既然"天地之心"是天地万物之至理，所谓"观之以理"的观物之法也就是"观之以'天地之心'"。"天地之心"不是确指"天地的心"，而是动静之际、阴极阳生的变易至理。由此，"观之以'天地之心'"并非指通过某种定在来观物，而是指合乎道理地观物。合理地观物即是"以物观物"，"以物观物"也便实现了对"以我观物"的扬弃。

---

① 《邵雍全集》（三），第 1214 页。
② 《邵雍全集》（三），第 1153 页。
③ 《邵雍全集》（四），第 282 页。

第三节　圣人之心：合天心而顺至理

"学不际天人，不足以谓之学"①，"天地之心"来自宇宙论，但邵雍最终将其落实到了人间。所谓"观之以理"是指"观之以'天地之心'"，也就是"合理地观物"，能做到这一点便是"以物观物"，能做到这一点的人便是圣人，"圣人之心"与"天地之心"具有内在的一致性。邵雍气势恢宏、规模庞大的理论体系，落脚点是学为圣人，尤其是学为孔子。

对于圣人的观物之法，邵雍曾这样描述：

> 夫鉴之所以能为明者，谓其能不隐万物之形也。虽然鉴之能不隐万物之形，未若水之能一万物之形也。虽然水之能一万物之形，又未若圣人之能一万物之情也。圣人之所以能一万物之情者，谓其圣人之能反观也。所以谓之反观者，不以我观物也。不以我观物者，以物观物之谓也。②

"鉴""水""圣人"分别代表观物的三种类型或层次：第一层次是鉴，鉴能"不隐万物之形"，即可以照见万物，但此"照"只是一种机械反映，相当于观物之法中的"观之以目"；第二层次是水，水能"一万物之形"，也就是立体地再现事物的形体，这相当于观物之法中的"观之以心"，此"心"是"一己之心"；最高层次是圣人，圣人不仅能看见万物、思虑万物，还能感同身受地理解万物，应物而不违，所谓"一万物之情"。圣人之所以如此，正是因其"反观""以物观

---

① 《邵雍全集》（三），第1223页。
② 《邵雍全集》（三），第1175页。

物"，邵雍说：

> 既能以物观物，又安有我于其间哉？是知我亦人也，人亦我也，我与人皆物也。此所以能用天下之目为己之目，其目无所不观矣。用天下之耳为己之耳，其耳无所不听矣。用天下之口为己之口，其口无所不言矣。用天下之心为己之心，其心无所不谋矣。夫天下之观，其于见也不亦广乎？天下之听，其于闻也不亦远乎？天下之言，其于论也不亦高乎？天下之谋，其于乐也不亦大乎？夫其见至广，其闻至远，其论至高，其乐至大，能为至广、至远、至高、至大之事而中无一为焉，岂不谓至神至圣者乎？①

"反观"意味着"无我"，"无我"当然不是说肉身之"我"的消失，而是说"我"超越对天地万物的思虑，融身于天地万物之中，与天地万物浑然一体。当"我心"与"天地之心"合而为一"大心"，亦即合于天地万物之至理，"我"也就与天地万物合而为一"大身"。既然"大心"是"大身"之主宰，"大身"之"一举一动"便为"大心"所规定，此"大心"还用得着思虑谋划吗？它不谋一物即能"无所不谋"。邵雍所谓"身生天地后，心在天地前"②正是对这一观念的归纳与总结。

可见，所谓"观之以理"并不是抛却"观之以心"，而是对"观之以心"的扬弃，强调此"心"在实然、应然两个向度上都为"理"所规约。此"心"只要能顺应于"理"，便能做到不谋一物而又无所不谋。

"心"实然及应然地蕴含着"理"的规定，此非圣人而难以做到，正如邵雍所说："其（指圣人——引者注）能以一心观万心，一身观万

---

① 《邵雍全集》（三），第1175—1176页。
② 《邵雍全集》（四），第393页。

身，一物观万物，一世观万世者焉。又谓其能以心代天意，口代天言，手代天功，身代天事者焉。又谓其能以上顺天时，下应地理，中徇物情，通尽人事者焉。又谓其能以弥纶天地，出入造化，进退今古，表里时事者焉。"① 圣人之所以"无所不能"，正因"圣人之心"合于"天地之心"。如果说"天地之心"更多强调"理"，那么"圣人之心"更多强调人之为人的规定性——"性"，二者之"合"正是"人兼乎万物而为万物之灵"② 的哲理依据。在此意义上，邵雍"天地之心"又隐现着《礼记》"人者天地之心"观念的影子。作为"理"的"天地之心"最终要落实到人心——"圣人之心"，可以说，邵雍在"心"的问题上实现了天人之间的贯通。故邵雍尝言，"能循天理动者，造化在我也"③，"得天理者不独润身，亦能润心。不独润心，至于性命亦润"④。

邵雍推天道以明人事，但还可进一步追问的是，"天地之心""圣人之心"是否有儒家价值取向？答案是肯定的。尽管邵雍对佛道两家皆有所汲取，但对其价值观念却是排斥的，他说："佛氏弃君臣父子夫妇之道，岂自然之理哉？"⑤ 君臣父子夫妇之道即儒家人伦之道，对于佛教否弃人伦的主张与做法，邵雍并不认可，因为这有悖于"自然之理"。人伦之道即自然之理，是治乱兴衰之关键所在，对此，邵雍说：

> 自三代而下，汉、唐为盛，未始不由治而兴，乱而亡，况其不盛于汉、唐者乎？其兴也，又未始不由君道盛，父道盛，夫道盛，君子之道盛，中国之道盛；其亡也，又未始不由臣道盛，子

① 《邵雍全集》（三），第1149页。
② 《邵雍全集》（三），第1214页。
③ 《邵雍全集》（三），第1223页。
④ 《邵雍全集》（三），第1224页。
⑤ 《邵雍全集》（三），第1243页。

道盛，妻道盛，小人之道盛，夷狄之道盛。①

秩序与兴盛源于行君道、父道、夫道、君子之道、中国之道，混乱与灭亡源于行臣道、子道、妻道、小人之道、夷狄之道。若要维系一世之事业，需五伯"以力率之"之道；若要维系十世之事业，需三王"以功劝之"之道；若要维系百世之事业，需五帝"以德教之"之道；若要维系千世之事业，需三皇"以道化之"之道；而若要维系万世之事业，就只有依靠"仲尼之道"了。②在邵雍心目中，孔子是鲁国唯一的真儒，唯孔子之道可保障万世之事业。

总之，尽管邵雍的确展现出了对道家尤其是老庄的亲近与好感，也在很多地方吸收借鉴了佛教的思维方式，但就其价值观念而言，他却真真切切地属意儒家，在他看来，"仁配天地谓之人，唯仁者真可谓之人矣"③，只有"仁"才是人的本质规定，这显然是儒家的核心价值观念。朱熹曾质疑邵雍对佛老持开放态度，认为其思想儒学品性不纯，前者确有其事，后者却并不恰当，邵雍苦心营建的哲学体系最终仍落实到儒家仁学。在邵雍看来，"圣人之心"在于"藏诸用"，所谓"孔子善藏其用"④，只要藏用、顺理，则仁自在其中。正如邵雍所言，"心迹之间有权存焉者，圣人之事也"，若要成圣，就须察心、观迹、探体、潜用，在道理上尽观千万世之千万事，最终实现"学为仲尼"。

学为圣人、学为仲尼可谓是所有理学家普遍追求的理想目标，为实现这一目标，邵雍提出了具体的修养工夫论。传统儒家论道德修养，或强调内在修养，如孟子主张"率性"，亦即通过存养扩充恻隐、羞恶、辞让、是非"四端"之心实现仁、义、礼、智"四德"之性；或强调外在修养，如荀子主张"教化"，亦即以"师法之化""礼义之

---

① 《邵雍全集》（三），第 1168 页。
② 《邵雍全集》（三），第 1156 页。
③ 《邵雍全集》（三），第 1213 页。
④ 《邵雍全集》（三），第 1432 页。

道"实现"化性起伪""积善成德";或强调内外兼修,如汉唐董仲舒、扬雄、韩愈、李翱等人试图调和孟荀两条路线,以避免道德修养滞于一偏。内外兼修的致思取向极具价值,但很难说汉唐学者在这个问题上取得了真正的成功,因为在"本末"思维方式下内外兼修不可能真正实现。邵雍的修养工夫论正是要解决这一理论困难。邵雍首先分判"性"与"气",认为"气则养性,性则乘气。故气存则性存,性动则气动也"①,"性"为先天规定,"气"为后天载体。以此为理论前提,邵雍提出新的内外兼修的工夫路径:

> 资性,得之天也。学问,得之人也。资性由内出者也,学问由外入者也。自诚明,性也。自明诚,学也。②

就"内修"而言,邵雍主张在"性"上下功夫,其关键在"诚",所谓"诚者主性之具,无端无方者也"③。"性具"之说始于佛教,尤为天台宗所看重,有性具实相、性具善恶等含义。邵雍以"诚""主性之具",有借《中庸》反对佛教的意味。"诚"无端无方,遍在一切,故"先天学主乎诚。至诚可以通神明,不诚则不可以得道"④。在具体层面上,"诚"是不计较、不造作,所谓"去利欲,由直道"⑤。就"外修"而言,邵雍主张在"学"上下功夫:"人而无学,则不能烛理。不能烛理,则固执而不通。"⑥ 为学的关键在于"人事",所谓"学以人事为大。今之经典,古之人事也"⑦,学者应注重从经史之中、从历史兴衰更替之中发现、总结经验教训。统而言之,邵雍主张至诚

---

① 《邵雍全集》(三),第 1211 页。
② 《邵雍全集》(三),第 1224 页。
③ 《邵雍全集》(三),第 1244 页。
④ 《邵雍全集》(三),第 1228 页。
⑤ 《邵雍全集》(三),第 1232 页。
⑥ 《邵雍全集》(三),第 1231 页。
⑦ 《邵雍全集》(三),第 1229 页。

以得性、为学以烛理，二者缺一不可，又通向共同的目标。"诚"是为实现"理—性"，"学"则是为变化气质，"至诚"与"为学"在事实上构成了体用关系，这种工夫路径与宋代以前的经验性修身有所区别。邵雍所提示的这种修养思路，在周敦颐那里亦有所体现，到张载和二程便非常明晰了。

本章小结

置身于宋初儒释道三家激烈交锋的思想背景中，邵雍同张载、二程等人一样，具有强烈的时代使命感与现实关怀。借助《周易》在象数学与宇宙论方面的优势，邵雍对"心迹之辨"这一儒佛互动的时代议题做出了独具特色的回应。邵雍认为，作为佛教终极本原的"心"是靠不住的，建基于此"心"的观物之法——"以我观物""观之以心"难以实现对世界的真知。这一困难的消解有赖于新的观法，那就是"以物观物""观之以理"。

在邵雍看来，"数"是"理"的展现，"理"的地位优先于"数"，若想"知天"不能只知数，还得知理。虽然"理"在邵雍的文本中具有多义性，有时指向非常具体，但在最高层次上与"性""命"相一致，与"道""心""太极"内在关联，后者是邵雍哲学的最高范畴，可与程朱之"理"相对勘。在"性""理"一致的意义上，邵雍堪当广义理学思潮的先驱。不仅如此，邵雍还以隐含的"以心统性"观念将"性""理"逻辑地蕴含于"心"中，"心"不仅是"一己之心"，更是"天地之心"，是天地万物之至理。通过以"天地之心"对"一己之心"的扬弃，邵雍实现了"观之以理"即"合理地观物"之观法，实现了"以物观物"。在"心""理"一致的意义上，邵雍又可说是宋明心学的先声。

更重要的是，邵雍认为天地万物的奥秘隐藏于"天地之心"，唯有圣人能合天心、顺至理，也唯有圣人能以物观物，尽得观物之乐，邵雍苦心经营的理论体系，最终落脚在学做圣人。尽管邵雍亲近道家、借鉴佛教，在对"理""心"等概念的界定上也不像后来的程朱陆王那样清晰，其作为广义理学思潮的一员并不那么典型，但其由"心迹之辨"这一要害问题切入而展开的理论建构，确为推天道以明人事，旨在实现世界本原与儒家伦理的超越性贯通，以求找到儒家仁义的形上根据与践履工夫。"学为仲尼""仁配天地"等主张表明邵雍属意儒家，是广义理学的开拓者和宋明心学的先声。

第五章

周敦颐："太极"无极

作为士人的周敦颐生前已因善于断案、长于诗文、人格高尚、胸怀洒落而获得"光风霁月"（黄庭坚语）的美誉，但作为学者的周敦颐真正声名显著、成为"理学开山"却是身后百余年的事情了。

在周敦颐"走向""理学开山"的过程中，程颢、程颐兄弟功不可没——尽管他们对师从周敦颐一直轻描淡写乃至有时讳莫如深。一方面，二程将周敦颐的主要作品《太极图》《太极图说》《通书》等传了下来。朱震曾说："《太极图》，周敦实茂叔传二程先生。"① 祁宽曾说："《通书》即其（指周敦颐——引者注）所著也。始出于程门侯师圣，传之荆门高元举、朱子发。宽初得于高，后得于朱。又后得和靖尹先生所藏，亦云得之程氏。今之传者是也。"② 朱熹也曾指出："（周敦颐——引者注）所著之书，又多散失。独此一篇，本号《易通》，与《太极图说》并出程氏，以传于世。"③ 可见，尽管二程著述几未提及周氏著作，但多种证据表明，周氏主要作品确曾由二程传于弟子门人。④ 另外，二程作为理学最重要的开拓者、奠基者，使周敦颐"师以徒显"。正是以二程为早期理学的重要"坐标"，朱熹建立起从孔、孟

---

① 《周敦颐集》，第 137 页。
② 《周敦颐集》，第 119 页。
③ 《周敦颐集》，第 49 页。
④ 当然，程门并非周敦颐所有著作的唯一传承途径，周敦颐终老的"九江故家"亦有其著作传世，祁宽就曾从此处得到过《通书》，不过该本未附《太极图》。此外，朱熹"被命假守南康"时亦曾从周敦颐故家得到一些著作资料。参见《周敦颐集》，第 119、48 页。

到周、程的理学谱系："独以河南两程夫子尝受学焉，而得孔、孟不传之正统，则其渊源因可概见。"① 朱熹之后，无论是《宋史》还是《宋元学案》，都将周敦颐视为宋代理学的不二"开山"。《宋史·道学传序》言："孔子没，曾子独得其传，传之子思，以及孟子，孟子没而无传。两汉而下，儒者之论大道，察焉而弗精，语焉而弗详，异端邪说起而乘之，几至大坏。千有余载，至宋中叶，周敦颐出于舂陵，乃得圣贤不传之学。"② 《宋元学案》亦言："孔、孟而后，汉儒止有传经之学，性道微言之绝久矣。元公（周敦颐谥号——引者注）崛起，二程嗣之，又复横渠诸大儒辈出，圣学大昌……若论阐发心性义理之精微，端数元公之破暗也。"③

然而，也正是上述"制造""理学开山"的过程，使周敦颐及其作品、思想充满了争议。就作品而言，由于周敦颐的作品在其生前未能得到足够重视，在其身后又无法得到有效确证，《太极图》的来源、版本及其与道教、佛教相关图式的关系以及《太极图说》《通书》的版本等问题向来存在争议。就思想而言，由于周敦颐作品版本不一，后来儒道各家各派又从不同角度予以整理、阐释，今人便对周敦颐的哲学思想产生了较大分歧。总的来说，无论是对周敦颐的作品还是其思想，分歧往往集中于对"太极"相关问题的认识与理解上。若要全面、准确地理解周敦颐，需采取史思结合进路，从整体上把握周敦颐哲学的问题意识、话语源流、思维方式与价值倾向等，而其中的关键则在于"太极"。

第一节　太极之辨：由物而神

围绕周敦颐哲学思想的分歧，尤以周敦颐哲学形态问题为著，亦

---

① 《周敦颐集》，第49页。
② 《周敦颐集》，第85页。
③ 《宋元学案》（一），第482页。

即其哲学体系究竟属于宇宙论还是存在论。宇宙论与存在论致思取向
迥异：前者倾向于揭示宇宙的时空结构及万物的生成本原，后者则致
力于揭示世界的逻辑结构及万物的超越本原。

主张周敦颐哲学为宇宙论者如侯外庐、邱汉生、张岂之等学者指
出："周惇（敦）颐在《易通》里论述的宇宙论，与其在《太极图·
易说》里论述的宇宙生成论基本一致，不过更加详细……宇宙的本原
是太极，或者叫作乾元，它是万物和性命之所由产生。"① 陈来也持类
似观点，他提出："周敦颐的宇宙发展图式是：太极—阴阳—五行—万
物。宇宙的原初实体为太极元气；太极元气分化为阴阳二气；阴阳二
气变化交合形成五行，各有特殊性质的五行进一步化合凝聚，而产生
万物。"② 主张周敦颐哲学为存在论者如张祥龙则认为"太极非物，纯
神尽妙"，《太极图》"首先不应该作宇宙论的解释"，"它首先讲的是
'本体论'，而且是'泛本体论'"。③ 杨立华也认为，"太极不是元气，
不能从质料的角度来理解周敦颐的太极"，太极"有本体论的意义，是
万物本体和万物本根的意思"。④

从两派观点来看，学界之所以会在周敦颐哲学形态上存在宇宙论
与存在论的分歧，根本原因在于他们对周敦颐哲学的本原概念"太极"
做了全然不同的解读：若认为"太极"是"气"（"元气"），是宇宙
万物所由产生的质料，周敦颐哲学便属于宇宙论；若认为"太极"非
"气"，而是宇宙万物的超越性本原，周敦颐哲学便被归入存在论。其
实，单看《太极图》或者《太极图说》《通书》的局部论述，两派观
点均能找到支持自身的证据，可谓各有道理。但是，限于局部和细节
却也容易滞于一偏，错失准确理解周敦颐的契机。若想全面、准确地

---

① 侯外庐、邱汉生、张岂之主编：《宋明理学史》上，西北大学出版社 2018 年版，第
62 页。

② 陈来：《宋明理学》，第 58 页。

③ 张祥龙：《拒秦兴汉和应对佛教的儒家哲学：从董仲舒到陆象山》，第 273、270 页。

④ 杨立华：《宋明理学十五讲》，北京大学出版社 2015 年版，第 51、45 页。

理解周敦颐，必须史思结合，对周敦颐哲学的核心概念，同时也是学界争议的焦点——"太极"做出准确判定与全面理解。

一 元气抑或实理

"太极"是理解周敦颐哲学的关键，但从文本来看，在周敦颐本就为数不多的传世文献中，"太极"（图式及文字）出现的次数并不多，其中《太极图》中只有图式，《太极图说》有"太极"四见，主要集中在该文的前半部分：

> 无极而太极。太极动而生阳，动极而静，静而生阴。静极复动。一动一静，互为其根；分阴分阳，两仪立焉。阳变阴合，而生水、火、木、金、土。五气顺布，四时行焉。五行，一阴阳也；阴阳，一太极也；太极，本无极也。五行之生也，各一其性。①

《通书》中有"太极"一见：

> 水阴根阳，火阳根阴。五行阴阳，阴阳太极。四时运行，万物终始。混兮辟兮！其无穷兮！②

单看这几处图式与文字，实难对周敦颐的"太极"概念做出形态判定。为避免判定的盲目性，有必要先对《太极图》及"太极"概念的源流做一简要考察。

关于《太极图》的来源，学界一直争议较大，笼统地说有"外传"与"自作"两种观点。主张"外传说"的学者大多认为《太极图》源于道教人士的传授，如朱震曾指出："濮上陈抟以《先天图》

---

① 《周敦颐集》，第3—5页。
② 《周敦颐集》，第28页。

传种放，放传穆修，修传李之才，之才传邵雍。放以《河图》、《洛书》传李溉，溉传许坚，坚传范谔昌，谔昌传刘牧。修以《太极图》传周敦颐，敦颐传程颐、程颢。"①朱震曾从学于谢良佐，还曾从侯仲良处得到过《通书》，且与胡安国交往密切，而谢、侯、胡皆为二程弟子或再传弟子，且侯还曾亲自拜会周敦颐，朱震所说应有一定的可信度。②主张"外传说"的学者中还有一种观点认为《太极图》源于佛教人士寿涯。主张"自作说"的学者以朱熹为代表，他曾专门驳斥朱震的说法："及得《志》文考之，然后知其（指《太极图》——引者注）果先生之所自作，而非有所受于人者。"③毛奇龄认为，《道藏》的《上方大洞真元妙经图》之一《太极先天之图》或即是周敦颐《太极图》的出处，经文中"唐明皇御制序"等字样显示该图或在宋代以前就有。对比《太极图》与《太极先天之图》可以发现，一方面二者的确在形式结构、话语体系等方面高度近似，另一方面二者也的确在局部存在差异。也许更加妥帖的说法是：周敦颐受过道教或其他图式的影响或启发，然后在此基础上修改或创发形成了《太极图》。④

值得注意的是《太极先天之图》所附注解：

> 粤有太易之神，太始之气，太初之精，太素之形，太极之道，无古无今，无始无终也。故"《易》有太极，是生两仪，两仪生四

---

① 《周敦颐集》，第 137 页。

② 也有学者不认可朱震的说法，认为朱震《汉上易传》关于周敦颐《太极图》源自陈抟的说法是谬说。参见周建刚《周敦颐与邵雍思想异同辨》，《哲学研究》2017 年第 9 期。

③ 《周敦颐集》，第 45 页。《志》指潘兴嗣为周敦颐所作墓志铭，其中指出周敦颐曾"作《太极图》、《易说》、《易通》数十篇"。参见《周敦颐集》，第 91 页。

④ 冯友兰曾表达过类似观点，他说："第一个讲宇宙发生论的新儒家哲学家是周敦颐……在他以前很久，有些道教的人画了许多神秘的图，以图式描绘秘传的道，他们相信得此秘传的人便可成仙。据说周敦颐得到了一张这样的图，他予以重新解释，并修改成自己设计的图，以表示宇宙演化过程。"参见冯友兰《中国哲学简史》，第 219 页。还有学者指出，周敦颐不仅受过道教《先天图》的启发，还受过佛教《阿赖耶识图》的启发，即《太极图》有佛道二教双重渊源。参见张立文《宋明理学研究》，第 90 页。当然，也有学者质疑《先天图》并非诞生于宋代以前，而有可能出自周敦颐以后的道家。

象，四象生八卦，八卦定吉凶，吉凶生大业"。言万物皆有太极、两仪、四象之象，四象、八卦具而未动，谓之太极。太极也者，天地之大本耶？天地分太极，万物分天地。人资天地真元一气之中以生成长养，观乎人，则天地之体见矣。是故师言气极则变，既变则通，通犹道耶？况"反者道之动"。盖"有物混成，先天地生，寂兮寥兮，独立而不改，周行而不殆，可以为天下母"。母者道耶？至矣哉！道之大也！无以尚之。夫道者，有清有浊，有动有静，但凡其人行道也钦，则生神矣，夫或躬废大方，则届于其亡信哉！①

其中"太易之神""太始之气""太初之精""太素之形"等表述与汉代纬书《易纬》关系密切。《易纬·乾凿度》言：

> 昔者圣人因阴阳，定消息，立乾坤，以统天地也。夫有形生于无形，乾坤安从生。故曰：有太易，有太初，有太始，有太素也。太易者，未见气也。太初者，气之始也。太始者，形之始也。太素者，质之始也。气形质具而未离，故曰浑沦。浑沦者，言万物相浑成，而未相离。视之不见，听之不闻，循之不得，故曰易也。②

从"太易"到"太初"是"气"从无到有的过程，而从"太初"到"太始"再到"太素"是从"气"到"形"再到"质"的过程。统而言之，宇宙经历了从无到有、从气到形质的化生过程。就此而言，尽管《太极先天之图》的注解与《易纬》的表述不尽一致，但二者以"气"解释宇宙化生的思路是相同的。所谓"人资天地真元一气之中

---

① 《周敦颐集》，第134—135页。
② 林忠军：《〈易纬〉导读》，齐鲁书社2002年版，第81—82页。

以生成长养"，"天地真元一气"（"元气"）也就是"太极"。同时，作为"母者""道者"的"太极""有清有浊，有动有静"，这些经验性的特征也表明"太极"被做出经验性的理解。这种以"太极"为天地万物质料性本原的观念，实际上便是一种宇宙生成论的观念。

周敦颐前后，道教用于内丹修炼的《无极图》①也有与上述类似的观念，该图形式结构与《太极图》高度一致但具体指称迥异，需自下而上观看：最下圈层为"玄牝之门"（对应《太极图》"万物化生"），这里产生"祖气"；"祖气"向上提升，至上一层"炼精化气、炼气化神"（对应《太极图》"坤道成女、乾道成男"）；炼化而成的"微芒之气及出有入无之神"需进一步上贯于五脏六腑，于是至上一层"五气朝元"（对应《太极图》"水火木金土"）；接下来"水火交媾而为孕"，于是至上一层"取坎填离"（对应《太极图》"阴静阳动"），以结成圣胎；最后，"炼神还虚、复归无极"（对应《太极图》顶层圆圈），修炼成仙。②不难发现，在这一修炼体系中贯穿五层结构始终的同样是"气"。

集中体现在《太极先天之图》《无极图》中的以气解易、以气论丹等观念并不是偶然的，而是有其悠久的历史传统。"太极"一词早在《庄子》中就已出现："夫道有情有信，无为无形……在太极之先而不为高，在六极之下而不为深，先天地生而不为久，长于上古而不为老。"（《庄子·大宗师》）从语境来看，"太极"与"六极"相对，是表征空间的概念。对后世影响最大的"太极"用法出自《易传》："《易》有太极，是生两仪，两仪生四象，四象生八卦，八卦定吉凶，吉凶生大业。"（《周易·系辞上传》）单看这几句话，"太极—两仪—四象—八卦"的结构是在描述画卦揲蓍的流程；但若结合《易传》其

---

① 有学者认为《无极图》也是由陈抟所传，如《宋元学案》曾经指出，《太极图》源于陈抟刻于华山石壁上的《无极图》，该图源自河上公。参见《宋元学案》（一），第514—515页。但也有学者认为《无极图》是周敦颐之后才出现的。

② 《宋元学案》（一），第515页。

他表述如 "刚柔相摩，八卦相荡。鼓之以雷霆，润之以风雨；日月运行，一寒一暑。乾道成男，坤道成女。乾知大始，坤作成物……"（《周易·系辞上传》）等，便能看出《易传》揭示宇宙万物化生原理的努力，不过这种揭示有其含混性、不明确性，从而使其文本具有较大解释空间。由汉至唐，学者对《周易》的诠释主要基于 "气论" 框架，亦即将 "太极" 理解为构成宇宙万物的质料——"气"，如郑玄说 "极中之道，淳和未分之气也"①，孔颖达说 "太极谓天地未分之前，元气混而为一，即是太初、太一也"②，成玄英说 "太极，五气也"③。既然 "太极" 是 "气"，自 "太极" 而至万物便是一个 "一气化生" 的过程，这种宇宙生成论解释进路流布甚广、影响深远，周敦颐前后《太极先天之图》《无极图》等以气解易、以气论丹等观念与实践即以此为理论基础。

以上大费周章地讨论《太极图》的源头、衍流以及 "太极" 概念的历史发展，意在说明气化生成论是 "太极" 诠释史上极为重要的传统。以此为理论框架，周敦颐的哲学形态的确能获得一种阐释的可能性。从朱熹版《太极图》来看，第一层是一个无标识的圆圈，《太极图说》解释为 "无极而太极"，这一关键命题因有多种异文而在学术史上充满争议：其一，目前通行版本为 "无极而太极"，该版本由朱震所传、为朱熹所推重；其二，"临汀杨方得九江故家传本" 言 "无极而生太极"④；其三，朱熹自洪景庐处所借国史言 "自无极而为太极"⑤。如果搁置程朱学派的 "前见"，其实很难看出三种异文有什么实质性的区别，它们皆可表达一种从 "无极" 到 "太极" 的生成结构：无极→太极。接下来，《太极图》第二层取《参同契》"坎离匡

---

① 黄寿祺、张善文：《周易译注》，中华书局2016年版，第501页。
② （魏）王弼注，（唐）孔颖达疏：《周易正义》，第340页。
③ （晋）郭象注，（唐）成玄英疏：《庄子注疏》，第137页。
④ 《周敦颐集》，第50—51页。
⑤ 《周敦颐集》，第89页。

廓，运毂正轴"之义，形成右"坎"左"离"的《坎离图》或谓《水火匡廓图》，"坎""离"外侧分别标识"阴静"与"阳动"。第三层取《参同契》"三五与一，天地至精"之义，形成"水""火""木""金""土"构成的所谓《三五至精图》。第四、第五两层与第一层一样，均为空白圆圈，其中第四层自右至左标识"坤道成女""乾道成男"，第五层标识"万物化生"。对照《太极图说》可见，宇宙生成论诠释进路在这里依然行得通：作为"元气"的太极首先在动静变化中一分为二，即阴阳二气；阴阳二气交感化合而产生水、火、木、金、土五种更加具体的质料，即所谓五行；五行出而时空流转、男女化成、万物化生，由此构成生生不息的现实世界。

以上分析显示，以宇宙生成论对《太极图》进行诠释是可行的，在这一进路下，"无极→太极→阴阳→五行→万物"的结构揭示的是作为宇宙万物本原的"元气"从无到有、从一到多的化生过程，这个过程展现了周敦颐对宇宙万物之生成原理的思考。在这个意义上，部分学者以宇宙论解释周敦颐哲学不无道理，甚至主张周敦颐哲学属于存在论的学者也不得不承认这一点，如张祥龙指出，"把《太极图》解释为宇宙论，那就是说宇宙万物是怎么从太极依次演变出来的，表面上看来也合理"，"这个图有一种生成的意思"。[1]

尽管如此，就此断定周敦颐哲学属于宇宙论还是过于鲁莽了，至少朱熹就不会完全同意这一点，今人反对这一观点的亦不在少数。朱熹在诠释《太极图说》时曾说："'无极而太极。'非太极之外，复有无极也。"[2] 此即反对将太极、无极视为二物。朱熹又说："太极，形而上之道也；阴阳，形而下之器也。"[3] 此即将太极与阴阳做出形上与形下的区分。朱熹还说："自其末以缘本，则五行之异，本二气之实，

---

① 张祥龙：《拒秦兴汉和应对佛教的儒家哲学：从董仲舒到陆象山》，第 270—271 页。
② 《周敦颐集》，第 4 页。
③ 《周敦颐集》，第 4 页。

二气之实，又本一理之极。"① 这就非常明确地表达了以 "太极" 为 "理" 的意思。而且，作为 "理" 的 "太极" 是 "实理" 而非 "空理"，如朱熹说："圣人之所以圣，不过全此实理而已，即所谓'太极'者也。"② 又说："实理自然，何为之有！即'太极'也。"③ 一言以蔽之，朱熹认为周敦颐所谓 "太极" 不是 "元气" 而是 "实理"，周敦颐哲学的重点不在于推原宇宙万物的经验生成，而在于解析宇宙万物的逻辑结构。张祥龙、杨立华等学者也主要是基于这样一种观念而将周敦颐哲学归入存在论。这种诠释进路行得通吗，或者说有文本上的证据吗？两种诠释进路相比，哪一种更具解释力？这是下文重点探讨的问题。

二　从另一种动静看太极

按照《太极图》与《太极图说》前半部分所展现的 "无极→太极→阴阳→五行→万物" 结构，"太极" 与 "万物" 之间的第一个关键环节是 "阴阳"，而 "阴阳" 的出现或存在与 "太极" 存在状态的变化——"动静" 密切相关，所谓 "太极动而生阳，动极而静，静而生阴。静极复动。一动一静，互为其根；分阴分阳，两仪立焉"。据此，"太极" 应当是先 "动（而生阳）"，后 "静（而生阴）"，然后 "动" "静" 互根、变化不已，于是有了阴阳、五行、万物。照此看来，"动静" 似有先后，亦即具有时间性，"太极" 也因此成为处于时空流变之中的质料，亦即生成论意义上的宇宙本原。然而，这并非周敦颐关于太极 "动静" 观念的全部，《通书·动静》中的论述值得注意：

---

① 《周敦颐集》，第 32 页。
② 《周敦颐集》，第 15 页。
③ 《周敦颐集》，第 16 页。

> 动而无静，静而无动，物也。动而无动，静而无静，神也。
> 动而无动，静而无静，非不动不静也。物则不通，神妙万物。水
> 阴根阳，火阳根阴。五行阴阳，阴阳太极。四时运行，万物终始。
> 混兮辟兮！其无穷兮！①

周敦颐特意区分了两个概念——"物"与"神"。"物"的特点是
"动而无静，静而无动"，也就是说，"物""动"之时必然不"静"，
"物""静"之时必然不"动"。于"物"而言，"动"与"静"是两
种彼此对立、不可并存的状态。这一点非常容易理解，因为这完全符
合人们在日常生活中对经验事物的认识，当然也算不上是周敦颐的创
见。经验归经验，能从经验性的"动静"之中看出哲学的意味，就非
哲学家而不能了。于此，先秦道家已发端绪，老子曾说：

> 致虚极，守静笃，万物并作，吾以观复。夫物芸芸，各复归
> 其根。归根曰静，是谓复命。复命曰常，知常曰明。不知常，妄
> 作，凶。知常容，容乃公，公乃王，王乃天，天乃道，道乃久。
> 没身不殆。（《老子》第十六章）

在老子看来，"虚""静"具有本原意义，只有虚静、归根、复
命，才能实现不偏不彰、不皦不昧、不温不凉之"常"态，进而包通
万物（"容"）、荡然公平（"公"）、无所不周（"王"）、与天合德
（"天"）、体道大通（"道"）、永无穷极（"久"），终至实现没身不殆。
可以说，"静"（虚静、清静）是老子所寻找到的天地万物最为本根的
生存方式，与此相较，"躁"（躁动、妄作）便须摒弃。老子这种思维
方式在《大学》文本中亦有所体现，所谓"物有本末，事有终始，知

---

① 《周敦颐集》，第27—28页。

所先后，则近道矣"，至于"物之本"，《大学》与《老子》一样强调"静"的重要性、本根性，所谓"知止而后有定，定而后能静，静而后能安，安而后能虑，虑而后能得"。如果说《大学》的主旨在于"先本后末"，则《老子》的主旨在于"崇本息末"，恰如王弼所言，"《老子》之书，其几乎可一言而蔽之。噫！崇本息末而已矣。观其所由，寻其所归，言不远宗，事不失主"[①]，"《老子》之文……因而不为，损而不施；崇本以息末，守母以存子；贱夫巧术，为在未有；无责于人，必求诸己；此其大要也"[②]。"本末"思维可说是先秦以降儒道两家共同的本原追问方式和哲学思考方式。王弼首先继承了这一思维方式，他在注解《老子》第十六章时说："以虚静观其反复。凡有起于虚，动起于静，故万物虽并动作，卒复归于虚静，是物之极笃也。"[③] 但在另外一些地方，王弼又表现出试图超越"本末"思维的努力，如他在注解《周易·复卦》时说：

> 复者，反本之谓也。天地以本为心者也。凡动息则静，静非对动者也；语息则默，默非对语者也。然则天地虽大，富有万物，雷动风行，运化万变，寂然至无是其本矣。[④]

"动息则静"，即"动""静"相对；"静非对动者也"，即"静"并不与"动"相对；这里似乎出现了矛盾，实则不然。王弼以注解《老子》《周易》等经典著称，但其哲学主旨与这些经典并不完全一致，而是主张"崇本举末"，具体到"动静"问题上，他主张以静为本、动静并举，"动息则静，静非对动"实际上正是要贯彻这样一种哲学主张，亦即使"静"从经验性的"动静"关系中超拔出来，获得一

---

① 《王弼集校释》，第 198 页。
② 《王弼集校释》，第 196 页。
③ 《王弼集校释》，第 36 页。
④ 《王弼集校释》，第 336—337 页。

种非经验性的本原地位。然而王弼英年早逝，未能建构起更为成熟、完善的哲学体系。

相比王弼，周敦颐对"动静"的思考与言说稍微详备一些，也展现出更高的哲学追求，这集中体现在他所说的"神"上。在上文所引《通书·动静》中，周敦颐认为"动而无静，静而无动"的"物"是"不通"的，只有"神"才能"妙万物"，"神"与"物"比更胜一筹。"神"是一种怎样的存在？周敦颐说："动而无动，静而无静，神也。动而无动，静而无静，非不动不静也。"这世界上有"又动又静"或"不动不静"的事物吗？经验世界中当然没有，因为从形式逻辑角度而言，在同样的内外条件下"A 且非 A"的情况是不存在的，"动"与"无动"不能同时成立，"静"与"无静"亦然。若要使"动而无动，静而无静"成立，就必须跳出形式逻辑，对"动""静"做出内涵或层次上的区分。以"动而无动"为例，周敦颐显然是在强调"动"的"无动性"，若将第一个"动"字理解为经验性的"动"，则"无动"就不能理解为与经验性的"动"相对的经验性的"不动"（"静"），而只能理解为一种非经验性的"静"。同理，"静而无静"也只能做此种理解，即经验性的"静"中蕴含着一种非经验性的"动"。合而言之，就是朱熹所说的"动中有静，静中有动"[①]。经验性的"动静"限于"形""象"而非有即无、非此即彼，故周敦颐说"物则不通"；非经验性的"动静"则不限于"形""象"，可以遍在于或动或静的万物之中，故周敦颐有"神妙万物"之言。

周敦颐之所以能够解决王弼未竟的课题，主要在于其思维方式的转换，亦即通过对经验世界的"超越"，在"经验性动静"之上找到了超越性的根据。当然，在周敦颐这里，"非经验性动静"并非是与"经验性动静"完全隔膜的另外一种存在，而是就呈现于"经验性动

---

① 《周敦颐集》，第 27 页。

静"之中，即如朱熹所说，"神则不离于形，而不囿于形"①。就此而言，周敦颐哲学又不同于西学存在论如柏拉图哲学意义上的理念论。

如果说王弼发现了传统哲学"本末"思维的问题，属于"破旧"，周敦颐则可以称得上是"立新"，因为他的致思方向已经展现出"体用"思维的特点，尽管他还未像后来的二程、朱熹那样清晰地使用"体用"话语。就"动静"问题而言，"太极"之体是"非经验性动静"亦即超越于"经验性动静"，"太极"之用是"神"感而遂通、妙应万物的状态。当然，受道家、道教及传统哲学经验性思维的影响，周敦颐仍以"静"为"太极"之体，"圣人主静""诚者不动"等观念皆是对"静"的强调，此"静"不能说完全没有经验之实，但如果只从经验之实的角度来理解，可能就错失了对周敦颐哲学创见的发现。这种以"体用"思维追求超越性的做法还可以从周敦颐文本中找到其他例证，如《通书·思》言：

> 《洪范》曰："思曰睿，睿作圣。"无思，本也；思通，用也。几动于彼，诚动于此。无思而无不通，为圣人。不思，则不能通微；不睿，则不能无不通。是则无不通，生于通微，通微，生于思。故思者，圣功之本，而吉凶之几也。《易》曰："君子见几而作，不俟终日。"又曰："知几其神乎！"②

周敦颐揭示了两种"思"：一种是"经验之思"，没有这种"思"不能"通微"，也就不能"无不通"（"思通"），不能实现"睿"与"圣"；还有一种是"非经验之思"，它超越于经验的思与不思，周敦颐称之为"无思"。在周敦颐看来，"无思"是"体"（他仍称之为"本"），"思→通微→无不通（思通）"的过程是"用"，圣人"无思

---

① 《周敦颐集》，第 27 页。
② 《周敦颐集》，第 21—22 页。

而无不通"的状态或境界正是在"体用论"意义上而言的。

　　周敦颐的"体用"思维应当是受过佛教的启发。在"动静"问题上，早在周敦颐之前佛教就已经对此有所言说，僧肇《物不迁论》言："夫生死交谢，寒暑迭迁，有物流动，人之常情。余则谓之不然。何者？《放光》云：法无去来，无动转者。寻夫不动之作，岂释动以求静，必求静于诸动。必求静于诸动，故虽动而常静；不释动以求静，故虽静而不离动。"① 法藏亦有"动时正静，静时正动"之言。这些"即动即静"的观念实际上就是"体用"思维的体现。当然，在佛教那里，"动静"之"体"是"缘起性空"，不具有实在性，于此周敦颐哲学与其有明显区别，作为"动静"之"体"的"太极"是实在的，它超越于万物但不离于万物。

　　总而言之，周敦颐的"太极"概念固然有其"动而无静，静而无动"的一面，亦即有其作为"物"的一面，但这种具有常识或信念性质的观念不是周敦颐的创见；周敦颐的创见在于发现了"太极""动而无动，静而无静"的一面，即其"神"的一面。若"太极"为"物"，则它是宇宙万物的生成本原——"气"，"气"在时空中变化流行，生灭更替；而作为"神"的"太极"不限于时空，是宇宙世界的逻辑本原与万物化生的逻辑依据。在这个意义上，朱熹将其解释为"实理"是成立的。

　　"物则不通，神妙万物"显示周敦颐已然认识到"太极物论"的局限性，而试图在此基础上构建"太极神论"，这展现出一种从宇宙论跃向存在论的努力。当然，如前所述，出于对现世的肯认，周敦颐又赋予"太极"以不离于物的实在性，这也是周敦颐哲学的特点。对此，周敦颐还有一段重要论述："二气五行，化生万物。五殊二实，二本则一。是万为一，一实万分。万一各正，小大有定。"② 也就是说，作为

① （晋）僧肇：《肇论校释》，第11页。
② 《周敦颐集》，第32页。

"体"的"太极"并非经验定在之一物，而是逻辑地遍在宇宙万物之中，是谓"是万为一，一实万分"，后来二程说"万理归于一理"，朱熹说"物物有一太极"，皆是对这一观念的传承与发展。

第二节　太极即诚　纯粹至善

李泽厚曾援引王夫之《张子正蒙注·序论》中的话说，"宋自周子出而始发明圣道之所由，一出于太极阴阳人道生化之终始"，认为这很好地点明，正是由宇宙观到伦理学这种理论的逻辑结构才是使周敦颐被尊为宋明理学开山祖的道理所在。[①] 以"宇宙观"来论定周敦颐哲学有待商榷，但这其中对周敦颐哲学"从存在到价值"致思路向的揭示的确是敏锐的。对周敦颐来说，"存在"之探索——无论是"无极→太极→阴阳→五行→万物"的生成结构还是"太极无极、神妙万物""是万为一、一实万分"的逻辑结构——的确只是其哲学体系的"半壁江山"，对"价值"的确认与重建才是其哲学的最终落脚之处。周敦颐哲学的价值重建同样具体落实到"太极"概念上。

一　由太极而人极

每一个有现实关怀的学者都会针对时代问题提出自己的病理分析与解决方案，生活于北宋中期的周敦颐正是这样的学者，其《通书·乐》（上）曾说：

> 古者圣王制礼法，修教化，三纲正，九畴叙，百姓大和，万物咸若。乃作乐以宣八风之气，以平天下之情。故乐声淡而不伤，

---

① 李泽厚：《中国古代思想史论》，第 204 页。

和而不淫。入其耳，感其心，莫不淡且和焉。淡则欲心平，和则躁心释。优柔平中，德之盛也；天下化中，治之至也。是谓道配天地，古之极也。后世礼法不修，政刑苛紊，纵欲败度，下民困苦。谓古乐不足听也，代变新声，妖淫愁怨，导欲增悲，不能自止。故有贼君弃父，轻生败伦，不可禁者矣。呜呼！乐者古以平心，今以助欲；古以宣化，今以长怨。不复古礼，不变今乐，而欲至治者远矣！①

该篇旨在申明礼乐的重要性。在周敦颐看来，古代制礼修法、乐声淡和，于是德盛治至、百姓安乐，后世不修礼法、乐声妖淫，于是政刑苛紊、百姓困苦。周敦颐特别指出一种作为后果的社会现象——"贼君弃父、轻生败伦"，并认为这一现象有"不可禁"之虞。但凡有一些传统文化常识即可明白，周敦颐的这一批评是就佛教而言，因为出家出世正是佛教最主要的主张之一。周敦颐既然批评佛教"贼君弃父、轻生败伦"，显然不认可其价值观念。相比韩愈等人，周敦颐的高明之处在于他的批评并未流于"就事论事"的"口舌之争"，而是试图从根本上为儒家价值观念建立哲理依据。

在《太极图说》后半部分，周敦颐这样写道：

无极之真，二五之精，妙合而凝。"乾道成男，坤道成女"，二气交感，化生万物。万物生生，而变化无穷焉。惟人也，得其秀而最灵。形既生矣，神发知矣，五性感动，而善恶分，万事出矣。圣人定之以中正仁义，而主静，立人极焉。故"圣人与天地合其德，日月合其明，四时合其序，鬼神合其吉凶"。君子修之吉，小人悖之凶。故曰："立天之道，曰阴与阳；立地之道，曰柔

---

① 《周敦颐集》，第28—30页。

与刚；立人之道，曰仁与义。"又曰："原始反终，故知死生之说。"大哉《易》也，斯其至矣！①

　　该文继前半部分集中论述自太极至万物的"存在"结构后，后半部分以"惟人也，得其秀而最灵"为转折，转向了"价值"论述。"惟人也，得其秀而最灵"，这一观念至少在《礼记》中就已有过表达，《礼记·礼运》言："人者，其天地之德，阴阳之交，鬼神之会，五行之秀气也。"从气论角度来说，人之化生禀赋了天地之间最为灵秀之气，故人较之万物更加灵秀、完满。此处，周敦颐实际上也是在申说人在宇宙中的高贵地位，这一点亦可从《太极图》中得到印证：相比"万物化生"圈层，"乾道成男、坤道成女"圈层要高一个等级。人禀五行之秀气而形神兼备后，便感知外物而生喜、怒、欲、惧、忧"五性"（《大戴礼记·文王官人》），由此善恶分判，万事发生。至此，周敦颐在"太极→阴阳→五行→万物"结构基础之上又构建了一个"太极→阴阳→五行→人（形神）→五性→善恶→万事"的新结构。

　　在这个新结构中，一方面，"太极"下贯至人，被确立为人（人性）的超越根据与人间秩序（道德伦理）的超越本原，从而具有了道德意味，具有道德意味的"太极"即是"人极"；另一方面，周敦颐又从气论角度谈人性，揭示出人性（五性、善恶）以气禀为依据的发生机制，从而为道德修养提供了可能。就此而言，张载、二程等人"分性为二"即从天地之性（或天命之性）与气质之性两个维度论性的思路，不仅在邵雍那里已有所体现，在周敦颐这里也可以窥见端倪。

二　诚为圣本

　　"圣人定之以中正仁义，而主静，立人极焉。"周敦颐哲学由"太

---

① 《周敦颐集》，第5—8页。

极”而“人极”，“人极”之立须“定之以中正仁义”，须“主静”，这些都只有圣人堪以担当，所以周敦颐修养工夫的终极目标便是成圣成贤、与天合德，所谓“圣希天，贤希圣，士希贤”①。何为圣贤，如何成圣成贤、与天合德？《通书》开头几章大书特书的正是这些问题。第一章《诚》（上）开篇便言：

> 诚者，圣人之本。②

《诚》（下）开篇又言：

> 圣，诚而已矣。③

《圣》篇再言：

> 寂然不动者，诚也；感而遂通者，神也；动而未形、有无之间者，几也。诚精故明，神应故妙，几微故幽。诚、神、几，曰圣人。④

周敦颐指出了圣人必须具备或谓成圣的三个要素：诚、神、几。其中最重要的是“诚”，所谓“诚者，圣人之本”，甚至在某种意义上可以说“诚”是成圣的唯一要素，所谓“圣，诚而已矣”。

作为“寂然不动者”的“诚”，显然不是经验意义上的“不动”（或谓“静”），如果一个人乍见孺子将入于井而既无怵惕恻隐之心也无出手相助之行，这种“不动”或“静”是无论如何也称不上“诚”

---

① 《周敦颐集》，第22页。
② 《周敦颐集》，第13页。
③ 《周敦颐集》，第15页。
④ 《周敦颐集》，第17—18页。

的。作为"寂然不动者"的"诚",实为上文提到的"另一种静",即具有一定超越色彩的"静",此"静"不局限于时空,一切动静由之产生。总之,周敦颐所谓"诚"绝不仅仅是一种经验性的态度或行为,而是一种具有超越性的道德本体。正是在此意义上,朱熹说"诚即所谓太极"①,这一理解是立得住的。有学者用"太极—诚"这样的合成式表述来表达"诚"即"太极"的观念,也是有道理的。②

作为"太极"的"诚"不仅是"寂然不动者",还是"纯粹至善者",《通书》首章言:

> "大哉乾元,万物资始",诚之源也。"乾道变化,各正性命",诚斯立焉。纯粹至善者也。故曰:"一阴一阳之谓道,继之者善也,成之者性也。"元、亨,诚之通;利、贞,诚之复。大哉《易》也,性命之源乎!③

对于"至善",《大学》曾言:"大学之道,在明明德,在亲民,在止于至善。"如何算是"至善"?"为人君,止于仁;为人臣,止于敬;为人子,止于孝;为人父,止于慈;与国人交,止于信。"《大学》中"至善"的用法基本上代表了宋代以前中国传统思想文化中的"至善"观念,即它是一个人在经验生活中所应达到以及所能达到的最高级别的道德境界。作为指涉道德实践的概念,"至善"是一种经验的、"有对"的存在,即其前可加一个"非"字。相比之下,周敦颐所谓"寂然不动"的"至善"便不是经验的、"有对"的存在,而是一种超越的、绝对的存在。也就是说,"诚"不仅是存在的终极根据,也是价值的终极本原。

---

① 《周敦颐集》,第13页。
② 杨柱才:《道学宗主——周敦颐哲学思想研究》,人民出版社2004年版,第240页。
③ 《周敦颐集》,第13—14页。

　　基于"诚"所具有的"寂然不动""纯粹至善"等特点，可以更加容易地理解周敦颐"诚为圣本"以及成圣三要素等观念。正因为"诚""寂然不动""纯粹至善"，所以它"无为不妄""无善无恶"，是湛然正定的价值本原。周敦颐所谓"诚，五常之本，百行之源"①正是此意，即仁、义、礼、智、信等道德伦常以及人间各种事功品行无不源出于"诚"。能始终保持"诚"的生存状态，非圣人而谁？在此意义上，周敦颐"诚为圣本"的观念得以证成。

　　当然，人无往不处于生活之流，当人与物相接，"寂然不动"之"诚"便要"言动变化"，"纯粹至善"之"诚"便要"善恶分途"。一言以蔽之，"诚"要流行发用而下贯万事万物。如何才能避免"言动变化"滞于物，又如何防止"善恶分途"陷于恶？对于前者，周敦颐给出的答案是"神"，所谓感而遂通，神应故妙；对于后者，周敦颐给出的答案是"几"，见微知著，于动而未形、有无之间见众事吉凶之征兆。如能始终按照诚、神、几之要求去努力，就离成圣不远了。

　　需要指出的是，周敦颐关于成圣三要素的论述实际上也是其"体用"思维的体现。周敦颐说："动而正，曰道。用而和，曰德。匪仁，匪义，匪礼，匪智，匪信，悉邪矣。邪动，辱也；甚焉，害也。故君子慎动。"②　"诚"寂然不动，是为"体"；"神"感而遂通，是为"用"；"几"动而未形、有无之间，是为动静体用之间。至诚，则依"诚"而起的"神""几"之用自然正而不邪、和而不乱。这"道"与"德"不是别的，正是儒家的核心价值观念——仁、义、礼、智、信，正如周敦颐所说，"圣人之道，仁义中正而已矣"③。

　　当然，现实生活中能时时处处保持"诚、神、几"状态的人毕竟不多，普通人难免"感而不通""动而不善"，要想成圣便须费一番道

---

①　《周敦颐集》，第15页。
②　《周敦颐集》，第18页。
③　《周敦颐集》，第19页。

德修养的工夫。传统儒家论道德修养，或强调内在修养，或强调外在修养，在"本末"思维框架之下，内外兼修难以真正实现。同邵雍一样，周敦颐的修养工夫论也是要解决这一理论困难，他说：

> 君子乾乾，不息于诚，然必惩忿窒欲，迁善改过而后至。乾之用其善是，损益之大莫是过，圣人之旨深哉！"吉凶悔吝生乎动。"噫！吉一而已，动可不慎乎！①

这可以看作是周敦颐道德修养工夫论的基本纲领。一方面，周敦颐强调内在的"不息于诚"的工夫，也就是始终保持诚体的清明澄澈；另一方面，周敦颐又强调外在的"惩忿窒欲、迁善改过"的工夫，也就是时时诚慎警醒，处处反省改过。由于"诚"是终极的价值本原、道德本体，"不息于诚"的内在修养工夫便因此具有了超越意义，可谓修养工夫之"体"；"惩忿窒欲、迁善改过"的外在修养工夫更多是就认识与实践而言，可谓修养工夫之"用"。总体上，可以说周敦颐建立起了以内在修养为体、外在修养为用的工夫体系，这一工夫体系的建立标志着周敦颐在一定程度上解决了汉唐学者在道德修养方面面临的理论困难。张载、二程兄弟等早期理学家在道德修养工夫方面，大抵也都走上了与周敦颐、邵雍类似的道路，他们共同形成了独具特色的理学修养工夫论。

本章小结

周敦颐哲学形态的判定问题是极具哲学意义与哲学史意义的真问

---

① 《周敦颐集》，第 38 页。

题。对此，学界历来有宇宙论与存在论两种不同的主张，二者争论的焦点在于周敦颐哲学中的本原性概念"太极"究竟是"理"还是"气"。事实上，两派观点都能找到支持自身的证据，但这种诠释造成了周敦颐哲学不能自洽的分裂。由此，解决这一问题的关键是全面、准确地理解其本原性概念——"太极"。

单看"太极"话语的历史渊源以及《太极图》的结构，周敦颐哲学的确具有宇宙生成论的色彩，但如果就此定性，不仅失之武断且几乎抹杀了周敦颐哲学的历史贡献，因为若论宇宙生成论，汉唐部分学者在精微性或创新性上可能要远超周敦颐。"文""图"结合的分析方法可以进一步证成周敦颐"太极"概念的存在论色彩，尤其是其"动静""神妙万物""是万为一，一实万分"等特点，在经验性的"本末"思维基础上生发出了"体用"思维，而这正是典型的存在论思维。周敦颐哲学体现出了一种从宇宙论向存在论跃升的努力。在"体用"思维方式下，周敦颐哲学中的"太极"是形而上者，无形无象，而"无极"只能是对它的一种修饰。与此同时，"太极"又须借助形而下者如二气、五行、万物而存在，以避免陷入绝对的虚空，这是周敦颐哲学形态的一大特点。再一方面，"太极"的超越性不仅体现在它是宇宙万物的超越根据，还体现于其价值取向，即它是人间伦理的终极本原，在此意义上"太极"即是"人极"。周敦颐哲学由"太极"而"人极"，"人极"之立须"定之以中正仁义"，须"主静"，这些都只有圣人堪以担当。圣人必须具备的或谓成圣最重要的因素是"诚"，"诚"寂然不动、纯粹至善，不仅是存在的终极本原，也是价值的终极本原。

总之，从历史话语、思维方式与价值取向等方面综合考察，周敦颐哲学展现出了一种从宇宙生成论跃向思辨存在论的努力，尽管两种范式的共存说明它是一种尚不成熟的"过渡"形态，但这种努力已使他成为名副其实的理学开拓者。

第六章

张载："太虚"至实

王夫之曾在自书墓志铭中慨叹："抱刘越石之孤愤而命无从致，希张横渠之正学而力不能企。"① 视张载之学为"正学"并终身希之，以其"疏浚水之歧流，引万派而归墟"②，足见王夫之对张载的钦慕之情。历史地看，这种钦慕不仅出于个人旨趣，更与思潮变迁的宏大背景有关，那就是明中叶以降对理学重"理"观念的批判性反思与重"气"观念的复兴。就像朱熹追溯周敦颐为"理学开山"一样，罗钦顺等人"重新发现"了张载，张载在事实上成为明清气论思潮的先驱。

张载确有大量关于"气"的言说，其最重要的概念、命题、观念、主张无不与"气"相关，这也是学界将张载哲学视为"气本论"或"气一元论"的重要原因。以此为诠释框架，张载哲学的确较汉唐气学更为周详、精致，却并无太多创见可言，其在理学史以及整个哲学史上的地位也有待商榷。

事实上，对张载哲学另一重要概念的"发掘"是极其必要的，那就是"太虚"（又"虚"或"虚空"）。在"气本论"或"气一元论"诠释框架下，"太虚"往往为"气"所遮蔽，其作为世界本原的地位隐而不彰。"太虚"之为本原，固然与"气"有关，也与"神"有关，是"神"使"太虚"从"气"的形态中超拔出来，具有了一定的超越

---

① （清）王夫之：《自题墓石》，《船山遗书》第14册，中国书店2016年版，第85页。
② （清）王夫之：《张子正蒙注序论》，《船山遗书》第12册，第8页。

性，成为最可与程朱之"理"相媲美的范畴。对"太虚"本原地位及
其与"气""神"关系的确认是理解北宋早期理学超越性追求的关键
环节，也是需要学界深入探讨的重要问题。

第一节　虚气之辨：朝向形上之维

对张载哲学本原的理解，早在宋代就已歧见迭出。二程曾说：

> 子厚以清虚一大名天道，是以器言，非形而上者。①
>
> "形而上者谓之道，形而下者谓之器。"若如或者以清虚一大
> 为天道，则乃以器言而非道也。②
>
> 立清虚一大为万物之源，恐未安，须兼清浊虚实乃可言神。
> 道体物不遗，不应有方所。③

在二程看来，张载所谓"清虚一大"滞于一偏，实乃形而下之器，
而非形而上之道，其本原追问不够彻底。张载就此做过辩白，朱熹亦
曾与人谈及程张之辩，《朱子语类》记载如下：

> 问："横渠有'清虚一大'之说，又要兼清浊虚实。"曰：
> "渠初云'清虚一大'，为伊川诘难，乃云'清兼浊，虚兼实，一
> 兼二，大兼小'。渠本要说形而上，反成形而下，最是于此处不分
> 明。如《参两》云，以参为阳，两为阴，阳有太极，阴无太极。
> 他要强索精思，必得于己，而其差如此。"又问："横渠云'太虚

---

① （宋）程颢、程颐：《二程集》，第1174页。
② （宋）程颢、程颐：《二程集》，第118页。
③ （宋）程颢、程颐：《二程集》，第21页。

即气'，乃是指理为虚，似非形而下。"曰："纵指理为虚，亦如何夹气作一处？"①

张载称"清兼浊，虚兼实，一兼二，大兼小"，意在申明"清虚一大"乃涵盖对立双方的整全之物，并未滞于一偏，故其本原追问并未囿于形下之域。对此，朱熹显然并不满意，认为张载"夹气作一处"，"反成形而下"。值得注意的是，无论是朱熹还是其弟子门人，都从张载的言说中读出了"理"的意味，或至少读出了一种形而上的追求，所谓"渠本要说形而上""似非形而下""他亦指理，但说得不分晓"②均是此意。可见，早在宋代，学界就对张载哲学的本原存在形而下（气）与形而上（理）两种不同的理解。

明中叶以后气论复兴，张载哲学更多被置于"气本论"或"气一元论"框架内来理解，其集大成者是王夫之，他在注解张载《正蒙》时说："人之所见为太虚者，气也，非虚也。虚涵气，气充虚，无有所谓无者。"③王夫之认为，张载所谓"太虚"就是"气"。同时，受理学影响，王夫之又主张"气"兼理气而言："理在气中，气无非理，气在空中，空无非气，通一而无二者也。"④在王夫之看来，阴阳之本质、天人之一贯皆是"一气而已"，所谓"理"并不具有独立自足性，它只是"气"之健顺和善。

20 世纪以来学界对张载哲学本原的分歧仍主要集中在理与气、形上与形下等问题上。

一类观点认为张载哲学以"气"为本，"太虚"是"气"。冯友兰曾说："在新儒家的哲学中，'气'字的意义有时候很抽象，有时候很具体，随着具体的哲学家们的不同系统而不同。当它的意义很抽象的

---

① （宋）朱熹：《朱子语类》卷九十九，《朱子全书》第 17 册，第 3335—3336 页。
② （宋）朱熹：《朱子语类》卷九十九，《朱子全书》第 17 册，第 3331 页。
③ （清）王夫之：《张子正蒙注》，《船山遗书》第 12 册，第 17 页。
④ （清）王夫之：《张子正蒙注》，《船山遗书》第 12 册，第 13 页。

时候，它接近'质料'的概念……然而当它的意义很具体的时候，它是指物理的物质，一切存在的个体的物，都是用它造成的。张载说的'气'，是这种具体的意义。"① 冯友兰认为，张载用"气"——具体的"物理的物质"而非抽象的"质料"——来解释万物生灭，其整个理论体系建构于形而下的宇宙发生论层面。冯友兰同时指出，张载这种理论的问题在于不能解释万物生灭的具体性、特殊性，如为何花是花、叶是叶，正是在这里，程朱发展出了"理"的观念。② 张岱年也主张张载哲学以"气"为本，他说："唯气的本根论之大成者，是北宋张横渠（载）。张子认为气是最根本的，气即是道，非别有道。宇宙一切皆是气，更没有外于气的；气自本自根，更没有为气之本的。""气是最根本的，而理则非事物之本根。"③ 与冯友兰略有不同，张岱年倾向于"气质料说"。陈来进一步指出，太虚、气、万物是同一实体的不同状态，这个物质实体"气"在时间上和空间上都是永恒的。④ 这实际上是认为张载之"气"有形而上和形而下两种含义，形而上含义近似"质料"，形而下含义近似"物理的物质"。杨立华也提出，张载之"气"分无形之气与有形之气，"太虚与气的关系就是无形之气与有形之气的关系"⑤。

另一类观点则认为，张载哲学以"太虚"为本，"太虚"非"气"。如牟宗三便坚决反对视张载哲学为"气本论"或"气一元论"，他在解释《正蒙·太和》首段时说："若以气之絪缊说太和、说道，则著于气之意味太重，因而自然主义之意味亦太重，此所以易被人误解为唯气论也。然而横渠以天道性命相贯通为其思参造化之重点，此

---

① 冯友兰：《中国哲学简史》，第 225 页。
② 冯友兰：《中国哲学简史》，第 230 页。
③ 张岱年：《中国哲学大纲》，第 42、48 页。
④ 陈来：《宋明理学》，第 69 页。
⑤ 杨立华：《气本与神化：张载哲学述论》，北京大学出版社 2008 年版，第 40 页。

实正宗之儒家思理，决不可视之为唯气论者。"① 牟宗三认为张载哲学的本原实为"太虚之神"。近年大陆部分学者也持类似观点，丁为祥认为张载的"太虚"概念超越于"气"概念，形上本体义是张载赋予"太虚"的根本含义。② 林乐昌认为张载搭建了两层结构的宇宙论哲学诠释框架，其中"宇宙本体论"层面便承认"太虚"作为本体的超越性与逻辑先在性。③

　　从张载文本来看，上述两类观点各有证据，皆有一定道理，但这也带来了张载哲学诠释上的张力。实际上，张载哲学有强烈的时代意识与问题意识，其核心使命是重新确立天人合一的整全世界之终极本原，这一本原需既区别于佛道两家的"凌空蹈虚"，又摆脱中国本土哲学追问的经验性与不彻底性。正是在这种努力与追求过程中，张载哲学展现出了所谓"气本"与非"气本"的张力，也给后人留下了从不同视角进行解读与诠释的空间。若要全面、深入地理解张载哲学，就应先搁置"气本"与非"气本"之争，沿着张载的致思路向，客观确认其开新与守旧、贡献与不足。

一　太虚的提出：应对佛老与本原重建

　　以往围绕张载哲学本原的纷争中，主张"气本论"者将"太虚"还原为"气"，主张"虚本论"者将"太虚"还原为"理"或类似观念，可见焦点在于如何理解"太虚"暨如何判定虚气之关系。若要解决这一纷争，首先需要回答：张载为何要使用"太虚"概念，其目的何在？

　　"太虚"（"虚""虚空"）概念并非张载原创。根据《说文解字》，"虚"是"大丘"的意思，"古者九夫为井，四井为邑，四邑为丘，丘

　　① 牟宗三：《心体与性体》（一），《牟宗三先生全集》第 5 册，第 459—460 页。

　　② 丁为祥：《张载虚气观解读》，《中国哲学史》2001 年第 2 期。

　　③ 林乐昌：《张载两层结构的宇宙论哲学探微》，《中国哲学史》2008 年第 4 期。

谓之虚"（《说文解字》卷八上），"虚"最初是个空间概念，后来引申出"空"（《尔雅》有"虚，空也"之解释）以及虚假、虚伪等意。在中国哲学早期经典中，"虚"已多见，尤其是道家，对"虚"格外重视，老子有"虚其心"（《老子》第三章）、"仓甚虚"（《老子》第五十三章）等语，又言"致虚极，守静笃"（《老子》第十六章），赋予"虚""静"一定本原意味。《庄子》中较早见到"太虚"一词："以无内待问穷，若是者，外不观乎宇宙，内不知乎太初。是以不过乎崑崙，不游乎太虚。"（《庄子·知北游》）"太虚"指示空阔玄奥之空间。张载哲学中最重要的一对范畴"虚"与"气"亦见于《庄子》，孔子回答颜回"心斋之问"时说："气也者，虚而待物者也。唯道集虚。虚者，心斋也。"（《庄子·人间世》）后来道教兴起，"虚"便成为内丹修炼的最高境界，据说由陈抟所传的修炼图"无极图"最上一层便是"炼神还虚、复归无极"。总的来说，早期经典中"虚"主要在经验性的"空""无"等意义上使用。外来的佛教亦特别重视"虚"，不仅将其吸纳进自身思想体系，而且赋予其极高的哲学地位，如《宗镜录》将"虚空"比况真如、本觉，是佛教孜孜追求的世界本原，这一本原自"缘起"角度而言强调无自性、非实在，指涉一种逻辑上的"空"与"无"。

　　张载早年出入佛老，想必对两家以"虚"为本、为体的观念非常熟悉，也正是这种熟悉让他深谙两家观念体系之不足，他曾尖锐批评道：

> 释氏语实际，乃知道者所谓诚也，天德也。其语到实际，则以人生为幻妄，[以]有为为疣赘，以世界为荫浊，遂厌而不有，遗而弗存。就使得之，乃诚而恶明者也。①

---

① （宋）张载：《张子全书》，第56页。

　　饮食男女皆性也，是乌可灭？然则有无皆性也，是岂无对！庄、老、浮屠为此说久矣，果畅真理乎？①

　　在这些批评中，张载指出佛道两家的"问题"在于以世界人生为幻妄、以饮食男女为可灭，厌有逐无，遗而不存，一言蔽之即否弃世间与人伦。这种对世界与人生的态度正是佛道两家以"虚"为本原而必然产生的理论后果。就道家而言，"虚"意味着经验性的"空"与"无"，世间万物不过是愈多愈繁之"末"，"本"在于虚与静，世间与人伦没什么价值可言；就佛教而言，"虚"意味着逻辑上的"空"与"无"，世间万物不过是因缘和合而生，并无本质可言，世间与人伦无非是幻相而已。

　　对于以儒家仁义之道为信仰的张载来说，佛道两家的观念是他所不能接受的。然而此时佛道皆已形成完整、严密的思想体系，绝非张载三言两语就可驳倒，尤其是涉及价值观念的反驳，更需要形上层面的哲理支撑。张载意识到，佛道两家的"问题"要害主要就在"虚"上，只要针对"虚"相关观念做出有效反驳，就能建构起有力的思想体系。在具体策略上，张载袭用佛道两家的"虚"类概念，并通过赋予其新的内涵，使其"为我所用"。张载说：

　　　　天地之道，无非以至虚为实。人须于虚中求出实。圣人，虚之至，故择善自精。心之不能虚，由有物榛碍。金铁有时而腐，山岳有时而摧，凡有形之物即易坏。惟太虚（处）无动摇，故为至实。②

　　哪怕坚硬如金铁、雄壮如山岳，也终有腐蚀、摧塌的一天，因为

---

① （宋）张载：《张子全书》，第 54 页。
② （宋）张载：《张子全书》，第 263 页。

经验世界是有限的、非永恒的。"太虚"则与此不同，它无形无相，无动摇，无损毁，是"实"之至者。可见，内涵更新之后的"太虚"不再是佛道两家的"空"与"无"，而变成了"实"，"太虚者，天之实也……太虚者，心之实也"①，整个世界都因"太虚"而具有了丰满的实在性，宇宙不再是幻相，人生亦不再虚无，它们都是实实在在的真有，有其价值与意义。故此，张载主张"道要平旷中求其是，虚中求出实"②。

当然，作为与佛道两家旨趣迥异的观念，张载的"惟虚为实"观念并不自明。"太虚"何以至实，又何以成为天地万物与世间人伦之本原？这是张载必须回答的问题，对这一问题的回答构成了张载哲学使命的核心内容与思想建构的中心任务。

二　太虚即气：徘徊于经验之维

"惟虚为实"观念并不自明，"太虚"的实在性有待证成，这项工作是借由"气"来完成的。

张载关于虚气关系的论述不少，如"太虚无形，气之本体。其聚其散，变化之客形尔"③，"太虚不能无气，气不能不聚而为万物，万物不能不散而为太虚。循是出入，是皆不得已而然也"④，"气之聚散于太虚，犹冰凝释于水，知太虚即气，则无无"⑤，等等。若孤立地分析这些文本，得出的结论很可能彼此相悖，只有从语境出发，将各处文本对照理解，才能最大限度消除理解偏差。从字面来看，"本体"与"客形"相对，"本体"指"气"以"太虚"为"本体"，"气""出于""太虚本体"；"客形"则指"太虚"以"气（之聚散）"为"客

---

① （宋）张载：《张子全书》，第262页。
② （宋）张载：《张子全书》，第77页。
③ （宋）张载：《张子全书》，第1页。
④ （宋）张载：《张子全书》，第1页。
⑤ （宋）张载：《张子全书》，第2页。

形","气（之聚散）"也就是"万物（之生灭）"。由此,"太虚"与"气"便构成这样一个关系链条：太虚（本体）→气→万物（客形）。其中,"气→万物（客形）"这一环节不难理解,宋代以前中国传统本土哲学大都这样理解世界,即以"气"为天地万物之本原。关键在于如何理解"太虚（本体）→气"这一环节,即"气出于太虚本体"是一种什么意义上的"出于",是物理意义上的还是非物理意义上的。如果是前者,则"太虚"与"气"便是朴素的生成或聚合关系,二者名异而实同,或因处于发展变化的不同阶段而呈现出不同形态；如果是后者,则"太虚"与"气"的关系将抽象得多,复杂得多。

应该承认,张载哲学的确有在经验生成意义上理解"太虚"以及虚气关系的倾向。就"太虚"与世界的关系而言,张载说"虚者,天地之祖,天地从虚中来"①,"万物取足于太虚,人亦出于太虚"②。天地、万物、人显然都是实指,它们构成了世界的部分乃至全体,"祖""来""取足""出于"等则是用以描述经验性生产、起源、构成等的词汇,张载的这些表述等于说世界源于"太虚","太虚"是世界在物理意义上的起源或发端。这种思维方式近似于西学所谓宇宙论,亦即探索宇宙生成、构成或运化机制的哲学形态。

更进一步而言,"太虚"与世界的这种关系是通过"太虚即气"亦即以气释虚实现的。"太虚无形,气之本体。其聚其散,变化之客形尔",此言太虚与气"一气二态"；"太虚为清,清则无碍,无碍故神；反清为浊,浊则碍,碍则形"③,此言太虚与气"清浊转化"；"气之聚散于太虚,犹冰凝释于水,知太虚即气,则无无"④,此言太虚与气犹如"水冰凝释"。这些证据表明,"太虚"要么是"气",要么是"气"的特殊形态（如清气）,可见基于"气本论"或"气一元论"的

---

① （宋）张载：《张子全书》,第263页。
② （宋）张载：《张子全书》,第262页。
③ （宋）张载：《张子全书》,第2页。
④ （宋）张载：《张子全书》,第2页。

宇宙论建构确是理解张载哲学的重要向度。通过以气释虚,"太虚"也的确能够摆脱"空"与"无"的影子,可以构成对佛道两家虚空观念的批驳。

然而,将"气"作为世界本原的观念并不是张载的原创,而是早自先秦就已创发。从老子"道生一,一生二,二生三,三生万物。万物负阴而抱阳,冲气以为和"(《老子》第四十二章),到庄子"通天下一气耳"(《庄子·知北游》),再到《管子》《淮南子》对"精气说"的提出与发展,及至王充、王符对"元气说"的系统化、明确化,"元气未分,浑沌为一""万物之生,皆禀元气"(《论衡·谈天》《论衡·言毒》)这种以"气"("元气")为世界本原的观念逐渐成为中国传统本土哲学的主流观念。与张载同时期的邵雍、周敦颐等人亦有类似观念,他们的核心概念"太极"同样可以具有"元气"的内涵,或者说"太极元气说"是对其哲学体系进行诠释的重要向度。总之,将"气"作为世界本原的观念即"气本论"或"气一元论"很难称得上是张载哲学的新见。

三　虚体气用:走向超越之维

张载已然意识到,佛道两家尤其是佛教的本原追问具有相当的系统性与思辨性,仅以气论为据很难对其形成有力批驳。同时,要想回应同时代人如二程兄弟"清虚一大非形而上者"等批评与质疑,也需要有超越维度的思考与探索。为此,张载在思想建构中展现出了较为明显的形上努力,这种努力主要体现在"太虚"的超越化与实在化。

就"太虚"的超越性而言,张载的论述主要涉及三个方面。

首先,"太虚"具有空间上的普遍性。程朱之所以批评张载"清虚一大"之说,是因为按日常语言来理解,"清虚一大"确实是描述经验世界的词汇。在经验世界中,有清必有浊,有虚必有实,有一必有二,有大必有小,若只强调一端的本原性,便流于偏滞,偏滞的、非普遍性的事物不可能是世界的终极本原。从张载的回应来看，他对这一问题亦有觉解，所谓以清兼浊、以虚兼实、以一兼二、以大兼小的辩白正是为了解决偏滞问题，即赋予道体以整全面目。"清虚一大"之道体便是"太虚"。尽管这一辩白未能获得程朱的完全认可，但至少他们从中看出了张载的形上追求。事实上，道体的普遍性一直为张载所看重，其文本中还有不少证据，如："体不偏滞，乃可谓无方无体。偏滞于昼夜、阴阳者，物也。若道，则兼体而无累也……语其推行，故曰道；语其不测，故曰神；语其生生，故曰易。其实一物，指事异名尔。"① 通过区分个别之"物"与普遍之"道"，张载指出"道"体不偏滞、无方无体的特点，它超越空间，遍在世界。

其次，"太虚"具有时间上的永恒性。如上所引述，张载认为"金铁有时而腐，山岳有时而摧，凡有形之物即易坏。惟太虚（处）无动摇，故为至实"。无论坚硬如金铁还是雄壮如山岳，只要是经验世界中的事物，皆抵挡不住时间的流逝，终会腐蚀、摧塌。可见，经验世界中的事物不仅有方有体，而且有生有灭，不仅在空间上非普遍，在时间上也非永恒。但"太虚"不同，它永不动摇，永不损毁，是"实"之至者，这样的"太虚"超越时间，永恒存在。

最后，"太虚"具有认识上的无限性。这里所说"认识"是指对象化的思维认知活动，在张载这里又被称为"见闻之知"。经验之物因其在时空中的有限性而可以成为思维的对象，能够被见闻之知所把握。"太虚"不然，对象化的思维认知活动难以穷其玄奥，所谓"天之不御莫大于太虚，故心知廓之，莫究其极也"②，"神不可致思，存焉可也"③。"太虚"在认识上的无限性源于其在空间上的普遍性与时间上的永恒性，或者说，它因普遍与永恒而无法被经验性地认识与把握。

---

① （宋）张载：《张子全书》，第 57 页。
② （宋）张载：《张子全书》，第 18 页。
③ （宋）张载：《张子全书》，第 10 页。

当然，无法被经验性地认识并不是不可认识，张载提出与见闻之知相对的另一种"知"——"德性之知"，"德性之知"偏向于直觉体证，可以穷神知化。

"太虚"在空间上的普遍性、时间上的永恒性与认识上的无限性使其具有一定超越性，"动静"正是检验这种超越性的一方明镜。张载说：

> 静者，善之本；虚者，静之本。静犹对动，虚则至一。①
> 惟屈伸、动静、终始之能一也，故所以妙万物而谓之神，通万物而谓之道，体万物而谓之性。②
> 动静合一存乎神。③

动静本是经验世界的存在状态与基本特征，天地万物是"气"之动静聚散的结果。经验世界中动与静不能并存，动则不静，静则不动，而张载所谓"虚"（"神""道""性"）却能超乎动静之上，统动静于一体，是动与静共同的本原，这意味着"虚"已经从经验世界中超拔出来，具有一定的超越性。这种超越动静、超越经验的观念是宋代以前中国传统本土哲学所鲜见的。

若要对治佛老，超越性是"太虚"必不可少的要素，但仅此是不够的，"太虚"还要具有实在性，张载说：

> 若谓虚能生气，则虚无穷，气有限，体用殊绝，入老氏"有生于无"自然之论，不识所谓有无混一之常。若谓万象为太虚中所见之物，则物与虚不相资，形自形，性自性，形性、天人不相

---

① （宋）张载：《张子全书》，第263页。
② （宋）张载：《张子全书》，第54页。
③ （宋）张载：《张子全书》，第14页。

待而有，陷于浮屠以山河大地为见病之说。此道不明，正由懵者略知体虚空为性，不知本天道为用，反以人见之小因缘天地。明有不尽，则诬世界乾坤为幻化。幽明不能举其要，遂躐等妄意而然。不悟一阴一阳范围天地、通乎昼夜、三极大中之矩，遂使儒、佛、老、庄混然一途。①

先来看张载对道家的批评。在张载看来，老子主张 "有生于无"，故 "无" 必然无穷，否则它不可能源源不断地生成 "有"；同时，"有" 必然有限，因其始终处于被动生成的地位。张载认为，"有生于无" 观念未能洞察 "有" "无" 之间混而为一或不能遽分的关系，因而是错误的。既然如此，若谓 "虚能生气" 便将虚气关系带入了 "有生于无" 的错误框架，导致 "体用殊绝" 的理论后果。再来看张载对佛教的批评。张载认为，佛教将 "万象" 视为 "太虚" 呈现出的幻相，非真有，非实在，割裂了太虚与万象之间的现实联系，只认虚空之性体而否认天道之运用，其理论后果便是 "形自形，性自性，形性、天人不相待而有"，实际上也是 "体用殊绝"。从语境来看，"体用殊绝" 之 "体" 当指 "虚"，"用" 当指 "气"，张载实则间接指出了 "虚" "气" 之间的体用关系。也就是说，张载在批评道家（老氏有生于无自然之论）与佛教（浮屠以山河大地为见病之说）的过程中确立起了 "虚体气用" 的虚气观。

"虚" 与 "气" 既非物理生成关系，亦非意义呈现关系，而是体用关系。"虚" 是 "气" 存在运化的依据，"气" 一方面是 "虚" 的发用，另一方面是 "物" 的质料，是联结 "虚" "物" 之间的介质，所谓 "凡不形以上者，皆谓之道，惟是有无相接与形不形处知之为难。须知气从此首，盖为气能一有无。无则气自然生，是道也，是易也"②。

① （宋）张载：《张子全书》，第 2 页。
② （宋）张载：《张子全书》，第 223 页。

虚气关系，一是"混一"，也就是共在，不存在时空上的先后；二是"相资"，也就是共生，双方互以对方的存在为前提。就像有学者所指出的，"虚""气"彼此异质但共生共在。①

"虚体气用"又展现为"神体化用"。张载说："神，天德；化，天道。德，其体；道，其用，一于气而已。"② 又说："存心之始须明知天德，天德即是虚，虚上更有何说也！"③ 在张载的话语体系中，"虚"与"神"具有同一性，"神"就是"太虚"作为超越性道体的本质规定性，它也具有空间上的普遍性、时间上的永恒性与认识上的无限性，所谓"利者为神，滞者为物"④，"虚明照鉴，神之明也；无远近幽深，利用出入，神之充塞无间也"⑤，"神不可致思，存焉可也"⑥。同时，"气"作为"太虚"之"用"的本质规定性是"化"，所谓"由气化，有道之名"⑦。"神体化用"是对"虚体气用"的进一步展开与阐释。

需进一步回答的是，"虚体气用"或"神体化用"是如何实现的？或者说，"太虚（本体）→气→万物（客形）"这一关系背后是何原理？张载说：

> 气有阴阳，屈伸相感之无穷，故神之应也无穷；其散无数，故神之应也无数。虽无穷，其实湛然；虽无数，其实一而已。阴阳之气，散则万殊，人莫知其一也；合则混然，人不见其殊也。⑧

> 无所不感者，虚也；感即合也，咸也。以万物本一，故一能

---

① 林乐昌：《张载两层结构的宇宙论哲学探微》，《中国哲学史》2008 年第 4 期。
② （宋）张载：《张子全书》，第 9 页。
③ （宋）张载：《张子全书》，第 77 页。
④ （宋）张载：《张子全书》，第 16 页。
⑤ （宋）张载：《张子全书》，第 9 页。
⑥ （宋）张载：《张子全书》，第 10 页。
⑦ （宋）张载：《张子全书》，第 3 页。
⑧ （宋）张载：《张子全书》，第 57 页。

合异；以其能合异，故谓之感；若非有异，则无合。天性，乾坤、阴阳也，二端故有感，本一故能合。天地生万物，所受虽不同，皆无须臾之不感，所谓性即天道也。[①]

张载以"太虚"言"天"，它们都是无限的、无所不包的大全。天性具有乾坤、阴阳之别，太虚亦然。太虚的这种特性借由"气"而呈现为两端，两端必然相"感"，最终又以新的形式和合成物，正所谓虚"无所不感"。据此，"太虚（本体）→气→万物（客形）"这一关系链条背后的发生机制或原理便是"感"，亦即感通、感应。雷霆风暴、霜雪雨露、戾气瞖霾、山川融结，宇宙间万品流行无一不是感通、感应的结果，是"感"使"太虚（本体）→气→万物（客形）"关系链条得以成立。

由此，张载证成了"太虚"作为世界终极本原的实在性，尽管有些论述还带有一定的宇宙论色彩，个别地方逻辑也不够自洽，但其中毕竟展现出明显的形上追求，也构成了对佛道两家的有力批驳。相比汉唐哲学，张载这种尚不成熟的哲学范式仍可称得上是巨大进步。

四　虚则生仁：道德之维的证成

张载以"体用"思维建构起来的虚气观使"太虚"作为世界本原获得了超越性与实在性，但正如有学者所指出，"宇宙论—存在论"在张载哲学不过是开了个头，前奏是为了引出主题，主题则是重建以人的伦常秩序为本体轴心的孔孟之道，《正蒙》以《太和》篇始、以《乾称》篇终的编纂体例即非常鲜明地体现了这种从"宇宙论—存在论"到伦理学的致思路向。[②] 这一观察是敏锐的。对张载来说，堪当道德伦理之本原的正是"太虚"。

---

① （宋）张载：《张子全书》，第 54 页。
② 参见李泽厚《中国古代思想史论》，第 204—206 页。

　　如前所述，"虚"概念本为佛道两家所看重，是其哲学体系的本原。但在佛道两家那里，"虚"均不具有实在性，由此带来的不仅是对世界的否定，亦是对人伦的否弃。道家方面，老子认为"天地不仁，以万物为刍狗；圣人不仁，以百姓为刍狗"（《老子》第五章），主张"绝圣弃智""绝仁弃义""绝巧弃利"（《老子》第十九章）。庄子对"仁义"等价值观念的评价也不高，他认为"夫孝悌仁义，忠信贞廉，此皆自勉以役其德者也，不足多也"（《庄子·天运》）。佛教对世间、人伦的态度更不待言，就像有学者所总结的那样，"如果承认人的生存是一种苦难的、连续的因果过程，则父母的养育之恩，家庭的血缘之情，君主的治理之德，都不具有天经地义的合理性，那么，何必尊重世俗社会的秩序与礼仪"①。历史上"会昌灭佛"事件背后的一系列数据也可以折射出佛教的这一特点，《旧唐书·武宗纪》载，当时"拆寺四千六百余所，还俗僧尼二十六万五百人……拆招提、兰若四万余所，收膏腴上田数千万顷"，佛教对出家的吁求之盛可见一斑。

　　在张载看来，佛道两家"凌空蹈虚"的观念或信仰存在诸多弊端，如以人生为幻妄、以有为为疣赘、以世界为荫浊，厌而不有、遗而弗存，进而不察人伦、不明庶物、忽治乱德、异言满耳，上无礼以防其伪，下无学以稽其弊……一言以蔽之，人间将因此悖乱无序。

　　基于上述判断，张载试图在对治佛老的同时重建人生与伦理的本原，他将"太虚"从存在的畛域引向了价值。张载说：

> 天地以虚为德。至善者，虚也。②
> 存心之始须明知天德，天德即是虚，虚上更有何说也！③

---

①　葛兆光：《中国思想史》第一卷，第389页。
②　（宋）张载：《张子全书》，第263页。
③　（宋）张载：《张子全书》，第77页。

"太虚"是天地之"德",或者说是天地万物在道德性上的本质规定,它纯粹至善。不仅"太虚"是"天德","太虚"超越性的具体体现"神"亦蕴含道德性,所谓"神,天德;化,天道。德,其体;道,其用,一于气而已"。既然是至善,"太虚"便超越经验世界中善与恶的二元对立,湛然至一,也因此可以是善之本原,所谓"静者,善之本;虚者,静之本"①,"虚者,止善之本也"②。

"太虚"作为善之本原具体体现为它是"仁"之本原。张载说:

> 虚则生仁。仁在,理以成之。③
>
> 虚者,仁之原;忠恕者,与仁俱生;礼义者,仁之用。敦厚虚静,仁之本;敬和接物,仁之用。④

"仁"是儒家的核心价值观念,一部儒学史可以说就是一部"仁"观念史,当张载将"太虚"落实为"仁之原",其以儒家价值观念为核心的"伦理学—存在论"也便建构起来。值得注意的是,"仁"在张载"伦理学—存在论"思想体系中不仅是"太虚"之"用",它同时还是诸多具体伦理规范如礼、义之"体",所谓"礼义者,仁之用","敬和接物,仁之用"。张载的"伦理学—存在论"也同其"宇宙论—存在论"一样构造了一条关系链:太虚(神、德)→仁(化、道)→礼义(具体伦理规范)。

张载对道德本原的重建以"心"为实落之处,这其中蕴含着对佛道两家有针对性的批判,因为两家的虚空信仰正是落实于"心"。就道家而言,老子主张"虚其心",也就是使"心"无思无欲;就佛教而言,"三界唯心""万法唯心(识)"等说法意味着缘起之"心"是世

---

① (宋)张载:《张子全书》,第263页。
② (宋)张载:《张子全书》,第248页。
③ (宋)张载:《张子全书》,第263页。
④ (宋)张载:《张子全书》,第262页。

界的终极根据。总之，佛道的虚空信仰都建基于"心"的空而不实。有鉴于此，张载提出"太虚者心之实"的观念，以至实"太虚"赋予"心"以实在性，从而形成对佛道道德观念之哲理基础的批驳。在此意义上，张载所谓"为天地立心"便是对超越、实在的"太虚"之追问。

第二节　合虚与气：性的"二分"与"一本"

张载的哲学旨趣不仅在于存在图式的再造，更在于人伦秩序的重建。人伦秩序，其终极本原在于"太虚"，然而"太虚"毕竟只是一种哲学形式的构造，只有在此基础上发现人（人类）的本质，人伦秩序的建立才有坚实的理论根基与实践依据。对人的本质亦即人性——同时又是天人合一的世界之本原——的重新"发现"，是张载哲学最为重要、最有创见的内容之一。

张载对人性（或直言"性"）的探讨既是哲学的必然，也是时代的要求，其背景是中唐以降出现的儒家性论复兴思潮。一般认为，这一思潮发端于韩愈与李翱，肇始于对佛道宗教各种性论的批驳。张载的性论的确渗透了这一特点，其"合虚与气"命题一方面赋予"性"以至实性，构成对佛教的批评；另一方面其"分性为二"的思路亦展现出统合孟荀两大性论传统的努力，一定程度上解决了儒家传统性论的理论困难。

一　"合虚与气"与辟佛辟道

在《正蒙》首篇《太和》中，张载曾对"性"以及"天""道""心"等概念做过近乎定义的论述：

> 由太虚，有天之名；由气化，有道之名；合虚与气，有性之

名；合性与知觉，有心之名。①

张载借助"太虚"与"气"，将中国哲学中几个极为重要的概念关联在一起，言简意赅又界说分明，是张载哲学的重要文本。其中，与"性"观念直接相关的是后两句，尤其是第三句"合虚与气，有性之名"，最能体现张载的理论努力。

就形式而言，有学者认为整段论述采用"由 A 有 B 之名"句式（后两句出于表达的需要省略"由"字），这是典型的"王弼式表达"②，表示从 A 角度看可以有 B 称谓，当然，从其他角度（A1、A2……）看也可以有 B 称谓或与 B 同质的其他称谓（B1、B2……）。尽管这还算不上严格的定义，但已非常接近定义，即指明了一种可能的定义所需的基本元素。"合虚与气，有性之名"，便是指"性"概念的成立需由"虚""气"及二者之"合"三个要素作为支撑。

就内涵而言，张载以"合虚与气"（或谓"虚气之合"）来论性，其性论便建基在"宇宙论—存在论"哲学体系之上，这个体系隐伏着"太虚（本体）→气→万物（客形）"（更简而言之即是"虚气关系"）这样一条提挈本原追问的线索，"太虚"（或"虚"）作为至实宇宙本原的确立是借由"气"（万物）得以实现的。由此，张载以"虚气之合"为论性框架便使其性论具有了至少两个方面的特征：一是统一性，二是实在性。这两个方面都构成了对佛道两家的实质性批驳。在此意义上，张载的性论与其本原论一样，都以辟佛辟道、重振儒学为使命与鹄的。

事物的特征总是在比较中呈现，为了更加清晰地展现张载性论的特征，此处先简略阐述佛道两家的性论，以资对比。历史地看，道家早期经典如《老子》《庄子》内篇都未提到"性"字，至《庄子》外

---

① （宋）张载：《张子全书》，第 3 页。
② 杨立华：《宋明理学十五讲》，第 153 页。

篇和杂篇"性"字才越来越多见，当然这并不能说明老庄思想中没有性论，如徐复观就曾指出，道家的宇宙论就是其人性论，因为道家把人之所以为人的本质安放在宇宙根源的处所，而要求二者一致。① 从儒道比较视角来看，这一观点有一定道理，在老庄那里"自然之道"既是宇宙化生的本原也是人的本质。就佛教而言，"性"作为世界本原是在"缘起"视角下被理解的，世界是因缘和合的产物，这就是佛教的"缘起性空"观。无论是道家主张的"自然虚无"还是佛教主张的"缘起性空"，其作为性论都否认"性"的实在性，这些"凌空蹈虚"的观念自然也不会肯认现世生活与人伦秩序的价值与意义，可以说这两家的"性"既非实存也无涉价值。这种观念在隋唐时期极为兴盛，并引发以韩愈、李翱为代表的儒家学者的抨击。张载的性论实接韩、李而来，是儒家性论复兴思潮之一脉，这从他对佛道两家的批评即可见一斑：

> 　　有无虚实通为一物者，性也；不能为一，非尽性也。饮食男女皆性也，是乌可灭？然则有无皆性也，是岂无对！庄、老、浮屠为此说久矣，果畅真理乎？②

"饮食男女"的说法出自《礼记·礼运》："饮食男女，人之大欲存焉。死亡贫苦，人之大恶存焉。故欲恶者，心之大端也。"早期儒家重视人的合理情欲，张载亦认同这一观念，认为合理的情欲是人性的重要组成部分，具有实在性，不可消灭。由此，佛道两家所主张的"绝欲""忘情"③便失之偏颇，所谓"彼语寂灭者，往而不反；徇生

---

① 徐复观：《中国人性论史·先秦篇》，第294—295页。

② （宋）张载：《张子全书》，第54页。

③ 明杨慎言："宋儒云：'禅家有为绝欲之说者，欲之所以益炽也。道家有为忘情之说者，情之所以益荡也。圣贤但云寡欲养心，约情合中而已。'"其中对佛道两家"绝欲""忘情"态度的概括可谓言简意赅。参见（明）杨慎《词品》，中华书局2019年版，第139页。

执有者，物而不化。二者虽有间矣，以言乎失道则均焉"①。在张载看来，"性"须"有无虚实通为一物"，而不能偏于一边。"虚实通为一物"实际上也就是"合虚与气"，"合"并非虚与气的简单相加、统合，而是强调虚气之间的贯通结构，这正是张载所论"性"的统一性的具体体现。

值得注意的是，就"性"的统一性而言，张载还有一种极富创见的观念——区分"天地之性"与"气质之性"，他说：

> 形而后有气质之性，善反之则天地之性存焉。故气质之性，君子有弗性者焉。②

> "不识不知，顺帝之则"，有思虑知识，则丧其天矣。君子所性，与天地同流易行而已焉。③

> 和乐，道之端乎！和则可大，乐则可久。天地之性，久大而已矣。④

虽然邵雍和周敦颐那里已隐现"分性为二"观念，或说有这一观念的萌芽，但明确将此观念表达出来的是张载与二程。至于谁的表述更早一些，今实难考证。事实上，对"性"作精细研辨是宋代以降论性的一大特点，在这个议题上张载和二程很可能是相互启发的。当然，就概念的明晰性而言，张载似乎略胜一筹，像"天地之性—气质之性"这样工整对举的提法确乎先见于张载，二程那里相关概念就相对模糊。在上述引文中，"气质"也可以简说为"气"，如张载曾说："气质犹人言性气，气有刚柔、缓速、清浊之气也，质，才也。气质是一物，

---

① （宋）张载：《张子全书》，第1页。
② （宋）张载：《张子全书》，第15页。
③ （宋）张载：《张子全书》，第17页。
④ （宋）张载：《张子全书》，第17页。

若草木之生亦可言气质。"① "形而后有气质之性"是指凡天地间有形之物皆具气质之性。结合语境来看,"善反之"是指返回"未形"或"无形",也就是"太虚",所谓"太虚无形","气本之虚则湛本无形"②,返回太虚即可存、见天地之性。由此,"天地之性"实则对应"太虚","气质之性"对应于"气","形而后有气质之性,善反之则天地之性存焉"与"合虚与气,有性之名"两个命题异曲同工。若要言"性",就必须言"性"之全体或全称,亦即须"合虚与气"或"合天地之性与气质之性"。

当然,张载对于"性"所牵涉的两部分并非给予同等程度的关注,他更加看重"天地之性"(或"太虚"),"天地之性"更能称得上是"君子所性",所谓"君子所性,与天地同流易行而已焉";至于"气质之性","君子有弗性者焉",即也可以不称其为"性"。这看似与"性"的统一性发生了矛盾,实则不然:当张载从"合虚与气"角度论性时,他是在强调"性"的"二分",这是在言说"性"之实然;而当他从"君子所性"角度论性时,他是在强调"性"的"一本",这是在言说"性"之应然,也就是"性"的价值取向。

需要补充的是,张载"合虚与气"或"合天地之性与气质之性"的性论是以"天人合一"为思考视域的。张载曾说"儒者则因明致诚,因诚致明,故天人合一",又说"天地之塞,吾其体;天地之帅,吾其性。民,吾同胞;物,吾与也",以"吾体"为"天地之塞"、"吾性"为"天地之帅",若非"吾"与"天地"为一,这是断然不可能实现的,这些论述可谓精当而又生动。唯有"天人合一",世界是一整全的存在,"性"才具有终极意义上的统一性。

再回到张载之"性"的第二个特征——实在性。"太虚"或"天地之性"的实在性尽管为张载所声称,却并非自明,而是有待证成,

---

① (宋)张载:《张子全书》,第88页。
② (宋)张载:《张子全书》,第3页。

证成的关键即在于 "虚" "气" 之间是何种关系或结构。张载说：

> 若谓虚能生气，则虚无穷，气有限，体用殊绝，入老氏 "有
> 生于无" 自然之论，不识所谓有无混一之常。若谓万象为太虚中
> 所见之物，则物与虚不相资，形自形，性自性，形性、天人不相
> 待而有，陷于浮屠以山河大地为见病之说。此道不明，正由懵者
> 略知体虚空为性，不知本天道为用，反以人见之小因缘天地。①

前文曾援引这段文献，此处为论说方便再赘引一次。张载认为，
道家 "有生于无" 的生成论割裂了 "有" "无"，佛教 "虚中见物" 的
唯心论割裂了 "实" "虚"，都不可取。从 "物与虚不相资，形自形，
性自性，形性、天人不相待而有" 这一表述来看，张载是以 "物" 为
"形"、以 "虚" 为 "性"，正是 "物" "虚" 的断裂导致了 "形自形、
性自性"，只有使二者贯通为一，方能明道、见性。从引文亦可看出，
张载提出的解决方案是引入 "体用" 思维： "虚" 是 "体"， "气" 是
"用"； "天地之性" 为 "体"， "气质之性" 为 "用"； "气" 或 "气质
之性" 因其构成万物而具有不言自明的实在性， "太虚" 或 "天地之
性" 的实在性借由 "气" 或 "气质之性" 的实在性得以证成。

二 "性无不善" 与兼祧孟荀

在 "天地之性" 与 "气质之性" 之间，张载更加看重 "天地之
性"，乃至认为 "气质之性，君子有弗性者焉"，也就是可以不把它当
作 "性"，这里似乎出现了某种矛盾。实际上，当张载主张 "天地之
性" 与 "气质之性" 皆 "性" 时，他是从实然角度论述 "性" 的统一
性、实在性；而当他主张 "天地之性" 才是 "君子所性" 时，是从应

---

① （宋）张载：《张子全书》，第 2 页。

然角度强调"性"的价值属性尤其是道德属性。张载关于"性"的道德性的论述体现了其解决儒家传统性论困境的努力。

历史地看，自孔子提出"性相近"（《论语·阳货》）命题后，"性"便正式成为表征人或物的本质的重要范畴。① 但如子贡所言，"夫子之言性与天道，不可得而闻也"（《论语·公冶长》），孔子并未就"性"做具体论述。孔子之后，思、孟、告、荀等人继承并深度阐发了这一问题。其中，据传为子思所作的《中庸》② 主张"天命之谓性，率性之谓道"，并以"性"为"发育万物，峻极于天"的"德性"，这就使"性"具有了正面的道德属性。孟子哲学是"德性论"的展开与深化。"孟告之辩"中，告子主张"生之谓性""食色，性也"（《孟子·告子上》），以本能欲求为"性"。对此，孟子在正面辩论时予以批驳，但自己建构性论时又予以认可，他说："口之于味也，目之于色也，耳之于声也，鼻之于臭也，四肢之于安佚也，性也……"（《孟子·尽心下》）人对味、色、声、臭、安佚等的欲求属于"性"。但孟子话锋一转："……有命焉，君子不谓性也。"即"五者之欲"固然属"性"，但并非"性"的全部，甚至可不谓"性"，因为君子意义上的"性"别有所指："仁之于父子也，义之于君臣也，礼之于宾主也，智之于贤者也，圣人之于天道也，命也，有性焉，君子不谓命也。"（《孟子·尽心下》）在君子视域中，仁、义、礼、智才有资格称"性"。与此相应，告子认为性"无分于善不善"（《孟子·告子上》），孟子则认为人性善，恻隐、羞恶、辞让、是非四端之心扩而充之即是仁、义、礼、智四德之性。

① 徐复观曾指出，中国正统的人性论实由孔子奠定基础。参见徐复观《中国人性论史·先秦篇》，第 58 页。从《论语》文本来看，"性相近"之"性"主要指人性，孔子几未触及物性以及人性、物性之关系。

② 对于《中庸》是否为子思所作，目前学界仍无定论，可以肯定的是，二程相信《中庸》是子思的作品，如程颐曾说，"然则《中庸》之书，决是传圣人之学不杂，子思恐传授渐失，故著此一卷书"，"《中庸》之书，是孔门传授，成于子思"。参见（宋）程颢、程颐《二程集》，第 153、160 页。

针对孟子的“性善论”，荀子以“性恶论”相驳。荀子以情、欲为“性”：“性者，天之就也；情者，性之质也；欲者，情之应也。”（《荀子·正名》）有时荀子也直接称之为“情性”：“今人之性，饥而欲饱，寒而欲暖，劳而欲休，此人之情性也。”（《荀子·性恶》）就生物属性与欲求内涵而言，荀子的“情性”与告子的“食色之性”相近。不同的是，告子认为性“无分于善不善”，而荀子认为性“好利而欲得”“偏险而不正，悖乱而不治”（《荀子·性恶》）。有鉴于此，荀子反对孟子自然率性的修养工夫论，主张通过师法之化、礼义之道“归于治”。

思、孟、告、荀对“性”的言说构造了思想史上第一个激荡的人性思潮，就“性”的价值取向而言，告子主张“性无善恶论”，思孟主张“性善论”，荀子则主张“性恶论”，这三派固然都极具原创性，但各自滞于一偏，这才有了汉代以后“性善恶混论”等调和的性论，但是“加法”式的调和并不能从根本上解决传统性论的张力：如果人性本善，则任其自然率性，这难以解释恶的来源并予以对治；如果人性本恶，则施之礼法教化，这又难以解释善的来源问题；如果人性善恶相混，则意味着率性与教化兼顾，这看起来似乎更加周全，实则未必，因为“兼顾”在本质上即是“多本论”，以“多本论”为特征的哲学追问是不彻底的，诚如王弼所说：“既谓之一，犹乃至三，况本不一，而道可近乎？”① 由此，传统性论的理论困难实际上也正是传统哲学“本末”思维的困难。

张载的性论展现出了解决上述困难的努力，其解决之道是引入“体用”思维。

首先，张载一定程度上认可汉唐学者的“性善恶混论”，但他认为所谓“善恶混”是就经验或现象层面而言，只是“气质之性”，其根

---

① 《王弼集校释》，第117页。

源是"气",如他曾说:

> 人之刚柔、缓急、有才与不才,气之偏也。天本参和不偏,养其气,反之本而不偏,尽性而天矣。性未成则善恶混,故亹亹而继善者斯为善矣。恶尽去则善因以亡,故舍曰善而曰"成之者性"。①

在张载看来,现象界的一切都源于"气",所谓"凡可状,皆有也;凡象,皆气也"②,人也不例外,这种可形而有、可现于外的"性"也就是"气质之性"。人的"气质之性"皆与禀受之气有关,禀受刚气则人刚强,禀受柔气则人柔弱,禀受缓气则人宽舒,禀受急气则人迫切,禀受美气则人有才,禀受恶气则人不才……总之,"气质之性"皆源于"气之偏"。张载曾举"郑卫之音"例为证,认为"郑卫之音"之所以自古被视为邪淫之乐正与郑卫之人所禀之气有关:首先,郑卫之地濒临大河,土地沙化不厚,生活于其间的人便气质轻浮;其次,郑卫之地不费耕耨亦能生物,这里的人难免偷脱怠惰、弛慢颓靡;再次,郑卫之地地势平下,其间人物意气便柔弱怠惰;最后,郑卫之地土壤足以生物,堪称沃土,正如古语所谓"沃土之民不材"。③人情如此,音乐的道理亦是如此,这就是人们听了"郑卫之音"容易懈慢的原因。与之形成鲜明对比的是"四夷",他们据高山溪谷而居,故气质刚劲,能"常胜中国"。

可见,"气"的流动性、多样性造成了"气质之性"的多元混漫,善恶亦丛生其间。在此意义上,"气质之性"是善恶相混的。这种"性善恶混论"无疑承继自汉唐学者,如董仲舒尝言"仁、贪之气,

---

① (宋)张载:《张子全书》,第15—16页。
② (宋)张载:《张子全书》,第261页。
③ (宋)张载:《张子全书》,第72—73页。

两在于身。身之名，取诸天。天两有阴阳之施，身亦两有贪、仁之性"（《春秋繁露·深察名号》），扬雄亦有 "人之性也，善恶混。修其善则为善人，修其恶则为恶人"（《法言·修身》）之言，都带有明显的调和孟荀性论的特点。但是，张载性论的不同之处在于，"性善恶混" 并非他针对人性的最终结论，恰恰相反，他认为这只是 "性未成" 时的混漫状态，是 "性" 在现象世界中的状态，而并非 "性" 的本然状态。

其次，"性" 的本然状态是 "天地之性"。张载曾说，"形而后有气质之性，善反之则天地之性存焉"。与 "气质之性" 根源于 "气之偏" 不同，"天地之性" 须返回 "未形" 或 "无形" 始见，上文亦曾提及这一点，所谓 "未形" 或 "无形" 无非 "太虚"，也就是说 "天地之性" 源于太虚。在张载看来，"气质之性，君子有弗性者焉"，"君子所性，与天地同流易行而已焉"，即唯有 "天地之性" 才配得上 "君子所性"。

"天地之性" 何以成为 "君子所性"？张载说，"天地之性，久大而已矣"[1]，即 "天地之性" 在时间上是恒久永存的，在空间上是至大无外的。更重要的是，"天地之性" 在价值取向上是醇善无恶的，所谓 "性于人无不善，系其善反不善反而已，过天地之化，不善反者也"[2]。"天地之性" 的 "无不善" 不是 "气质之性" 意义上的 "善"，而是对后者的超越，"气质之性" 的多元混漫并不能遮蔽、改变 "天地之性" 的醇善本质，所谓 "天所性者通极于道，气之昏明不足以蔽之"，"天性在人，正犹水性之在冰，凝释虽异，为物一也。受光有小大、昏明，其照纳不二也"[3]。可以说，张载关于 "天地之性" 无不善的观点既有取于思孟学派，又是对思孟学派的超越。

----

① （宋）张载：《张子全书》，第17页。
② （宋）张载：《张子全书》，第15页。
③ （宋）张载：《张子全书》，第14页。

当然，"天地之性"并不空洞，而是有其实在的内涵。张载说："阴阳者，天之气也。（亦可谓道——张载自注，下同）刚柔缓速，人之气也。（亦可谓性）生成覆露，天之道也。（亦可谓理）仁义礼智，人之道也。（亦可谓性）"①显然，第一句"亦可谓性"指的是"气质之性"，第二句"亦可谓性"指的便是"天地之性"。在具体层面上，"天地之性"就是儒家最为珍视的核心价值观念——仁义礼智，这也是张载反复强调"天德即虚""虚则生仁"的原因。尽管太虚、天地之性、天、天德、德性、仁等概念从不同角度而言并不尽相同，但在终极的、本原的意义上，它们是一回事。

由上可见，"天地之性"与"气质之性"实际上也是体用关系——"天地之性"是性之本体，"气质之性"是性之流行或呈现。"天地之性"可直谓之"性"，"气质之性"可直谓之"气"，"人之性虽同，气则［有异］"②，存养本性、变化气质可使现实人性不断趋于完满。如此，张载通过"体用"范式重新建构起来的人性结构便在思辨层面上解决了传统性论的理论困难。这种性论范式从"二元"（天地之性与气质之性）与"一本"（君子所性）的角度论性，不仅使人性具有了与天性同样的内涵——至善天德，而且为"恶"及其解决提供了解释空间，堪称中国人性论史上的典范形态，对整个理学思潮的性论影响甚巨。

三 "性命通一"与命运安顿

"性"标识人的本质，对"性"的认识及其实践关乎人的生存。在中国哲学视野中，同样关乎人的生存的还有一个概念，那就是"命"，尤其是"命运"之"命"。"性命之论"始自上古，但到宋代尤其是张载这里，它获得了新的理论形态，这种新的形态以"天地之

---

① （宋）张载：《张子全书》，第262页。
② （宋）张载：《张子全书》，第267页。

性—气质之性"性论结构为基础，力图消弭德性与气质、命运与境遇之间的张力。

历史地看，中国哲学传统中的性命之论可追溯到上古时期，如傅斯年曾从商周甲骨文入手考察当时的"性""命"观念，并完成了其著名代表作《性命古训辨证》。但是，直到孔子时期仍没有出现"性""命"连用的"性命"之说。究其原因，当时以"天命观"为主流的"命论"较为发达，而理解与阐发"性"的"性论"相对薄弱，如孔子明确言"性"的表述只有"性相近也，习相远也"（《论语·阳货》）一处，虽然该语已触及人性的多元、流动、与后天修养之关系等复杂面向，但毕竟只有这一处，论述略嫌单薄。相比而言，孔子言"命"就较多，意指也较丰富，如"五十而知天命"（《论语·为政》）之"命"指"命令"或"客观必然性"[1]，"丘之不济此，命也夫"（《史记·孔子世家》）之"命"则指"命运"，等等。

真正合说"性""命"而明确提出"性命"之论要到思孟学派。《中庸》开篇便言"天命之谓性"，实现了由"天命"到"人性"的贯通。孟子则于"性""命"之间做了更加细致的区分，他说："口之于味也，目之于色也，耳之于声也，鼻之于臭也，四肢之于安佚也，性也，有命焉，君子不谓性也。仁之于父子也，义之于君臣也，礼之于宾主也，智之于贤者也，圣人之于天道也，命也，有性焉，君子不谓命也。"（《孟子·尽心下》）从实然角度而言，口目耳鼻之欲与仁义礼智之德既可谓"命"又可谓"性"，因为"命"与"性"是上下贯通的；但从应然角度说，"欲"只是"君子所命"，"德"才是"君子所性"。也就是说，孟子对"性""命"的区分主要基于价值取向尤其是道德价值取向，这一点深刻影响了张载的性命之论。

如果说孟子思想是张载性命之论得以"立"的思想资源，那么唐

---

[1] 蒙培元：《理学范畴系统》，《蒙培元全集》第三卷，第143页。

宋之际佛道两家便是张载性命之论所"破"之主要对象，张载对佛教的批评中很重要的一点是佛教"不知天命"：

> 释氏不知天命而以心法起灭天地，以小缘大，以末缘本，其不能穷而谓之幻妄，真所谓疑冰者欤！①

所谓"以心法起灭天地"也就是佛教"三界唯心""万法唯心（识）"的缘起性空观，既然世界由"心"而起，也就无所谓"天命"一说，故而张载批评其"不知天命"。借用荀子批评庄子那句"蔽于天而不知人"，则此处张载对佛教的批评可概括为"蔽于人而不知天"，后来程颐说"圣人本天，释氏本心"② 也是此意。此外，唐宋之际一些儒家学者虽未取消"天命"，但有将"命"外在化的倾向，如李翱有"性者天之命也"之论，蒙培元认为其在肯定"性""命"的必然联系的同时，也强调了"命"的外在性与限制性。欧阳修、司马光、苏轼等人也有类似观点。③ 虽然张载没有针对这些观点的直接批驳，但从其性命之论的建构来看，他是不同意这些观点的。

在张载这里，"命"的外在性、客观性、限制性色彩淡化了很多，他说：

> 天无心，心都在人之心。一人私见固不足尽，至于众人之心同一则却是义理，总之则却是天。故日天日帝者，皆民之情然也，讴歌讼狱之不之焉，人也而以为天命。武王不荐周公，必知周公

---

① （宋）张载：《张子全书》，第 19 页。
② （宋）程颢、程颐：《二程集》，第 274 页。
③ 如欧阳修有"有幸有不幸"的说法，司马光曾讨论"遇不遇"问题，苏轼有"命，令也。君之令日命；天之令日命；性之至者亦日命"之语，都有将"命"客观化、外在化、限制化的倾向。

不失为政。①

　　在张载看来，"天"并不是人格化的存在者，它实为"众心之所同然"的代称，亦即"义理"的代称，或直截了当地说，"天"即义理。于此，张载或许是受了孟子的启发，孟子曾言："心之所同然者何也？谓理也，义也。"（《孟子·告子上》）基于这样的认识，张载认为"曰天曰帝者，皆民之情然也"，"天命"或"帝令"归根结底不过是"民情"，尧死之后天下人讴歌讼狱都奔向舜而不奔向尧之子就是典型的例证（参见《孟子·万章上》）。舜比尧之子更受欢迎并非因为"天命"，而是因为"民情"，亦即因为"人为"。

　　可见，"命"在张载这里已褪去其源于人格神的主宰色彩和限制色彩，而更多体现了主体（人）的主观色彩和能动色彩。在此意义上，"命"与"性"便成了一回事，张载说："天授于人则为命（亦可谓性——张载自注，下同），人受于天则为性（亦可谓命）。"② 从来源（施者）角度看，是"命"；从接纳（受者）角度看，是"性"；二者表述不一，实则本质不二，所谓"有无、隐显、神化、性命通一无二"。由此，可以说张载性命之论的基本立场是"性命合一"——性命具有统一性与实在性，这与佛教视"性命"为空以及有些学者将"性""命"区分为"内""外"的观念明显不同。张载这种"性命合一"的性命论既以其天人合一视域为支撑，又是其天人合一观念的具体体现。

　　既然"性命合一"，那么"命"就与"性"一样，也具有"二分"与"一本"的结构。张载说：

　　　德不胜气，性命于气；德胜其气，性命于德。穷理尽性，则

---

① （宋）张载：《张子全书》，第 66 页。
② （宋）张载：《张子全书》，第 262 页。

性天德，命天理。气之不可变者，独死生修夭而已。故论死生则曰"有命"，以言其气也；语富贵则曰"在天"，以言其理也。此大德所以必受命，易简理得而成位乎天地之中也。①

张载性论的基本结构是"合虚与气"或"合天地之性与气质之性"，其中的"虚"或"天地之性"也便是"德"或"天德"。如果"气"占了上风，人性便表现出更多的"气性"或"气质之性"，"气质之性"以"攻取"为欲，人于是孜孜于口腹之欲、鼻舌之味；如果"德"占了上风，人性便表现出更多的"德性"或"天地之性"，"不以嗜欲累其心，不以小害大、末丧本"②。"命"亦如此，如能穷理尽性则可"命天理"，此谓"天理之命"或"天德之命"，反之就只能"命气质"，也就是"气质之命"，张载又称之为"遇（之吉凶）"。"命"分为"理命"与"气命"二重，实为张载原创。对此，朱熹亦有清晰判断，他曾评析张载"命"观念说"命有二：有理，有气"③。在"德命"（理命）与"气命"（遇之吉凶）之间，张载显然更看重"德命"。一方面，"德命"永恒，所谓"道德性命，是长在不死之物也。己身则死，此则常在"④，"天所命者通极于性，遇之吉凶不足以戕之"⑤；另一方面，"德命"皆正，所谓"命于人无不正，系其顺与不顺而已，行险以侥幸，不顺命者也"⑥。每个人的"德命"都一样正，关键在于"顺与不顺"，顺之则安，不顺则险，这与"性无不善，善反则善，反之则恶"的道理是一样的。

当然，对于另一重"命"——气命或遇之吉凶，张载亦未完全忽

①　（宋）张载：《张子全书》，第16页。
②　（宋）张载：《张子全书》，第15页。
③　（宋）朱熹：《朱子语类》卷九十九，《朱子全书》第17册，第3334页。
④　（宋）张载：《张子全书》，第81页。
⑤　（宋）张载：《张子全书》，第14页。
⑥　（宋）张载：《张子全书》，第15页。

视，他说：

> 寿夭贵贱，人之理也。(亦可谓命——张载自注)①
>
> 富贵者，贫贱者，皆命也。今有人均为勤苦，有富贵者，有终身穷饿者。其富贵者，只是幸会也。求而有不得，则是求无益于得也。道义则不可言命，是求在我者也。②
>
> 性通极于无，气其一物尔。命禀同于性，遇乃适然焉。人一己百，人十己千，然有不至，犹难语性，可以言气。行同报异，犹难语命，可以言遇。③

就人的命运而言，"德命"固然有其优先性，但寿夭、贫富、贵贱等"气命"也深刻影响着芸芸众生。在张载看来，这些问题固然是"命"，但从"遇"的角度来理解更为妥当，既然是"遇"，那就不是主体自身所能决定的：同样的努力程度很可能得到不同的结果，更为甚者，就算付出比别人多百倍、千倍的努力，也有可能得不到理想结果。张载举例说，即便在尧舜执掌的理想社会，贤者也有不遇者、不幸者，遑论其他世代。意识到这一点，对于该追求什么、该舍弃什么，亦该了然。

"遇"的极端境况便是死亡，然而它也同其他境况一样属于"求有不得"之事，故而张载说："穷理尽性，然后至于命。尽人物之性，然后耳顺。与天地参，无意、必、固、我，然后范围天地之化。从心而不逾矩，老而安死，然后不梦周公。"④ 安生安死，这是张载性命之论的终极追求。

---

① （宋）张载：《张子全书》，第262页。
② （宋）张载：《张子全书》，第252页。
③ （宋）张载：《张子全书》，第55页。
④ （宋）张载：《张子全书》，第32页。

第三节　诚礼兼修：工夫使命与取径

作为早期理学家，张载的范式转换努力不仅体现于本原追问与价值重建，还体现于道德实践。学界关于张载道德修养工夫论的研究成果非常丰富，其中不乏论述详尽、见解真灼者。美中不足的是，这些成果往往就张载言张载，缺少历史的、比较的视角，难以全面彰显张载工夫论在范式转换方面的特色。

历史地看，张载的工夫论固然出于其自身哲学体系建构的需要，尤其是以"成性""至命"为鹄的的性命之论的需要，也有解决传统儒家工夫论理论困难的需要。张载工夫论的核心问题意识是如何实现真正意义上的"内外兼修"，而其最主要的创见在于引入"体用"思维。

一　重思张载工夫论的问题意识

与本原论、性命论的致思取径一致，张载的工夫论亦有辟佛辟道、重振儒学的初衷与动因。张载曾这样批评佛教：

> 自其说炽传中国，儒者未容窥圣学门墙，已为引取，沦胥其间，指为大道。其俗达之天下，致善恶、知愚、男女、臧获，人人着信。使英才间气，生则溺耳目恬习之事，长则师世儒宗尚之言，遂冥然被驱，因谓圣人可不修而至，大道可不学而知。故未识圣人心，已谓不必求其迹；未见君子志，已谓不必事其文。此人伦所以不察，庶物所以不明，治所以忽，德所以乱，异言满耳，上无礼以防其伪，下无学以稽其弊。自古诐淫邪遁之词，翕然并

兴，一出于佛氏之门者千五百年。①

不察人伦、不明庶物、忽治乱德、异言满耳、无礼防伪、无学稽弊……张载用这些激烈的负面措辞来描述佛教炽传中国后造成的后果，其对佛教之憎恶可见一斑。在张载看来，这些后果的产生与佛教的修养观念密切相关，即佛教主张"圣人可不修而至，大道可不学而知"。就事实判断而言，张载对佛教修养观念的概括总结大体上是准确的。从道生到慧能，佛教关于顿悟、顿修的观念日趋成熟，《坛经》尝载慧能言："法无顿渐，人有利顿。迷即渐契，悟人顿修，自识本心，自见本性，悟即元无差别，不悟即长劫轮回。"② 慧能否定"法"有顿、渐之别，实际上也就否定了渐悟、渐修的"合法性"，在他看来，只有执迷者才会选择渐悟、渐修，真正的开悟者一定也只能选择顿悟、顿修之路，既是顿悟、顿修，便如张载所总结的那样，不必识圣人心、求圣人迹，不必见君子志、事君子文，"圣人可不修而至，大道可不学而知"，这也可以说是"不修之修"。当然，佛教的这种修养观念有其深刻的哲理依据，"自性清净"为顿悟、顿修提供了可能性，而"破一切执"则决定了顿悟、顿修的必要性。至于顿悟、顿修的具体方法，大体上有坐禅、习经、出家等几种。

显然，张载是不认同佛教的修养观念的，他说：

> 今浮屠极论要归，必谓死生转流，非得道不免，谓之悟道可乎？悟则有义有命，均死生，一天人，推知昼夜，通阴阳，体之不二。③

---

① （宋）张载：《张子全书》，第55—56页。
② （唐）慧能：《坛经校释》，郭朋校释，中华书局1983年版，第30—31页。
③ （宋）张载：《张子全书》，第55页。

在张载看来，真正的悟道绝非舍弃此生奔赴来世，而是以天地万物为一体，视天人、死生、昼夜、阴阳均一不二，此生与来世统一于一个世界，那就是人生存于其中的活生生的现实世界。如此，则天命授予人禀同于性，道义本于天自然而行，修行内外兼具，生存体物不遗，这才是真正的悟道，所谓"修持之道，既须虚心，又须得礼，内外发明，此合内外之道也"①。

作为张载道德修养工夫的基本取向，"内外兼修"确是其不同于佛教"不修之修"之处。单就字面意思而言，这很难说是张载的原创，此观念早就被儒家学者所发明。《中庸》尝论修养之要："诚者非自成己而已也，所以成物也。成己，仁也；成物，知也。性之德也，合外内之道也，故时措之宜也。"这其中就蕴含着通过内外兼修方式成就"性之德"的道德修养路径。同样被视为子思作品的郭店楚简《五行》也透露出区分内外之道、强调内外兼修的意思，其中提到，仁、义、礼、智、圣等道德条目"形于内"是"德之行"，形于外（"不形于内"）则是"行"（"圣"除外）；五"德行"之和构成"德"，亦即"天道"，四"行"之和构成"善"，亦即"人道"；若要成为君子，则须内有"德"而外有"行"，所谓"五行皆形于内时行之，谓之君子"。

相比之下，孟子与荀子在道德修养方面各重"内修"与"外修"之一边。孟子提出："无恻隐之心，非人也；无羞恶之心，非人也；无辞让之心，非人也；无是非之心，非人也。恻隐之心，仁之端也；羞恶之心，义之端也；辞让之心，礼之端也；是非之心，智之端也。人之有是四端也，犹其有四体也。有是四端而自谓不能者，自贼者也；谓其君不能者，贼其君者也。"（《孟子·公孙丑上》）"四端说"很可能受了子思"五行说"的影响，但孟子更加强调道德条目的先验性与

---

① （宋）张载：《张子全书》，第78页。

内在性，由此他在道德修养方面也更强调"内修"，即寡欲、不动心、存养扩充等。荀子则认为"人之性恶，其善者伪也"（《荀子·性恶》），人生而具有好利、疾恶、好声色等秉性，如果放任这些秉性而不加管理，便可能造成争夺、残贼、淫乱等后果。对此，荀子给出的解决方案是通过"外修"塑造"善"的品行，所谓"必将有师法之化、礼义之道，然后出于辞让，合于文理，而归于治"（《荀子·性恶》）。孟荀各执内修、外修之一边，当这样的修养理念落实到具体的道德实践，尤其是当其制度化或意识形态化，便容易"异化"而走向极端，恰如二程兄弟对汉魏士人的批评："东汉之士多名节。知名节而不知节之以礼，遂至于苦节，故当时名节之士，有视死如归者。苦节既极，故魏、晋之士变而为旷荡，尚浮虚而亡礼法。礼法既亡，与夷狄无异，故五胡乱华。"① 重外修以至于"苦节"，对此的反叛又至于"旷荡"，就如"钟摆"难以居中。

实际上，上述历史现象折射出的是传统"本末"思维——"重本抑（遗）末"的理论瓶颈。由此，如何缓解内修与外修之间的张力，使道德实践获得某种平衡，便成为汉魏以降儒家学者着力思考与解决的重要问题。从历史线索来看，解决这一问题似乎并不困难，只要统合孟荀两条修养路线、实现"内外兼修"即可，而这一方案早在子思乃至孔子那里就已露端倪。② 汉宋之间的学者也做过这方面努力，如王弼在注解《老子》《论语》等经典的过程中提出"崇本举末"（或"举本统末"）的主张：就哲学形式来说，"本"是"一"，"末"是"多"，"崇本举末"即"以一御多""执一统众"；就现实内容来说，

---

① （宋）程颢、程颐：《二程集》，第236页。

② 关于子思的"内外兼修"观念，上文已经述及。关于孔子的"内外兼修"观念，张载曾说："大凡能发见即是气至，若仲尼在洙、泗之间，修仁义，兴教化，历后千有余年用之不已。"参见（宋）张载《张子全书》，第98页。其中，"修仁义"可理解为"内修"，"兴教化"可理解为"外修"，合而言之，孔子亦主张"内外兼修"。实际上，孔子思想的深层结构也的确涵括内外两个方面，其中"仁"主要指涉内在方面，"礼"则主要指涉外在方面。

"本"是自然之性，"末"是名教制度，"崇本举末"是对存心养性与礼法教化两种修养工夫的统合。可是，"统合"如何实现？王弼未能给出进一步说明，因"崇本举末"实际上要求内修、外修同时为"本"，但在传统"本末"思维框架内，内修、外修同属经验层面，二者不可能同时为"本"，也就不可能真正实现统合。这既是"本末"思维的特质，也是其局限。

张载对传统"内外兼修"修养路径理论困难的解决，主要从两个方面着手。

首先，张载重新确认道德的来源以及道德修养的目标。在传统"内外兼修"框架下，内修与外修的目标并不完全一致，这种不一致源于对道德来源的不同理解。以孟子与荀子为例，孟子实际上以"天"（"性"）为道德的来源，其目标是"知性知天"；荀子则以"人"（"礼"）为道德的来源，其目标是"积善成德"，这就决定了二者修养路径各有侧重。若要"内外兼修"，便须统一道德来源与道德修养的目标。张载所做的正是这一工作，他基于对思孟学派的认同，以"天"（即醇善无恶的"天地之性""德性"）为道德来源，以"成性进德"为道德修养的目标。如此，道德来源与修养目标均为"一本"，无论内修还是外修都围绕这个本原与目标而展开。

其次，为统合内修与外修，张载引入了"体用"思维，他说：

> 立本既正，然后修持。修持之道，既须虚心，又须得礼，内外发明，此合内外之道也。①
>
> 为学大益，在自能变化气质，不尔卒无所发明，不得见圣人之奥。故学者先须变化气质，变化气质与虚心相表里。②
>
> 诚意而不以礼则无征，盖诚非礼无以见也。诚意与行礼无有

---

① （宋）张载：《张子全书》，第78页。
② （宋）张载：《张子全书》，第82页。

先后，须兼修之。①

不难发现，内修在张载这里主要是指"虚心""诚意"等直接性修养工夫，而外修是指"得礼""行礼""变化气质"等间接性修养工夫。需要注意的是，张载视二者"相为表里""无有先后"，这显然已不是传统的"本末"思维，而是具有一定"体用"色彩的思维方式，或可笼统谓之内修为体、外修为用。

二　内修为体：虚心以致德性之知

张载所谓内修主要指"虚心"等直接性修养工夫。"虚心"，顾名思义即使心虚、使心大，故又可谓"大心"，张载曾在《正蒙》中专辟一篇详加论述。以"虚心""大心"为内在的道德修养方法，背后是何机制或原理？张载说：

> 虚心，然后能尽心。②
> 虚心，则无外以为累。③
> 大其心则能体天下之物，物有未体，则心为有外。世人之心，止于见闻之狭。圣人尽性，不以见闻梏其心，其视天下无一物非我，孟子谓尽心则知性知天以此。天大无外，故有外之心不足以合天心。见闻之知，乃物交而知，非德性所知。德性所知，不萌于见闻。④

理学思想的一大特点是主张"万物一体"，张载更是在中国历史上首次明确提出"天人合一"这一经典命题。在张载看来，"我"的身

---

① （宋）张载：《张子全书》，第 75 页。
② （宋）张载：《张子全书》，第 263 页。
③ （宋）张载：《张子全书》，第 263 页。
④ （宋）张载：《张子全书》，第 17 页。

体即是"天地之塞","我"的本性即是"天地之帅";凡天下之民皆是"我"的同胞,凡世上之物皆与"我"共生共在。总之,永恒、无限的世界是一个统一的、有机的"生命体",而"我"与世界是同构的。在这一理论框架之下,一个人若要"成性进德",就必须体尽天下之物、知尽万物之性,但凡有一物未体、一性未知,就不能说实现了"知性知天"。正是在这里,一个具有认识论意味的问题出现了:按照经验或常识,人类似乎只能认识世界的一部分,如何能够体尽天下之物、知尽万物之性?

为解决上述问题,张载引入"德性之知—见闻之知"这对极具原创性的哲学概念。当然,与张载同时代的二程兄弟也曾使用类似概念,如程颐曾说:"闻见之知,非德性之知。物交物则知之,非内也,今之所谓博物多能者是也。德性之知,不假闻见。"[1] "分知为二"的哲学观念究竟由谁原创,现难以考证,学界对此存在争议,本书也并不打算对此进行"裁决",而毋宁采取对待"分性为二"观念的态度,将这一观念视为张载与二程的共同成果。总的来说,他们关于这一观念的言说方式与致思方向高度近似,只有细节上的差别。

在张载看来,"见闻之知"是"物交而知",二程也有类似理解,如程颐解释为"物交物则知之……所谓博物多能者"。也就是说,"见闻之知"是人作为认识主体通过耳目等感觉器官与物相交接而获取的知识,随着"见闻"越来越多、越来越广,"见闻之知"也逐渐积至厚实。然而,"见闻之知"的经验性决定了它的有限性、非永恒性,对此张载亦有深刻体认,他说:

> 今盈天地之间者皆物也,如只据己之闻见,所接几何,安能尽天下之物?所以欲尽其心也。穷理,则其间细微甚有分别。至

---

[1] (宋)程颢、程颐:《二程集》,第317页。

如徧乐，其始亦但知其大总；更去其间比较，方尽其细理。若便
谓推类，以穷理为尽物，则是亦但据闻见上推类，却闻见安能尽
物！今所言尽物，盖欲尽心耳。①

张载认识到，无论凭感觉（"闻见"）还是感觉基础上的理智思考
（"推类"），都不可能穷尽天下万物之性理，既然如此，也就称不上
"尽心"，更谈不上 "知性知天"。张载也明白，对 "见闻之知" 的孜
孜追求正是世间绝大多数人的生存常态，所谓 "世人之心，止于见闻
之狭"②，"人病其以耳目见闻累其心，而不务尽其心"③，这种生存状
态有待改观。

当然，张载只是指出 "见闻之知" 的局限性，并未彻底否弃它：
"闻见不足以尽物，然又须要他。耳目不得，则是木石。要他，便合得
内外之道。若不闻不见，又何验？"④ 张载又说："耳目虽为性累，然
合内外之德，知其为启之之要也。"⑤ "见闻之知" 虽不能带来道德修
养的直接增进，却也为道德修养所必需，既是开启道德修养的前提条
件，又是对道德修养施之效验的一种工具。在这一点上，二程比张载
更为激进，他们说："与叔、季明以知思闻见为患，某甚喜此论，邂逅
却正语及至要处。世之学者，大敝正在此，若得他折难坚叩，方能终
其说，直须要明辨。"⑥ 二程几乎未给 "见闻之知" 留下存在的余地。
在此意义上，似乎可说张载对理学知识论进路的贡献更大一些。

话说回来，既然 "见闻之知" 有如上局限，张载便提出另一种
"认识" 目标——"德性之知"。根据张载的解释，"见闻之知，乃物

① （宋）张载：《张子全书》，第 270 页。
② （宋）张载：《张子全书》，第 17 页。
③ （宋）张载：《张子全书》，第 18 页。
④ （宋）张载：《张子全书》，第 253 页。
⑤ （宋）张载：《张子全书》，第 18 页。
⑥ （宋）程颢、程颐：《二程集》，第 171 页。

交而知，非德性所知。德性所知，不萌于见闻"，也就是说，"德性之知"既不同于"见闻之知"，亦不萌生于"见闻之知"，即不以"见闻之知"为基础与依据，而是有其独立自足性，这一点也与二程的解释高度近似，如程颐曾说"德性之知，不假闻见"。张载视野中的"德性之知"究竟是一种什么样的"知识"？

张载曾在极具创见的性论体系中将"性"区分为"天地之性"与"气质之性"，认为"君子所性"是"天地之性"。"天地之性"醇善无恶，亦即"德性"。由此，张载所谓"德性之知"实际上也就是关于"天地之性"的"知识"。对此，张载有时又称之为"天德良知"或"天德良能"：

> 诚明所知，乃天德良知，非闻见小知而已。天人异用，不足以言诚；天人异知，不足以尽明。所谓诚明者，性与天道不见乎小大之别也。①
>
> 圣不可知者，乃天德良能。立心求之，则不可得而知之。②

将"德性之知"称为"知识"，这个"知识"必须加上引号，因为它并非通常意义上的知识，亦即并非"见闻之知"那种通过感觉（"闻见"）或思维（"推类"）所获得的对象化的、客观的、具体的知识。对此，张载在上文所引两段论述中也说得非常清楚，"天人异知，不足以尽明"，"立心求之，则不可得而知之"。也就是说，"天人异知""立心求之"不可能获得"德性之知"，盖因"天人异知"意味着天人相分，天人相分便不能尽天地之性；"立心求之"意味着有思有虑，有思有虑便容易为外物所引。在此意义上，用"天德良知"或"天德良能"来解释"德性之知"似乎更加妥帖，它实际上是一种体

---

① （宋）张载：《张子全书》，第14页。
② （宋）张载：《张子全书》，第11页。

悟、践履先验德性的能力，或者说它就是对先验德性的体悟与践履本身。

由此，若想获得"德性之知"，必须摆脱"天人异知""立心求之"之迷思，实现"一天人""大其心"。于是，这就回到前文所引文献，即"大其心则能体天下之物，物有未体，则心为有外……天大无外，故有外之心不足以合天心"，天人合一的宇宙生命体是至大无外的，故而人心也应该至大无外，否则不足以体尽整个世界。圣人之所以能尽天地之性、致德性之知，正是因其"不以见闻梏其心"，"视天下无一物非我"。

在具体方法上，张载主张通过"静"来实现"大心"进而"成德""成性"，他说：

> 至静无感，性之渊源。有识有知，物交之客感尔。①
> 静者，善之本；虚者，静之本。②
> "顺帝之则"，此不失赤子之心也，冥然无所思虑，顺天而已。赤子之心，人皆不可知也，惟以一静言之。③
> 静有言得大处，有小处，如"仁者静"大也，"静而能虑"则小也。始学者亦要静以入德，至成德亦只是静。④

张载以"静"为"性之源""善之本"，又以"静"为"言心""入德"之关要，可见"静"在其工夫论体系中具有极为重要的地位。张载这种"主静"观引发了程颢的批评，程颢在《答横渠张子厚先生书》中写道："所谓定者，动亦定，静亦定，无将迎，无内外。苟以外

---

① （宋）张载：《张子全书》，第1页。
② （宋）张载：《张子全书》，第263页。
③ （宋）张载：《张子全书》，第65页。
④ （宋）张载：《张子全书》，第92页。

物为外，牵己而从之，是以己性为有内外也。"① 后来朱熹则以"静者为主，而动者为客"作为对张、程等人相关观念的调和。

三　外修为用：学礼以至变化气质

张载认为，一个人若能"大心""虚心"，便有望实现"进德成性"的修养目标，达至"天人合一""民胞物与"的天地境界。然而，正如张载所未遗忘的，人性还有一个"气质之性"的维度，也就是说，人毕竟还是活生生的、有情有欲的存在，这决定了"内修"过程的艰巨性。为此，张载提出另一取向的修养工夫——外修，并主张"内外兼修"。

关于外修，张载有一些基本论定，如前文所述，"修持之道，既须虚心，又须得礼，内外发明，此合内外之道也"，"诚意与行礼无有先后，须兼修之"，等等。这些论述提及"修持之道"或"兼修"的两个方面，其中"虚心""诚意"属于内修，"得礼""行礼"则是外修。张载还曾说，"学者先须变化气质，变化气质与虚心相表里"，"虚心"是修养之"里"亦即内修，"变化气质"则是修养之"表"亦即外修。可见，张载所谓外修工夫主要涵盖学礼、行礼以及变化气质等内容，其中学礼、行礼可以说是具体方法和途径，变化气质则是外修的目标和归宿。一言以蔽之，张载的外修工夫可概括为"学礼以至变化气质"。

从哲理上讲，"变化气质"这种修养工夫主要基于张载研辨精细的人性思想。上文已详细讨论张载的人性论，其最重要的创见便是"分性为二"或明确提出人性的两重维度——天地之性与气质之性。其中，天地之性醇善无恶，是事实上的"君子所性"，成就天地之性的直接方法是"大心""虚心"等内修工夫；气质之性则是返于天地之性之前

---

① （宋）程颢、程颐：《二程集》，第460页。

的状态，它善恶相混，"君子弗性"。这种双重维度的人性论，其优势主要体现在两个方面。

一方面，张载性论可以在坚持"性善论"的前提下解决"恶"的来源问题。在性的价值取向上，张载明确赞同孟子的性善论，认为"天地之性"无所不善。孟子性善论备受荀子诟病之处即在于他难以解释"恶"的来源，在张载"分性为二"思路下，这一问题可以得到一定程度的解决。在张载看来，人性之恶不在于天地之性，而在于气质之性，气质之性之所以内蕴恶的成分，是因为气质（气）本身蕴含着导向恶的因素，所谓"气有刚柔、缓速、清浊之气也"①，而"人之刚柔、缓急、有才与不才，气之偏也"②。也就是说，禀赋清气人性便善，禀赋浊气人性便恶，气禀清浊驳杂人性便善恶相混。

另一方面，张载性论为消除"恶"敞开了言说空间，他曾说：

> 人之气质美恶与贵贱夭寿之理，皆是所受定分。如气质恶者，学即能移。今人所以多为气所使而不得为贤者，盖为不知学。古之人，在乡间之中，其师长朋友日相教训，则自然贤者多。但学至于成性，则气无由胜。孟子谓"气壹则动志"，动犹言移易。若志壹亦能动气，必学至于如天则能成性。③

人出生时禀气驳杂，这是先天决定的，不容选择。但是，既然气质是流动的、可变的，人的气质之性自然也可以发生变化，此即"变化气质"，亦所谓"移易气质"（"气质恶者学即能移"）。或可进一步追问，如何实现气质的变化或移易？张载给出的答案是"学习"。张载认为，"古之人"多出圣贤，正是因为他们平时有师长朋友相互砥砺、

———————————

① （宋）张载：《张子全书》，第88页。
② （宋）张载：《张子全书》，第15页。
③ （宋）张载：《张子全书》，第74—75页。

彼此切磋；"今人"之所以多陷溺于气质之性难以成贤，也正是因为"不知学"。在张载看来，只要学得足够多、足够好，志便能"胜"气，天地之性也便能"移易"气质之性，一个人便能实现道德修养的目标。

进一步追问，为变化气质而展开的"学习"，该学些什么内容？张载说：

学者且须观礼，盖礼者滋养人德性，又使人有常业，守得定，又可学便可行，又可集得义。养浩然之气须是集义，集义然后可以得。浩然之气，严正刚大，必须得礼上下达。①

能答曾子之问，能教孺悲之学，斯可以言知礼矣。进人之速无如礼学。学之行之而复疑之，此习矣而不察者也。故学礼所以求不疑，仁守之者在学礼也。学者行礼时，人不过以为迂。彼以为迂，在我乃是径捷，此则从吾所好。②

凡未成性，须礼以持之，能守礼已不畔道矣。③

"进人之速无如礼学"，也就是说，若想让一个人有所进步，进德成性，没有比在"礼"上下功夫更快速、更便捷的方法了。因此，学习之要在于观礼、知礼、学礼、行礼、守礼……总而言之，学者应以"礼"为学习的主要内容，以"行礼"为践履的主要形式，学礼、行礼达到一定程度，自能"化却习俗之气性"，实现气质之变化。也正是在此意义上，张载的外在修养工夫可概括为"学礼以至变化气质"。

需要注意的是，张载对"礼"的理解并不限于一般意义上的外在礼仪规范，在他看来，"礼"源出于"仁"，是"仁"之用，所谓"虚

---

① （宋）张载：《张子全书》，第86页。
② （宋）张载：《张子全书》，第74页。
③ （宋）张载：《张子全书》，第73页。

者，仁之原；忠恕者，与仁俱生；礼义者，仁之用。敦厚虚静，仁之本；敬和接物，仁之用"①。前文曾经指出，在张载哲学体系中，"仁"既是人的本质（"天地之性""君子所性"）的具体内涵与价值取向，又是"太虚"作为人文世界之本原而具有实在性的重要证成依据，基于这两重含义，可以说"仁"即是"天地之性"，即是"太虚"。而"礼"，正是本于"仁"，也就是本于"性"。对此，张载曾说："礼所以持性，盖本出于性。持性，反本也……礼即天地之德也……礼非止见于外，亦有无体之礼，盖礼之原在心。礼者圣人之成法也，除了礼天下更无道矣。"②"礼"并非只是"著见于外"的仪则规范，它本身就是先验完满的"天地之德"。但凡一个人进于"天地之德"，其仪则规范自然中礼；如果一个人学礼行礼至于气质变化，也就意味着其正在进于"天地之德"。这实际上也印证了张载的道德修养工夫是以内修为里为体、外修为表为用的思维结构，二者只是进路不同，途殊而同归。

"礼"不仅是"仁"之发用，其本身亦蕴含有体有用的内在结构。张载说：

> 礼器则藏诸其身，用无不利。《礼运》云者，语其达也；《礼器》云者，语其成也。达与成，体与用之道。合体与用，大人之事备矣。礼器不泥于小者，则无非礼之礼，非义之义。盖大者器则出入，小者莫非时中也。③

《礼运》所言之事关涉"礼之达"，亦即礼之体，具体而言即是孔子在《礼运》中所说的"夫礼必本于天，殽于地，列于鬼神，达于

---

① （宋）张载：《张子全书》，第262页。
② （宋）张载：《张子全书》，第73页。
③ （宋）张载：《张子全书》，第26页。

丧、祭、射、御、冠、昏、朝、聘", 也就是说, "礼"之体在于其本、殽、列、达, 一言蔽之在于其"理"。与此同时,《礼器》所言之事亦关涉"礼之成", 即礼之用, 具体而言即是孔子在《礼器》中所言礼之"备", 也就是"礼"得以施行的各种时序、仪则、规范等。可见, 张载所言之"礼"是一个有体有用的概念系统与实践系统。

总而言之, 一个人通过学礼、行礼可以保养其气质之性中善的部分, 改善乃至消除其中恶的部分, 从而进德成性, 成就其"天地之性"。这一外在修养进路从"虚心""大心"等内在修养进路出发, 最终又汇入内在修养进路, 内修与外修是里与表、体与用的关系。从哲学实践角度而言, 这种"体用"思维下的道德修养工夫论一定程度上解决了此前传统儒家"本末"思维框架下"内外兼修"路径的理论困难。从哲学史角度而言, "虚心以致德性之知"的内在修养进路是对思孟学派的继承与发展, "学礼以至变化气质"的外在修养进路则是对荀子学派的吸收与借鉴, 这种"内体外用"的道德修养工夫真正实现了对孟荀的统合, 是儒家工夫论发展史上具有里程碑意义的新形态, 也深刻影响了后来学者。

本章小结

与邵雍、周敦颐袭用"太极"概念不同, 张载对"天地之心"的追问主要落实在"太虚"概念上。虚空观念本为佛道两家所推重, 他们强调世界的本质是经验之"无"或逻辑之"空", 进而从哲理上否定世间与伦理的价值。这种虚空观念构成了张载哲学的解构对象, 他的哲学建构亦从此展开, 其最为核心的哲学使命是赋予"太虚"以超越性、实在性、道德性。在具体的哲学建构中, 张载将"太虚"与"气"这一传统概念相关联, 由于相关论述过于模糊与多义, 这对哲学范畴的关系反而成了理解张载哲学的难点，后人对此的分歧甚至到了截然相反的地步。

从史思结合的视角来看，保留张载哲学的张力或许更有助于对其思想的理解。一方面，张载的确有将"太虚"还原为质料性的"气"的倾向，但这只能算作对传统"气论"的沿革，而算不上张载的创见；另一方面，张载通过对"太虚"之"神"的揭示，使"太虚"具有了超越性，具有了成为超越的终极本原的可能性，这一重向度是张载哲学相较传统本土哲学的创新之处。基于后一重向度，张载所谓"太虚"并不等同于"气"，二者是体与用的关系，太虚之体借助气之质料实现万物化生，其关系展现为"太虚→气→万物"的哲学架构。与此同时，太虚不仅是存在之体，还是价值之体，它借助"仁"实现人间的伦理秩序，其关系展现为"太虚→仁→礼义"的哲学架构。太虚由此具有超越性、实在性、道德性，并构成对佛道两家的有力反驳。

如果说以上解决的是世界与人何以存在的问题，张载对于"人如何生存"的问题亦着力颇多，这主要体现在他的人性论与工夫论建构上。就人性论而言，张载首次明确分"性"为二——一为"天地之性"（虚），一为"气质之性"（气）。"气"有清浊，"气质之性"因此有善有恶；"天地之性"却无有不善，是需要人不断返之、复之的本原之性。张载的性论一定程度上解决了孟子"性善论"与荀子"性恶论"的偏颇，是人性论史上的典范形态。以人性论为基础，张载提出了独具创见的道德修养工夫论：针对"天地之性"，张载提出"虚心以致德性之知"的内在修养路径；针对"气质之性"，张载提出"学礼以至变化气质"的外在修养路径，内修为体、外修为用，借由"体用"思维实现了"内外兼修"，较传统儒家道德修养方法有了质的不同。

当然，张载哲学亦蕴含理论上的张力，即他一方面主张以"太虚"

为本原，另一方面又不得不承认"气"乃"自生"，这便有了"二本论"的嫌疑。这不仅是张载哲学的问题，也是整个理学思潮的"通病"。然而，这并不妨碍理学作为一种新的哲学形态的创见与特色。

第七章

二程:"道""理"变奏

是否讲理、合理、顺理(成章),是日常语言中评价一人、一物、一事的重要指标;若说某人不讲理、某物不合理、某事不顺理(成章),这是极糟糕、极致命的批评。或许是在这个意义上,钱穆说中国文化是一个特别尊重道理的文化,中国历史是一部向往于道理而前进的历史,中国社会是极端重视道理的社会,中国民族是极端重视道理的民族。①

然而,"理"("道理")在日常语言尤其是论说领域的显赫地位并非从来如此。戴震曾说:"《六经》、孔、孟之言以及传记群籍,理字不多见。今虽至愚之人,悖戾恣睢,其处断一事,责诘一人,莫不辄曰理者,自宋以来始相习成俗……"② 此语意在批评程朱,但"处断责诘动辄言理始自宋代"这一论断却极为准确,以"理"作为话语与思想系统中心范畴的,确以二程(颢,颐)兄弟为第一家,其论说如"天者理也"③,"万物皆只是一个天理"④,"圣人与理为一"⑤,"天下之理得,然后可以至于圣人"⑥,等等。在辟佛辟道时二程也多以"理"相责诘,如辟佛时说释氏"错看了理字"⑦,辟道时说"予夺翕

---

① 参见钱穆《中国思想通俗讲话》,《钱宾四先生全集》第 24 册,第 5 页。
② (清)戴震:《孟子字义疏证》,何文光整理,中华书局 1982 年版,第 4 页。
③ (宋)程颢、程颐:《二程集》,第 132 页。
④ (宋)程颢、程颐:《二程集》,第 30 页。
⑤ (宋)程颢、程颐:《二程集》,第 307 页。
⑥ (宋)程颢、程颐:《二程集》,第 316 页。
⑦ (宋)程颢、程颐:《二程集》,第 196 页。

张，理所有也，而老子之言非也"①。可见，无论是"立"还是"破"，无论是建构本原论还是工夫论，无论是阐述存在还是价值，二程都以"理"为第一范畴，以"得理"为第一要务。

当然，也正是"理"使理学具备了得以确立的形式（话语）上的条件，如果说"北宋五子"多元化的哲学探索共同为理学的发生奠定了基础，则二程哲学便是这奠基的最终完成，正如陈荣捷所说："程颢与程颐则以其哲学之全部基于理的概念之上。此为创举，使儒家思想成为完完整整之理学，为我国哲学史莫大之进展焉。"② 此后近千年间，"理"始终居于中国哲学尤其是儒家哲学话语系统的中心地位，哪怕是17世纪以降广泛的反理学思潮中，学者们也必须先将"理"这个概念接受下来，再行解构或建构。

理学的影响如此之大，20世纪以来的中国哲学研究自然无法绕行，对二程之"理"、理学之"理"的关注也从未间断，或褒或贬，成果丰富。但是，以往研究或就理言"理"，缺少历史之维，或就史言"理"，缺少哲学深度，有待进一步拓展与完善。如果不能以史思结合的方法切入，则二程之"理"、理学之"理"乃至整个理学的思想范式、中国哲学的思维特点都不能得到很好地揭示。由此，当前理学研究亟待解决的一个重要问题便是：二程以"理"为中心的话语与思想体系究竟是如何建立起来的？

第一节　由"道"而"理"：话语转换及其逻辑

作为日常语言尤其是论说领域的重要概念，"理"（"道理"）走上

---

① （宋）程颢、程颐：《二程集》，第1181页。

② 陈荣捷：《理的观念之进展》，转引自陈赟《道的理化与知行之辨——中国哲学从先秦到宋明的演变》，《华东师范大学学报》（哲学社会科学版）2002年第4期。

话语系统"金字塔"的塔尖是宋代以后的事情，确切地说，始于程颢、程颐兄弟，是他们首次明确地以"理"代"道"作为话语与思想系统的中心范畴。"由道而理"的话语转换不是简单的文字游戏，其背后隐含着更为深刻的范式转换，这一转换既为形式逻辑演变所必需，又为时代变革发展所要求：就前者而言，其背后是由经验性"本末"思维向思辨性"体用"思维的转换；就后者而言，其背后是由佛道两家"虚空"价值观向儒家仁义价值观的转换。可以说，二程理学作为一种新的儒学形态的确立，不仅新在名称，更新在解决问题的思路。二程理学固然借鉴了佛教的话语与思维，但从史思结合的角度来看，其产生是中国哲学范式转换的内在要求，是中国思想逻辑发展的必然结果。

一　从"以道释理"到"以理释道"

"理"字早有，但如戴震所言，其在先秦主要典籍中出现的并不多。儒道两家的原典《论语》和《老子》均未见"理"字。《庄子》内篇"理"字有一见："依乎天理，批大郤，导大窾，因其固然。"（《庄子·养生主》）从"庖丁解牛"的语境来看，此"天理"所指非常具体，就是牛的肌理。《孟子》中"理"有几见，一处以"条理"的面目出现："孔子之谓集大成。集大成也者，金声而玉振之也。金声也者，始条理也；玉振之也者，终条理也。始条理者，智之事也；终条理者，圣之事也。"（《孟子·万章下》）此"理"主要指音乐的节奏、旋律和谐有序。另有一处以"理义"面目出现："心之所同然者何也？谓理也，义也。圣人先得我心之所同然耳。故理义之悦我心，犹刍豢之悦我口。"（《孟子·告子上》）此"理"主要指人心条贯的倾向和特性。还有一处来自名为貉稽的人物的自我评价："稽大不理于口。"（《孟子·尽心下》）此"理"可理解为风评、口碑的良好呈现。除此之外，《中庸》曾言及君子之道"温而理"，《荀子·解蔽》亦有"可以知，物之理也"等论述。总的来看，早期的"理"主要指具体事物的形式与结构，具有确定性，可以被认知和把握。

　　"理"的上述用法在韩非子那里体现得更加明显与详备，其言："凡理者，方圆、短长、粗靡、坚脆之分也，故理定而后物可得道也。故定理有存亡，有死生，有盛衰。夫物之一存一亡，乍死乍生，初盛而后衰者，不可谓常……而常者，无攸易，无定理……圣人观其玄虚，用其周行，强字之曰道……"（《韩非子·解老》）韩非子认同"理"是一事物区别于其他事物的确定的形式与结构，但同时也指出"理"并非最高范畴，因为它的具体性、确定性使其有生有灭而难抵永恒（"常"）。真正永恒的是"道"。这就将"道"与"理"显著区分开来，所谓"理者，成物之文也；道者，万物之所以成也"（《韩非子·解老》）。"理"是事物的纹理（文）、形式、结构，或谓"实然"；"道"则是事物成立、存在的根据，或谓"所以然"；只有不断认知并实践"实然"才能实现对"所以然"的把握，所谓"道者，万物之所然也，万理之所稽也"（《韩非子·解老》）。将"理"与"道"相关联，是战国秦汉时期理解和使用"理"的突出特点，除韩非子外，管子也有"别交正分之谓理，顺理而不失之谓道"（《管子·君臣上》）的说法，许慎注《淮南子》曾言"理，道也"，高诱注《吕氏春秋》亦言"理，道理也"。"以道释理"具有明显的道家色彩，"理"亦因此成为具有一定哲学意味的概念。

　　与"以道释理"略有不同，战国秦汉还有一些典籍将"理"与"性"相关联，以性释理。如《易传》有"穷理尽性以至于命"（《周易·说卦传》）的命题，这是后来理学极为重要的思想资源和论争主题。东汉郑玄注《礼记》"天理灭矣"一句时直言"理犹性也"[1]。"性"是自然、天然，"理"便可以相应地理解为"实然"，这与"以道释理"观念具有逻辑上的一致性。

---

[1]　（汉）郑玄注，（唐）孔颖达疏：《礼记正义》卷四十七，郜同麟点校，浙江大学出版社2019年版，第932页。

可见，春秋至两汉近千年间，"理"概念经历了从无到有、从单纯言理到"以道释理"（或"以性释理"）的发展演变，其以下特点值得注意：其一，"理"是"实然"，是事物具体、确定、可知的形式与结构；其二，理是"异理""分理"，即韩非子所谓"万物各异理"（《韩非子·解老》）或《说文解字叙》所谓"知分理之可相别异"，事事物物皆有其理且理各不同；其三，"理"的哲学色彩是在与"道"等重要概念相关联、比较的过程中逐渐明晰起来的。

但是，"理"从来都未成为上述时期中国哲学的核心概念，甚至连重要概念都算不上。这一时期的重要概念是什么？是"天""道""性""命"，等等。尤其是"道"，它不仅是贯穿整个中国哲学史的核心概念，也是理学尤其是二程所要扬弃与融摄的概念，正是在扬弃并融摄"道"的基础上，理学之"理"最终确立起来。历史地看，"道"的出现要早于"理"，《说文解字》以"所行"为"道"，唐代韩愈以"由是而之焉"① 为"道"，都准确、精炼地说出了"道"的本义，即"道"是路径——行走的路径、行事的路径。当然，中国哲学——无论是儒家还是道家——对"道"的理解和使用不仅基于本义，更高于本义。

就儒家来看，孔子言"道"颇多，仅《论语》所载就有四十余处。② 孔子言"道"有时指具体的道路，如"道听而涂说"（《论语·阳货》）；有时指行事的方法，如"善人之道"（《论语·先进》）；有时指政道或治道，如"邦有道""邦无道"（《论语·宪问》），等等。虽然"道"的层次不一甚至同一层次内截然不同，如"道不同，不相为谋"（《论语·卫灵公》），但孔子着力强调、孜孜以求的"道"只有一个："子曰：'参乎！吾道一以贯之。'曾子曰：'唯。'子出。门人

---

① （唐）韩愈：《原道》，《韩昌黎文集校注》，第13页。
② 据杨伯峻统计，《论语》共言"道"六十次，其中四十四次出自孔子。参见杨伯峻《论语译注》，中华书局2009年版，第287页。

问曰：'何谓也？'曾子曰：'夫子之道，忠恕而已矣。'"（《论语·里仁》）其后，无论是思、孟还是荀子，均沿着这"忠恕之道"亦即"仁道"展开思考和理论建构。道家对"道"的重视更是不言而喻，老子言"道"有时指"言说"，如"道可道"（《老子》第一章），有时指政道或治道，如"天下有道"（《老子》第四十六章），但更重要的是宇宙创生的本原，如"道生一，一生二，二生三，三生万物"（《老子》第四十二章）。庄子也强调"道"的普遍性、统一性，即"道通为一"（《庄子·齐物论》），并提出"道""技"分离的原则，所谓"臣之所好者道也，进乎技矣"（《庄子·养生主》），这与《易传》的经典命题"形而上者谓之道，形而下者谓之器"（《周易·系辞上传》）有异曲同工之处。以"道"为"形而上者"，这可谓规定了整个中国哲学的基调。至战秦两汉，"道"与"理"出现了较为明显的交集，如前所述，《韩非子》以"道"为物之"所以然"，以"理"为物之"实然"，并主张由"理"进"道"，许慎、高诱等甚至以"道"为"理"。

对比"理"在春秋至两汉时期的发展演变，"道"的以下特点值得特别关注：其一，"道"自始就是中国哲学的核心概念，尽管各家对"道"的具体理解不尽相同，但他们均以"道"为最根本的哲学追求；其二，"道"在本义、引申义、形上义等多个层次上被广泛使用，有时指"殊道"有时指"一道"，但各家都倾向于达至"一道"，因此"道"是"应然"或"当然"，与生活实践、在世方式密切相关；其三，"道"之所以是"应然"或"当然"，还因为它是"所以然"（一定程度上也是"必然"）。

总之，从先秦至两汉，中国哲学话语与思想系统的中心范畴是"道"而不是"理"；"道"主要指事物的"所以然"和"应然"，"理"则主要指事物的"实然"；"理"作为哲学概念的确立往往依赖"道"的解释，即"以道释理"。

这一切在宋代尤其是二程那里发生了巨大转变。变化首先体现在话语的使用上，以二程哲学思想的主要载体《河南程氏遗书》为例，在二十五卷的文本中，作为哲学范畴使用的"道"和"理"均有数百见，且出现的频次相差不大，这种情况在二程以前的哲学文本中从未出现。尽管话语的使用只是"表面文章"，但这至少可以说明，二程将对"理"的重视提升到了与"道"相当的程度上。

当然，"道"仍然是二程哲学体系的中心范畴。按照《易传》的说法，"形而上者谓之道，形而下者谓之器"，"一阴一阳之谓道"（《周易·系辞上传》），作为"形而上者"的"道"是阴阳二气的运转变化。二程在此基础上做了更加细致的分析与创新性的解读。二程认为，阴阳是气，气便有形，有形便只能是形而下者，形而下者便不可能是"道"，因此阴阳非"道"。与此同时，二程又指出，只要有阴阳二气就必有感通与开阖，必有运转与变化，这背后的"神秘力量"便是"道"，所谓"所以阴阳者道……所以开阖者道①。"道"非阴阳但不离阴阳，"道"是"所以然"但不离"实然"。

与此同时，"道"又时常被"理"所替代。在解释孔子"志于道"一语时，二程说："凡物皆有理，精微要妙无穷，当志之尔。"② 以"志于理"解释"志于道"，这正是以"理"来解释"道"。更为直接的证据还有很多，如唐棣问程颐"天道如何"，程颐便直截了当地回答："只是理，理便是天道也。"③ 又如谈及"上天之载，无声无臭"这一经典命题时，二程解释说："……其理则谓之道……一而已矣。"④ 再如在回答有人关于"何谓道"的提问时，二程解释说："……自理言之为道，其实一也。"⑤ 这些都是非常典型的"以理释道"的例子，

---

①　（宋）程颢、程颐：《二程集》，第 160 页。
②　（宋）程颢、程颐：《二程集》，第 107 页。
③　（宋）程颢、程颐：《二程集》，第 290 页。
④　（宋）程颢、程颐：《二程集》，第 1170 页。
⑤　（宋）程颢、程颐：《二程集》，第 1182 页。

"理"因此成为事物的"所以然"和"应然"。

此外，二程有时还将"道"吸收进"理"，使用"道理"一词，如："天理云者，这一个道理，更有甚穷已？不为尧存，不为桀亡。"①此处"道理"即是"天理"。又如："圣人与理为一，故无过，无不及，中而已矣。其他皆以心处这个道理，故贤者常失之过，不肖者常失之不及。"②此处"道理"即是"理"。可见，"道理"与"天理""理"诸概念完全在同一个意义上使用，不更分别，这已经与现代日常语言的用法大体一致，而与《韩非子》等早期文献中的用法截然不同，后者往往以复合词的面目出现，表示"道与理"或"道之理"。

总而言之，从战国秦汉的"以道释理"到二程的"以理释道"，从"道理"作为"道与理""道之理"到"道理即理"，话语的转换标志着二程在形式上建立起了以"理"为中心语词与核心范畴的哲学体系，亦即理学。

二　从"崇本举末"到"体用一源"

二程为何要将以"道"为中心的话语体系转换为以"理"为中心？这背后究竟出于怎样的考虑，或具有怎样的必要性、必然性？对此，程颢有句广为流传的解释："吾学虽有所受，天理二字却是自家体贴出来。"③显然，程颢并不是说他们发明了"天理"二字，因为"理"或"天理"早在先秦文献中就已经出现，那二程自家"体贴"出来的是什么？

如前所述，从先秦至两汉，"道"始终是中国哲学的中心范畴，它往往被理解为"所以然"和"应然"（"当然"），即它所要解决的是世界与人"何以存在"以及"如何存在"等问题。因此，对于"道"

① （宋）程颢、程颐：《二程集》，第31页。
② （宋）程颢、程颐：《二程集》，第307页。
③ （宋）程颢、程颐：《二程集》，第424页。

的追问就不仅是宇宙论、存在论论域的问题，还是伦理学论域的问题。换言之，"道"不仅需要被认识、把握，更需要身体力行、生活实践。体现在儒道两家思想上，无论孔子还是老子都试图找到那"应然"（"当然"）的"最优之道"。在孔子，"最优之道"是"忠恕而已"的"仁道"；在老子，"最优之道"是"不仁""无为"的"自然之道"，如此等等。

如何践行"应然"（"当然"）的"最优之道"？《论语》曾载有子之言："其为人也孝弟，而好犯上者，鲜矣；不好犯上，而好作乱者，未之有也。君子务本，本立而道生。孝弟也者，其为仁之本与！"（《论语·学而》）"本立而道生"一语说得极为精当，它非常清晰、简练地阐明了"得道之道"——"立本"。"本"就是本原，哲学无非是对本原的追问，有子以"孝弟"为"为仁之本"就是对本原追问的绝佳阐释。类似的论述还有不少，如孔子在回答林放问"礼之本"时说："大哉问！礼，与其奢也，宁俭；丧，与其易也，宁戚。"（《论语·八佾》）此处孔子以"俭"为"礼之本"，以"戚"为"丧礼之本"；与"俭""戚"相对的"奢""易"便是"非本"。子游则更加明确地指出，"非本"就是"末"，他在评价子夏门人的时候说："子夏之门人小子，当洒扫、应对、进退，则可矣。抑末也，本之则无。如之何？"（《论语·子张》）子游以"本""末"对举，挑明了"本原追问"的思考方式——"本末"范式。这一范式在道家也体现得非常明显，如《老子》言："昔之得一者，天得一以清，地得一以宁，神得一以灵，谷得一以盈，万物得一以生，侯王得一以为天下贞……故贵以贱为本，高以下为基。"（《老子》第三十九章）老子以"一"为"多"之始，以"贱"为"贵"之本，以"下"为"高"之基，并尚"一"、尚"贱"、尚"下"，很明显是"本末"思维的体现，在这个意义上，后来王弼将老子思想的主旨概括为"崇本息末"是精当的。除孔、老之外，孟子的"性本论"、荀子的"礼本论"等哲学探索和建构也均是在"本末"范式下展开的。

"本末"思维的确为先民"哲学地"理解世界开启了新的视阈，即这一思维方式支持人们在不同事物之间做出比较与拣择，以达至"应然"的、"所以然"的"最优之道"。但是，"本末"思维也有其不得不面对的理论困难：一方面，这一范式往往用于具体事物或经验事物，也就是说，对甲的选择就意味着对乙的舍弃，对乙的选择就意味着对甲的舍弃，鱼与熊掌不可兼得；另一方面，正如孟子所说，"物之不齐，物之情也"（《孟子·滕文公上》），事物各有差别是一种"实然"，这些差别基于事物各各不同的"性"或"理"（"异理""分理"），在"分理"基础上所做的比较与拣择就带有极强的主观色彩，甲或乙被舍弃只是因为它与乙或甲不同。显然，这样得到的"最优之道"反而可能成为"片面之道"，导致对世界的误解。

其实在二程之前，已经有学者注意到"本末"思维的理论困难，其中特别值得一提的是王弼。王弼以老子"崇本息末"观念为形式、以孟子"率性自然"观念为内容，提出了"崇本举末"的主张："守母以存其子，崇本以举其末，则形名俱有而邪不生，大美配天而华不作。"[1] 如何才能"守母存子""崇本举末"？王弼又提出"以一御多""执一统众"等观点。可以说，王弼展现出了前所未有的哲学魄力，他试图将天地万物整合为一个统一的世界，并试图以"一"来主宰这个世界，这是一个伟大的哲学梦想。遗憾的是，对于"一"如何"御多"、如何"统众"，王弼未能给出进一步的系统回答。[2]

不过，王弼的思路被后来的学者延续下来，值得一提的有竺道生。有学者指出："竺道生在佛学上的意义，就像王弼在玄学上的地位一样，他使得佛教的思路从纷繁陈旧转向了简捷明快……"[3] 竺道生的贡

---

[1] 《王弼集校释》，第 95 页。

[2] 有学者认为王弼哲学仍属非思辨的"本末"范式。参见沈顺福《本末论与王弼的哲学贡献》，《孔学堂》2017 年第 3 期。

[3] 葛兆光：《中国思想史》第一卷，第 383 页。

献主要在于从所谓 "小顿悟" 发展出了 "大顿悟",后世华严宗和禅宗都受此莫大影响。而 "大顿悟" 思想的重要理论支撑即是 "理不可分": "竺道生法师大顿悟云:夫称顿者,明理不可分,悟语照极。以不二之悟,符不分之理。理智惠释,谓之顿悟。"① "理不可分" 也就是 "理一",这是一束照向 "本末论" 的耀眼光芒,华严宗正是在相关观念的基础上发展出了关于 "理" 与 "事" 的理论。

二程显然对佛教的 "理不可分" 观念有着熟稔的体认和把握,当有人问该如何评价华严之 "理" 时,程颐答说: "只为释氏要周遮,一言以蔽之,不过曰万理归于一理也。" 当别人又问如何 "破" 这一观点时,程颐说: "亦未得道他不是。百家诸子个个谈仁谈义,只为他归宿处不是,只是个自私……"② 这段对话非常值得玩味,程颐承认佛教 "万理归于一理" 观念没有逻辑上的疏漏,亦即在形式上认可这一观念,事实上二程也正是基于类似视角对 "本末论" 展开扬弃的。

首先,二程对 "本末论" 的理论困难有着独到认识。程颐曾说: "凡物有本末,不可分本末为两段事。洒扫应对是其然,必有所以然。"③ 又说: "至如洒扫应对与尽性至命,亦是一统底事,无有本末,无有精粗,却被后来人言性命者别作一般高远说。"④ "洒扫应对" 是中国哲学的常用表述,一般用来代指 "百姓日用" 之 "事" (物)。《论语》 中子游曾以 "洒扫应对" 为 "末",并主张舍 "末" 逐 "本",这也基本代表了传统思想的主流看法。程颐则不这么认为,在他看来 "洒扫应对" 与 "尽性至命" 实为 "一统底事","本" "末" 不能截然分开。程颐还说: "三十辐共一毂,则为车。若无毂辐,何以见车之用?"⑤ "毂辐" 之喻出自《老子》: "三十辐共一毂,当其无,

① (晋) 慧达:《肇论疏》,《大正藏》 第54册,第55页。
② (宋) 程颢、程颐:《二程集》,第195页。
③ (宋) 程颢、程颐:《二程集》,第148页。
④ (宋) 程颢、程颐:《二程集》,第225页。
⑤ (宋) 程颢、程颐:《二程集》,第144页。

有车之用。"（《老子》第十一章）老子认为，正是毂轮的中空
（"无"）成就了毂轮的功能，进而成就了车的功能，因此"车之用"
以"无"为"本"、以"毂辐"为"末"。程颐则认为这种观点失之偏
颇，因为毂辐和"无"一样成就了"车之用"，既不能舍本逐末也不
能舍末逐本。

可见，程颐清醒地认识到，"本末论"的理论困难主要在于"实
然"（"其然"）与"所以然"的二分，实际上也就是"理"与"道"
的二分。而要解决"本末论"的问题，就必须将二者合而为一。因此，
二程一方面使"道""理"及"道理"诸概念兼具"所以然""实然"
"应然"等多重意蕴，另一方面又始终强调"道一""理一"，所谓
"本末，一道也"①，"理则天下只是一个理"②。尤其是"理"，因其从
一开始就具有饱满的"实然"意蕴，受到二程的格外推重。

二程如何实现"本末一道""万理一理"？首先，他们极力伸张一
个前提性的理论视阈——"天人合一"。二程说，"天人无间断"③，
"天人本无二，不必言合"④，"合天人，已是为不知者引而致之。天人
无间"⑤。而且，这种"无二""无间断"并不是机械性的"合一"，
而是有机性的"合一"："若夫至仁，则天地为一身，而天地之间，品
物万形为四肢百体。夫人岂有视四肢百体而不爱者哉？圣人，仁之至
也，独能体是心而已，曷尝支离多端而求之自外乎……医书有以手足
风顽谓之四体不仁，为其疾痛不以累其心故也……"⑥ 可见，二程以天
地万物为一有机生命体，以人（人心，仁）为这一生命体之"心"，
以"品物万形"为这一生命体之"四肢百体"。这在现代人看来只是

---

① （宋）程颢、程颐：《二程集》，第 1171 页。
② （宋）程颢、程颐：《二程集》，第 38 页。
③ （宋）程颢、程颐：《二程集》，第 119 页。
④ （宋）程颢、程颐：《二程集》，第 81 页。
⑤ （宋）程颢、程颐：《二程集》，第 33 页。
⑥ （宋）程颢、程颐：《二程集》，第 74 页。

一种比喻,但这种"万物有灵论"的确是那个时代的思维方式,以此为理论前提,本末、万理才能具备成为"一道""一理"的条件。

如果说"天人合一"是理论前提,"体用一源"便是二程"归万理于一理"的直接"工具"。《周易程氏传·易传序》言:"君子居则观其象而玩其辞,动则观其变而玩其占。得于辞,不达其意者有矣;未有不得于辞而能通其意者也。至微者理也,至著者象也。体用一源,显微无间。"① 此处固然是在说《易》,但其中渗透的方法却是整个二程哲学的精髓,即"体用一源,显微无间":体者、微者,理也;用者、显者,象也;理与象同源一体、无间无断。二程又进一步解释说:"冲漠无朕,而万象森然,未应不为先,已应不为后。如百寻之木,本根枝叶则一气也。若曰高明之极,无形可见,必也形诸轨辙之间,非也。高明之极,轨辙之间,皆一贯耳。"② "本根枝叶"之喻常见于《老子》与王弼《老子道德经注》,他们多以树根为本、枝叶为末,并认为"转多转远其根,转少转得其本"③,主张近根近本、远枝远末。二程以"体用"范式来阐释"本根枝叶",意思就完全不一样了,在他们那里,树根与枝叶一气贯通而共同成就了百寻之木,这棵树的"体"是那看不见摸不着的生命力,至于树根的萌发、枝叶的繁茂都是那生命力的发用流行。可见,"体用"范式超越了时间与空间,是一种非经验性的逻辑思考范式,在这种范式下,万事万物都是"天人合一"的宇宙生命体的发用流行,而使这生命体得以存在、使万事万物得以发用流行的便是作为"体"之"理"。当然,在二程那里,这"理"具有饱满的伦理内涵,它即是"仁"。

三 从"凌空蹈虚"到"惟理为实"

梁启超曾说:"凡'思'非皆能成'潮',能成'潮'者,则其

---

① (宋)程颢、程颐:《二程集》,第689页。
② (宋)程颢、程颐:《二程集》,第1253页。
③ 《王弼集校释》,第56页。

'思'必有相当之价值，而又适合于其时代之要求者也……其在我国，自秦以后，确能成为时代思潮者，则汉之经学，隋唐之佛学，宋及明之理学，清之考证学，四者而已。"① 的确，以"理"为中心的话语与思想体系的建立及传承发展，固然缘于中国哲学范式转换的内在需要，但也绝不外于时代的诉求。从现实内涵来看，二程理学实现了由"空"到"实"的转变，这种转变背后是其重振儒家信仰、重建伦常秩序的迫切愿望，同时也展现了其导引社会道德、扭转浮华风气以及弥合朝野裂隙、提升知识阶层话语权等多重努力。

　　上文曾引程颐对华严之"理"的评价，为论述方便，此处再赘引一二。当时有人问及如何"破解"华严宗的"万理归于一理"理论，程颐说："亦未得道他不是。百家诸子个个谈仁谈义，只为他归宿处不是，只是个自私。为轮回生死，却为释氏之辞善遁，才穷着他，便道我不为这个，到了写在册子上，怎生遁得？且指他浅近处，只烧一文香，便道我有无穷福利，怀却这个心，怎生事神明？"② 单就哲学形式来说，二程并不认为华严宗的"万理归于一理"说有太大问题，问题出在"理"的现实内容上。二程三番五次批评佛教"自私"——绝伦绝类、怖死爱生，其矛头就是直指"理"的现实内容。二程认为，佛教虽然在理论上以"体用"范式实现了"万理归于一理"，亦即在哲学思考上实现了"理"的超越性，但在实践中却未能做到身体力行，其主要表现就是否弃世间生活、人伦秩序，正如冯友兰替理学家发出的质问："如果担水砍柴，就是妙道，为什么'事父事君'就不是妙道？"③ 换言之，世间生活之"理"、人伦秩序之"理"，为何不能也"归于一理"？

　　佛教也的确给不出满意的回答，因为其"理"归根结底是"空"。

---

①　梁启超：《清代学术概论》，广西师范大学出版社 2010 年版，第 1—2 页。

②　（宋）程颢、程颐：《二程集》，第 195 页。

③　冯友兰：《中国哲学简史》，第 216 页。

当然，"空"并非什么都没有，而是从"缘起"视角对世界本原的解释。这种"空理"具有绝对超越性，需放弃世间和人伦。也正是在此意义上，二程批评佛教的"道"不是真正的"道"："佛氏之道，一务上达而无下学，本末间断，非道也。"① 又说："盖上下、本末、内外，都是一理也，方是道。"② 在二程的哲学视野中，佛教正是缺失了"天人合一"视阈，从而导致有上无下、有本无末、有内无外。要解决这一问题，就必须赋予"理"以至实的内涵，所谓"天下无实于理者"③，"惟理为实"④。

二程围绕"理"及其至实性建构起来的哲学体系庞大而又繁复，其重要特点是将"理"置于一个网络化的范畴系统中，而"理"的至实内涵是在与其他一系列重要范畴发生关系（或相互依赖，或有限替代，或矛盾冲突等）的过程中逐渐展现出来的，正如蒙培元所指出的，"理学范畴都是一些关系范畴"⑤。其中，理与气、理与性、理与欲、理与心等关系范畴尤其值得关注，通过对这些关系范畴的细致梳理，二程不仅赋予"理"以至实性，而且详细回应了世界与人"何以存在"以及"如何存在"等最为根本的哲学关切。

比如，二程对理、气关系的阐明，使得"理"不再仅是宇宙论论域的本原，更是存在论论域的本原，是天地万物的形上根据；而理、性关系的阐明，则使人性与物理合而为一，"理"由此具有了伦理学的意涵，成为天人合一的宇宙生命体的本原与主宰。这个意义上的"理"，才是至实的"实理"：

　　或问："何谓实理？"子曰："灼然见其是非可否也。古人有视

---

① （宋）程颢、程颐：《二程集》，第 1179 页。
② （宋）程颢、程颐：《二程集》，第 3 页。
③ （宋）程颢、程颐：《二程集》，第 66 页。
④ （宋）程颢、程颐：《二程集》，第 1169 页。
⑤ 蒙培元：《理学范畴系统》，《蒙培元全集》第三卷，第 6 页。

死如归者，苟不见死重于义，如见火之热，水之深，无复疑，则
其能者未矣。"①

可见，在二程那里，"实理"是"灼然见其是非可否"，是"视死
如归"，是舍生取义、杀身成仁，这正是儒家最珍视的德性——仁义。
二程亦说："仁者，天下之正理。失正理，则无序而不和。"② "仁即
理"是二程理学与佛教的根本区别，通过赋予"理"以"仁"的内
涵，二程辟佛辟道，重振儒家信仰，重整社会秩序与人伦秩序，这也
是包括二程在内的整个早期理学家群体共同的现实诉求。

与信仰重建密切相关的是社会道德与社会风气的导引。比如，通
过阐明理与欲的关系，二程主张"损人欲以复天理"③，程颐自述其是
这一观念的力行者："吾以忘生徇欲为深耻。"④ 再比如，二程通过阐
明理与文的关系，批驳了"文过"及其带来的华、奢等后果。二程说：
"礼者，理也，文也。理者，实也，本也。文者，华也，末也。理文若
二，而一道也。文过则奢，实过则俭。奢自文至，俭自实生。形影之
类也。"⑤ "礼"是儒家所推重的重要概念，孔子以"克己复礼"为一
以贯之之道。但是，在不同历史时期，"礼"的现实呈现并不总是那么
得体、适宜，二程就曾提到历史上因"礼"的异化而导致的社会问题，
如东汉的"苦节"、魏晋的"旷荡"以及唐朝的"三纲不正"等。有
鉴于此，二程主张从体用论视角理解"礼"，即以"理"为"体"、以
"文"为"用"，"理""文"看似二物、实则一道，明至实之"理"
可以确保"礼"之生，节华饰之"文"可以促进"礼"之成，"理"
"文"和谐便能尽量避免历史教训重演，这对于北宋王朝具有相当的现

---

① （宋）程颢、程颐：《二程集》，第1192页。
② （宋）程颢、程颐：《二程集》，第1173页。
③ （宋）程颢、程颐：《二程集》，第1170页。
④ （宋）程颢、程颐：《二程集》，第269页。
⑤ （宋）程颢、程颐：《二程集》，第1177页。

实意义。这种观念还可以从程颐反对酿酒饮酒、诗歌书法等具有一定审美意味的活动得到印证。

此外，二程理学的构建还在一定程度上体现了知识阶层对话语权的追求。有宋一代皇权加强，士阶层对经典的解释和实践受到压制。葛兆光说："知识阶层并没有其他的资源，他们只能相信文化与知识的力量，因此他们希望有一种拥有普遍适用性的'理'，而这个'理'超越一切自然与社会存在的原则，由于士人独占着对'理'的诠释、理解和实践的能力，所以，他们也希望以此得到批评的普遍权力，而批评的权力则体现着知识、思想与信仰的意义与价值……"[①] 理学思潮的确在一定程度上体现了士阶层追求话语权的努力，以至洛阳一度出现与汴梁政治中心相分离的文化中心。当然，终有宋一代，"理学"并未得到官方的明确认可，理学真正成为国家意识形态是元代以后的事情了。

第二节　惟理为实：二程理学的多重向度

作为二程哲学核心范畴的"理"，在形式上与佛教尤其是华严宗的"理"高度近似，都强调"理"作为"所以然者"的超越性，都强调"理不可分""万理归于一理"。但相较佛教，二程赋予"理"以至实的道德内涵，所谓"惟理为实"，"天下无实于理者"，"仁者，天下之正理"，这使理学不仅在学理上而且在实践中有别于佛教，并逐渐在与佛教的论争中掌握了话语权，扭转了佛道宗教"凌空蹈虚"的思想特点，将中国哲学向前推进了一步。

可以说，"理"的实在性问题是二程哲学体系建构的中心问题。二

---

① 葛兆光：《中国思想史》第二卷，第161页。

程围绕"理"及其至实性建构的哲学体系庞大而又繁复，其显著特点是将"理"置于一个网络化的范畴系统中，正如上一节所指出的，"理"的内涵是在与其他一系列重要范畴相互依赖、有限替代或矛盾冲突等关系中呈现出来的。尤其是通过对理与气、理与性、理与欲等关系范畴的阐明，二程全面回应了世界与人何以存在以及人如何生存等根本哲学问题。

一　理体气用：世界何以存在

哲学是对本原的追问，佛教通过"体相用"思维实现了"万理归于一理"，从而给出了关于世界本原的答案。但是佛教的"理"归根结底是"空理"，它否定世间和人伦，因此遭到宋儒的激烈批评。就早期理学家尤其是"北宋五子"而言，真正针对佛教理论"单刀直入"的主要是张载和二程，二程使用的"工具"便是"理—气"这对关系范畴，这也是二程理学最基础、最根本的关系范畴。

先简略言"气"。在中国思想史上，"气"的使用远比"理"要早且广泛。《说文解字》释"气"为"云气"，恐怕只说出了"气"的一种含义或用法，实际上早在《论语》中就有"血气"（《论语·季氏》）、"辞气"（《论语·泰伯》）、"食气"（《论语·乡党》）等说法，孟子曾言及"旦气""夜气"（《孟子·告子上》）以及"浩然之气"（《孟子·公孙丑上》）。道家也言"气"较多，老子说"专气致柔"（《老子》第十章），庄子则有"云气"（《庄子·逍遥游》）、"噫气"（《庄子·齐物论》）等说法。在上述用法中，"气"多与表示具体事物的名词或表示具体状态的形容词组成偏正结构，被名词或形容词所限定，表示一种具有实在性的具体存在。如果再结合荀子的论述，则上述关于"气"的用法可以得到更好地理解，荀子说："水火有气而无生，草木有生而无知，禽兽有知而无义，人有气、有生、有知，亦且有义，故最为天下贵也。"（《荀子·王制》）从无生命者到有生命者，从没有知觉的植物到有情有义的人类，天地万物的构成性元素或质料是"气"。值得注意的是，《老子》《易传》等经典中关于"气"的部分论述已具有一定理论色彩。老子言"万物负阴而抱阳，冲气以为和"（《老子》第四十二章），以"阴""阳"论"气"，"气"被逻辑地分类。《易传》"一阴一阳之谓道"的命题不仅指出"气"的分类（阴阳），而且隐含着"气"的发生机制（阴阳运化）及其根据（道）。阴阳观念与五行观念等又共同构成了汉代哲学的重要理论资源，董仲舒说："天地之气，合而为一，分为阴阳，判为四时，列为五行。"（《春秋繁露·五行相生》）当董仲舒伸张"天人感应"观念时，那种感应也是基于阴阳之"气"的运化："天有阴阳，人亦有阴阳。天地之阴气起，而人之阴气应之而起；人之阴气起，天地之阴气亦宜应之而起，其道一也。"（《春秋繁露·同类相动》）

　　二程继承了传统哲学中的"气"观念。首先，二程认为天地万物皆源于"气"，如程颐说："陨石无种，种于气。麟亦无种，亦气化。厥初生民亦如是。"① 从陨石等无机物到麟等走兽，再到人这样的灵长类生物，均依"气"而生，整个世界都是"气化"的产物。其次，二程用"气"——更具体而言是"气"的"感通"或"感应"——解释大量自然现象与社会现象，比如在回答刘安节关于"人死于雷霆"之问时，二程说："夫为不善者，恶气也；赫然而震者，天地之怒气也，相感而相遇故也。"② "人死于雷霆"，这在今人看来是自然科学论域的问题，二程做了"气论"的解释，即人的"恶气"与天地之"怒气"相感相遇。再如，社会与历史的变化也被二程还原为"气"的变化："时所以有古今风气人物之异者，何也？气有淳漓，自然之理。有盛则必有衰，有终则必有始，有昼则必有夜。譬之一片地，始开荒田，则

---

① （宋）程颢、程颐：《二程集》，第161页。
② （宋）程颢、程颐：《二程集》，第1224页。

其收谷倍，及其久也，一岁薄于一岁，气亦盛衰故也。"① 此外，"杀孝妇而旱""杀暴姑而雨""在此而梦彼""已死而梦见"以及人的福祸寿夭等也都被二程归因于"气"的"感通"或"感应"。一言以蔽之："天地之间，感应而已，尚复何事？"②

在此基础上，二程又对"气"追根溯源。二程说："若谓既返之气复将为方伸之气，必资于此，则殊与天地之化不相似。天地之化，自然生生不穷，更何复资于既毙之形，既返之气，以为造化？近取诸身，其开阖往来，见之鼻息，然不必须假吸复入以为呼。气则自然生。"③物之变化不必假借于既毙之形，所呼之气也不必依赖于既吸之气，"气"自然可生。二程进一步提出，"气"的自生，生自"真元之气"："真元之气，气之所由生，不与外气相杂，但以外气涵养而已……真元自能生气，所入之气，止当辟时，随之而入，非假此气以助真元也。"④这就好比鱼在水中，水作为"外气"只是供给鱼儿环境、食物，鱼的性命却并非源于水，而是来自"真元之气"；人亦同理。

乍看起来，二程似以"气"（真元之气）为世界本原，是所谓"气本论"者。可是，二程又说："心所感通者，只是理也……至如梦寐皆无形，只是有此理。若言涉于形声之类，则是气也。物生则气聚，死则散而归尽。有声则须是口，既触则须是身。其质既坏，又安得有此？乃知无此理，便不可信。"⑤既以"感通"为"气"的事情，又说"心所感通者只是理"，这不是矛盾吗？二程究竟主张"气本""理本"还是"理气二本"？这是关涉二程哲学本质的关键问题。对此，二程对《易传》"一阴一阳之谓道"命题的阐释值得注意：

---

① （宋）程颢、程颐：《二程集》，第156页。
② （宋）程颢、程颐：《二程集》，第1226页。
③ （宋）程颢、程颐：《二程集》，第148页。
④ （宋）程颢、程颐：《二程集》，第165—166页。
⑤ （宋）程颢、程颐：《二程集》，第56页。

"一阴一阳之谓道"，此理固深，说则无可说。所以阴阳者道，既曰气，则便是二。言开阖，已是感，既二则便有感。所以开阖者道，开阖便是阴阳。①

离了阴阳更无道，所以阴阳者是道也。阴阳，气也。气是形而下者，道是形而上者。形而上者则是密也。②

二程哲学中"道""理"同义。当《易传》说"一阴一阳之谓道"，"道"是阴阳的存在及其运化，至于是"如何存在运化"（实然）还是"何以存在运化"（所以然），《易传》没有明说，或谓混为一谈。二程却对此做了细致区分。在二程看来，"气"有形，是形而下者，展现为阴阳及其开阖、存在、运化，亦即"实然"；"道""理"无形，是形而上者，是"所以阴阳者""所以开阖者"，亦即"所以然"。总之，"道""理"与"气"不即又不离，"气"是"道""理"的载体、显现，"道""理"是"气"的根据、规则，"天下物皆可以理照，有物必有则，一物须有一理"③。

可见，二程对"理""气"的言说分属不同的论域。当二程说气可自生、气化万物时，是在解释经验世界的生成、构造、运化，同时也是确认世界的实在性或现实性。这一探索当然也属于哲学探索，但更确切地说属于宇宙论或自然哲学。二程哲学的终极追问显然并未止步于此，他们更感兴趣的是经验世界背后的运行逻辑，而这单靠"气"是解决不了的，因此又置"理"于"气"之上。二程对"理"的言说更多属于存在论或生存论。

接下来的问题是，"气"是经验性的，而"理"是思辨性的，二者如何能建立起"不即不离"的关系？二程解决这一问题的思路是引

---

① （宋）程颢、程颐：《二程集》，第160页。
② （宋）程颢、程颐：《二程集》，第162页。
③ （宋）程颢、程颐：《二程集》，第193页。

入"体用"思维。二程说："至微者理也，至著者象也。体用一源，显微无间。"①又说："理无形也，故因象以明理。理见乎辞矣，则可由辞以观象。"②"理"至微无形，"象"至著有形，而"有形总是气，无形只是道"③，由此，所谓"体用一源"便是指"理气一源"——"理"是"气"之本体，"气"是"理"之发用。如此，"理""气"之间便不是经验性的生成、构成关系，也不是可以取此舍彼、两相间断的本末关系，它们同源于万物一体的宇宙生命体，不即不离。二程通过"体用"思维建构的理气关系，一方面因其确认了"理"的实在性而对佛教形成了有效对治，另一方面又因其实现了"理"的超越性而对中国传统本土哲学有所超越，"理"既实在又超越的特点鲜明展现了二程的哲学追求。可见，"理"才是二程苦苦探索的哲学本原，二程哲学的核心贡献在于"理本"。当然，二程"理本论"仍嫌模糊，后来朱熹进一步将"理本论"推至极致，所谓"且如万一山河大地都陷了，毕竟理却只在这里"④。

由上，二程试图通过辨析理气关系，从根本上回答世界何以存在、如何存在等根本性哲学问题：从宇宙论或自然哲学角度来说，世界是"气化"的产物；从存在论（某种意义上也是生存论）角度来说，"气化"的世界又是因"理"而在；世界的存在以"理"为体、以"气"为用，体用一源，显微无间。从传统哲学的宇宙论论域转向存在论论域，二程哲学的思辨性意味明显增强，这是其相较传统哲学的进步和特色。但需指出的是，二程的"理"并不具有纯粹的超越性，或者说它作为世界的本原并不具有完全的独立性，这也决定了二程理学并不是纯粹思辨的存在论。二程"理本论"框架下仍隐现着"理气二元论"的影子，这是早期理学的思维特点，也为理学的后期走向埋下了

---

① （宋）程颢、程颐：《二程集》，第689页。
② （宋）程颢、程颐：《二程集》，第271页。
③ （宋）程颢、程颐：《二程集》，第83页。
④ （宋）朱熹：《朱子语类》卷一，《朱子全书》第14册，第116页。

伏笔。

二 性即理也：人何以存在

正如本书绪论中所指出的，冯友兰认为新儒家意在使道德行为获得超道德价值，牟宗三认为宋明理学意在建构一种道德的形而上学，李泽厚认为宋明理学是一种伦理学主体性的本体论，这些观点都很有见地，共同指出了理学的道德伦理底色。反映在二程哲学上，"理"不仅要在本原论论域中作为"所以然"展现其实在性，还要在伦理与工夫论域中作为"应然"获得其合法性，这实际上是要解决人何以存在、如何存在等根本性的哲学问题，这些问题的解决有赖于对"理""性"关系的妥善处理。

朱熹尝言："'性即理也'一语，直自孔子后，惟是伊川说得尽。这一句，便是千万世说性之根基。"① "性即理"是二程哲学的核心命题，朱熹如此赞佩固然有其强化理学谱系的考虑，但这一评价确有道理。关于二程之"理"，前文已有述及，此处先从"性"说起。

首先，二程论性采取与张载类似的思路，即"分性为二"——一为"情性"一为"德性"，或一为"气质之性"一为"天命之性"。借助"气""才"等概念，二程对先秦诸子尤其是告子的"生之谓性"说做了进一步发挥，在"气—才"意义上将"性"界定为"生质之性"②，有时也称"性质之性"（或"气质之性"）③。生质之性（性质之性、气质之性）实即告子哲学意义上的"生性""欲性"或荀子哲学意义上的"情性"。与此同时，二程认为只谈"情性"或"气质之性"远远不够，因为这并非"性"的本原义。在二程看来，人、物、牛、马之性固有共通之处，但并非毫无差别，孟子言人性善于牛马之

---

① （宋）朱熹：《朱子语类》卷九十三，《朱子全书》第 17 册，第 3107—3108 页。
② （宋）程颢、程颐：《二程集》，第 102 页。
③ （宋）程颢、程颐：《二程集》，第 207 页。

性，才算是说出了"性"的本原义。二程称这个本原义为"德性"："'德性'者，言性之可贵，与言性善，其实一也。"①"德性"亦即人们通常从二程文本中归纳出的"天命之性"或"义理之性"。在二程这里，"德性"固然是性之实然，但也具有典范意味与应然意味；或者说，"德性"固然是先天禀赋的本能欲求，但也具有鲜明的价值取向，是值得实现并应当实现的本质。当"德性"进入"万物一体"视域，它就具备了上升到"理"的可能性。

其次，"分性为二"开启了二程性论的价值之维，表面看来二程以孟子"性善论"为基本立足点，同时极力批驳荀子"性恶论"，事实上二程性论既有区别于孟学之处，亦有共通于荀学之处。一方面，二程区分"性"与"才"，认为"气"有清浊，"才"有美恶，这造就了善恶："气"清"才"美者向善，"气"浊"才"恶者向恶，只有那至清、至美的"气—才"才称得上是本原之"善性"，所谓"德性谓天赋天资，才之美者也"②。另一方面，二程区分"性"与"情"，当"情"与"性"一致或受制于"性"时，便无往而不善；一旦"情"脱离"性"的轨制，"发而不中节"，便会导向恶。再一方面，"心"在二程哲学中也并非皆善。作为"性"的有形载体与具体呈现，"心"分"人心""道心"两种形态，"人心"只是私欲，"道心"才是涤除私欲之后的理想形态与典范形态。总之，二程认为才、情、心皆不可遽然称善，这与孟子心、性、才、情皆善的论性思路明显不同。

上述建构路径的差异造成了重大的理论后果，即二程为"恶"的问题预留了充分的解释空间。孟子性论备受荀子诟病之处即在于那种完美的"德性"不能容留任何"恶"的存在，也就难以在理论和现实两个层面解释"恶"的成因与应对之道，荀子的思路是以"性"为"恶"，而主张以外在的"礼"相规约。当二程以"气—才"来解释

---

① （宋）程颢、程颐：《二程集》，第 125 页。
② （宋）程颢、程颐：《二程集》，第 20 页。

"恶"时正是将荀子的相关观念引入自身性论之中，他们说："有自幼而善，有自幼而恶，是气禀有然也。善固性也，然恶亦不可不谓之性也。"① 说得更直接一点：善是性，恶也是性，性善恶相混。这看似与"性无不善"的表述相矛盾，其实只是侧重不同："性善恶混"是就实然统而言之，"性无不善"则是择性之应然一端而言。在二程看来，"不是性中元有此两物（指善与恶——引者注）相对而生"②，"善"是性的理想形态、典范形态，它既是"实然"（至清之气）更是"应然"（继之者善），"恶"则是"善"被遮蔽的状态，也就是"生质之性"的浊态。这种辨析为"性"从"善恶混"到"无不善"敞开了空间。

最后，二程为"德性"的存在与存养赋予了形上根据——"理"，所谓"性即理也"。中国哲学自先秦开始的本原追问至魏晋时期遭遇了明显的瓶颈，即"本末"思维"非此即彼"的理论特质决定了本原追问难以彻底。为解决"本末"思维的困难，先有玄学主张"崇本举末"，后有佛教提出"理不可分"，中国哲学才逐渐找到突破瓶颈的致思方向。二程沿此思路继续探索，他们意识到，若要突破"本末论"困境，必须先做两个理论准备——"万物一体"与"体用一源"。唯有"万物一体"，"万理"才具有统一性，也才具有归于"一理"的可能性；而唯有"体用一源"，"一理"才具有主宰性，也才具有涵摄"万理"的可能性。反映在二程哲学上，单将"物之理"归于"一理"显然不够，"人之理"亦不能外，"人之理"也就是"人性"。故此，当唐棣问"性"时，程颐答说："性即理也，所谓理，性是也。天下之理，原其所自，未有不善。"③ "性即理"精炼地指出了人性与物理的统一性，也创造性地将具体的"德性"形式化为普遍的"天理"，这标志着二程在形式上最终完成了"理一"哲学的建构，也标志着二

① （宋）程颢、程颐：《二程集》，第10页。
② （宋）程颢、程颐：《二程集》，第10页。
③ （宋）程颢、程颐：《二程集》，第292页。

程一定程度上解决了中国古代哲学一次重大"危机"。难怪朱熹要对"性即理"命题大加赞佩，以其为孔子之后无出其右者，并称其为"千万世说性之根基"。

当"性""理"合一，这个本原或主宰就有了人间的温度。上文已指出，二程之"性"不仅是"情性"亦是"德性"，具有"善"的价值取向，这个"善"具有儒家向来所推重的伦理内涵，所谓"仁、义、礼、智、信五者，性也。仁者，全体；四者，四支"①。"理—性"即是仁、义、礼、智、信等德性，并以"仁"为其"全体"，故而可简明言之"仁即性"。二程主张"性即理"，又主张"仁即性"，自然也主张"仁即理"，所谓"仁者，天下之正理。失正理，则无序而不和"②，"仁"被提升至世界本原的地位。二程论"仁"，首先强调其"通"义，此义是二程受医学启发而悟出来的，所谓"医家以不认痛痒谓之不仁，人以不知觉不认义理为不仁，譬最近"，"医书言手足痿痹为不仁，此言最善名状"。一个健康的生命体总是"疾痛累心"的，这种感知的通贯就是"仁"的具体体现。同理，宇宙万物就像一个整全的、活生生的生命体，每一人、每一物都是这有机体的组成部分，"仁"即是万物之间的彼此贯通、相互珍视。其次，二程论"仁"，还强调其"公"义。二程说："有少私意，便是不仁……只是一个公字。"③ 如果人能做到公而无私，便能"物我兼照""人我兼照"，视天地万物为一体，知痛痒，泛爱众，如此便是仁。

总之，通过"性即理"命题的证成，二程将"德性"提升为"天理"，或说使"天理"贯通于人之"德性"，"理—性"是人类社会存在、发展的终极根据。在这个意义上，人不是无根的存在，人类与天地万物分有共同的根据，甚至这个根据就在人自身之中。

---

① （宋）程颢、程颐：《二程集》，第14页。
② （宋）程颢、程颐：《二程集》，第1173页。
③ （宋）程颢、程颐：《二程集》，第284—285页。

三 明理灭欲：人如何生存

如果说"理气之辨"与"理性之辨"分别赋予"理"以实在特质与价值内涵，从而解决了世界何以存在、人何以存在等根本性的哲学问题，那么二程对于人如何生存这一问题的回答主要是通过"理欲之辨"这一论题来实现的。通过对"理—欲"这对关系范畴的辨析，二程阐明了人所应当采取的存在方式、生活方式。

"理—欲"作为一对哲学关系范畴的显化始自宋代，但其背后隐含的"欲望"与"规范"之间的张力却是人类社会永恒的主题，只不过在不同时期、不同学者那里呈现出不同的形态。孔子曾说："富与贵是人之所欲也，不以其道得之，不处也；贫与贱是人之所恶也，不以其道得之，不去也。"（《论语·里仁》）固然，富贵并不就是欲望的全部，但是它展现了"欲"所蕴含的"利"的指向：从正面看，"欲"是对富贵的渴求，是趋利；从反面看，"欲"是对贫贱的嫌弃，是避害。与此同时，孔子还指出与"欲"发生张力的"规范"一端——"道"，或更具体地说，是"义"。在孔子那里，"理欲之辨"呈现为"道欲之辨"或"义利之辨"的形态，他主张"以道得欲"或"以义处利"。

"孟告之辩"中，告子把"欲"提升至"性"的高度，所谓"食色，性也"（《孟子·告子上》），这种以"食色"为主要内涵的"欲性"强调的是人的官能欲求。孟子在核心观点上虽与告子不同，但也将"欲性"作为致思的逻辑起点，他说："口之于味也，目之于色也，耳之于声也，鼻之于臭也，四肢之于安佚也，性也……"（《孟子·尽心下》）这明显是把味、色、声、嗅、安佚"五者之欲"看作"性"。当然孟子不只认可"欲性"，更强调"德性"，此不赘述。荀子在"欲性"观念基础上明确提出"情性"概念："今人之性，饥而欲饱，寒而欲暖，劳而欲休，此人之情性也。"（《荀子·性恶》）荀子认为

"欲—情"构成了人性（情性）的主要内容，所谓"性者，天之就也；情者，性之质也；欲者，情之应也"（《荀子·正名》）。总之，告、孟、荀均在事实上"以欲为性"，且都承认"欲性""情性"的自然性、合理性，由于他们对"欲"的价值判断不一致，各自提出的相应"规范"便也不同。其中，告子认为"欲性""无分于善不善"，故主张以义导欲，所谓"仁内义外"；孟子认为性、情本善，"陷溺其心"或"放其良心"才导致了恶的出现，故主张"寡欲""养心"，所谓"仁义内在"；荀子则认为"情性"向恶，单靠反身向内的做法难以制欲，故主张以师法之化、礼义之道"化性起伪"，所谓"仁义外在"。汉代学者的理论建构与政治实践大抵沿着荀子的思路展开，如董仲舒说："若去其度制，使人人从其欲，快其意，以逐无穷，是大乱人伦而靡斯财用也……今欲以乱为治，以贫为富，非反之制度不可。"（《春秋繁露·度制》）"礼"在董仲舒那里进一步落实为"度制"或"制度"，他主张"以度制欲"。汉末魏晋动荡不安的特殊环境激发了玄学对"欲望"与"规范"问题的深入思考，嵇康《释私论》所谓"越名教而任自然"便是颇具代表性的答案，这在某种意义上可视为向"德性自然"传统的复归，这一倾向至隋唐时期统一政权重新建立后再度扭转，重礼传统重又得到重视。

可见，早自先秦人们就已意识到"欲"的自然性、合理性以及"纵欲"的危害性、控制的必要性，于是提出各种制欲"规范"，或侧重内在修养，或侧重外在礼法，或二者兼修并重。但从历史来看，这些规范似难以从根本上解决问题，即难以逃脱"制欲—窒欲—纵欲—制欲"的循环。二程对此亦有深刻体认，他们曾指出，秦朝因暴虐而亡，汉朝鉴于秦亡的教训隆礼重法，重礼至于苦节，继起的魏晋反而流于旷荡……"欲望"与"规范"（或"乱"与"治"）在天平两端始终不能取得平衡。① 有鉴于此，二程基于以 "理" 为中心范畴的话语与思想系统，提出了 "理欲之辩" 这一新的 "欲望—规范" 框架。

二程首先以 "是否必需" 为标准对 "欲" 进行区分："天下之害，皆以远本而末胜也。峻宇雕墙，本于宫室；酒池肉林，本于饮食；淫酷残忍，本于刑罚；穷兵黩武，本于征伐。先王制其本者，天理也；后王流于末者，人欲也。"② 对于一国统治者而言，居有宫室、饥有饮食、内有刑罚、外有征伐，这些欲求是实现国家治理必要的、正常的条件，对这些条件的追求和满足是有 "天理" 作为依据的；一旦越过这些必需条件，过度追求峻宇雕墙、酒池肉林、淫酷残忍、穷兵黩武，那就变成了 "人欲"。此处的 "人欲" 基本上可与 "私欲" 或 "嗜欲" 画等号，是超过正常需求、必要需求的过分需求，没有 "天理" 上的依据。

二程进一步指出，私欲、嗜欲对于人的生存是有害的，他们说："孔子曰：'枨也欲，焉得刚？' 甚矣欲之害人也。人之为不善，欲诱之也。诱之而弗知，则至于天理灭而不知反。故目则欲色，耳则欲声，以至鼻则欲香，口则欲味，体则欲安，此皆有以使之也。"③ 在二程看来，私欲、嗜欲的危害在于 "诱人作恶"。具体而言，耳目口鼻之欲易使人陷溺于各种舒适享乐之中，难以自拔。长此以往，人会对天理失去觉知，进而开始言恶行恶。在此意义上，孔子指出 "枨也欲，焉得刚"，即嗜欲过度之人不可能真正刚强；庄子指出 "嗜欲深者，其天机浅"（《庄子·大宗师》），即嗜欲过度之人很难窥得天机。总之，二程认为 "私欲万端害于仁"④，"人于天理昏者，是只为嗜欲乱着佗"⑤。这也意味着，对于私欲、嗜欲，必须尽可能地予以摒除。

---

① （宋）程颢、程颐：《二程集》，第 236 页。
② （宋）程颢、程颐：《二程集》，第 1170 页。
③ （宋）程颢、程颐：《二程集》，第 319 页。
④ （宋）程颢、程颐：《二程集》，第 153 页。
⑤ （宋）程颢、程颐：《二程集》，第 42 页。

如何才能摒除私欲、嗜欲？二程说，"损人欲以复天理，圣人之教也"①，简而言之就是以理制欲。尽管从分析的角度而言，以理制欲可以分解为两个方面，即"损人欲"与"复天理"，实际上这两个方面是一回事，所谓"不是天理，便是私欲……无人欲即皆天理"②。"天理"又是天地万物与世间人伦的终极依据，是永恒的、超越的存在，是出于自然的德性，因此二程"以理制欲"的生存方式重点即在于"制欲"，只要欲望得制，天理自明。

具体而言，"制欲"可分为两种情形。其一，对于正常的、必要的欲求，要予以适度满足。二程论养生经验时说："吾尝夏葛而冬裘，饥食而渴饮，节嗜欲，定心气，如斯而已矣。"③夏葛、冬裘、饥食、渴饮，此即孔子所谓"饮食男女人之大欲"，亦即告子所谓"食色性也"，对这些欲求的满足，关乎一个人的生命与身心健康，只可疏，不可堵，否则反而滋生私欲、嗜欲。其二，对于私欲、嗜欲，要适时予以涤除。在具体操作上，二程相信内省的力量："然则何以窒其欲？曰思而已矣。学莫贵于思，唯思为能窒欲。曾子之三省，窒欲之道也。"④既是内省，自然要涉及省思的标准。在二程看来，这一标准无疑就是"理"，或者说是"仁"。"理"或"仁"作为本原，其发用流行即是"礼"，所谓"视听言动，非理不为，即是礼，礼即是理也"⑤。依礼而行即是依理而行，欲望最终变成了对理或礼的欲望。这也是二程"理欲观"较传统"欲望—规范"观念更为成熟之所在，即他们将"本末"关系中的"规范"与"欲望"，重新以"体用"思维做了改造，天理的呈现即是欲望的实现，欲望的实现即是天理的呈现，不更分别。

自"性"的角度而言，二程的"理欲"观又与其"性情"观相一

---

① （宋）程颢、程颐：《二程集》，第1170—1171页。
② （宋）程颢、程颐：《二程集》，第144页。
③ （宋）程颢、程颐：《二程集》，第70页。
④ （宋）程颢、程颐：《二程集》，第319页。
⑤ （宋）程颢、程颐：《二程集》，第144页。

致；而自 "心" 的角度而言，二程的理欲观又与其 "道心人心" 观相一致。理体欲用、性体情用、道心为体人心为用等观念，几乎规定了整个理学思潮对于 "人如何生存" 这一根本哲学问题的回答。

第三节　明理达道：即存在即工夫

通过话语、思维与价值观念的转换，二程兄弟建立起了以 "理" 为中心范畴的思想系统，并通过对 "理气" "理性" "理欲" 等关系范畴的辨析，系统回答了 "世界何以存在" "人何以存在" 以及 "人如何生存" 等根本性的哲学问题。与 "哲学地探索" 相与而成的是 "哲学地生活"，后者作为哲学实践在二程这里便体现为以 "明理达道" 为旨归的道德修养工夫论。

同邵雍、周敦颐、张载等人一样，二程道德修养工夫论的建构也是基于传统儒家道德修养方法所面临的理论困难，对此，本书上几章尤其是探讨张载工夫论时已有过详论。总的来说，传统儒家的道德修养方法，或重视内在修养，或重视外在修养，或为纠前两者之偏而重视内外兼修，但受限于传统儒家以 "本末论" 为主的思维方式，内外兼修难以真正彻底实现。对此，二程亦有深刻洞察，如程颐曾说："今之语道，多说高便遗却卑，说本便遗却末。"① 这既是 "本末论" 的理论特点，也是其理论瓶颈。二程的工夫论 "药方" 正是针对这一 "病症" 而开出的。

一　内体外用：新的修养机制的构建

同张载一样，二程工夫论建构的首要工作也是重新确认道德的来

---

① （宋）程颢、程颐：《二程集》，第160页。

源。从思想资源来看，二程更多取于思孟学派，以"天"（性）为道德之源，他们说："心具天德，心有不尽处，便是天德处未能尽，何缘知性知天？尽己心，则能尽人尽物，与天地参，赞化育。赞则直养之而已。"① 考虑到思孟学派的德性论建构，此处二程显然是合说思孟，以"心性"为道德根源。与思孟学派不同的是，二程"分性为二"——一为"情性"，一为"德性"。"性之德"还并不就是"德性"，所谓"'德性'者，言性之可贵，与言性善，其实一也。'性之德'者，言性之所有；如卦之德，乃卦之韫也"②。也就是说，"性之德"实为"性之得"，亦即"性"之所有、所蕴，而"德性"是其中善的、可贵的部分，所谓"德性谓天赋天资，才之美者"。下文还将指出，这种对"性"的严格区分，为道德修养工夫敞开了多元化的言说空间。

以上所论，无论是"情性"还是"德性"，基本上都停留在经验层面，二程德论的独特之处在于他们在此基础上又对"德性"做了提升。二程说："有德者，得天理而用之，既有诸己，所用莫非中理。"③"德性"之所以能成为"性"中善的、可贵的部分，从根本上说是因其对"天理"的获得，或更加直截了当地说，"性即理也，所谓理，性是也"。不仅人性与物理具有同一性，而且它们的普遍形态——德性与天理也具有同一性，包括人在内的天地万物之"理"（性）最终归于"一理"（一性）。二程说："理则天下只是一个理，故推至四海而准，须是质诸天地，考诸三王不易之理。故敬则只是敬此者也，仁是仁此者也，信是信此者也。"④ "理"是道德的终极来源与依据。对于"理"，二程有时仍沿用传统哲学的核心概念"道"作为代称，有时又以赋予了新内涵的"道理"一词作为代称，"天理""理""道""道

---

① （宋）程颢、程颐：《二程集》，第78页。
② （宋）程颢、程颐：《二程集》，第125页。
③ （宋）程颢、程颐：《二程集》，第14页。
④ （宋）程颢、程颐：《二程集》，第38页。

理"在二程哲学体系中几无分别。二程道德修养的目标是"明理达道"。

与佛教以"道""理"为"空"的观念不同，二程赋予"道""理"以至实的内涵。范季平问："'博学而笃志，切问而近思，仁在其中'，如何？"二程回答说："仁即道也，百善之首也。苟能学道，则仁在其中矣。"① 二程还曾说："仁者，天下之正理。失正理，则无序而不和。"② "道""理"不是别的，正是儒家核心价值观念"仁"，作为"道""理"的"仁"由此成为天地万物的终极依据。在此意义上，"明理达道"的道德修养工夫便具体化为对"仁"的体识与通达。

道德的来源及修养的目标重新确立以后，具体的修养工夫便呼之欲出了。二程吸收借鉴佛教哲学的"体用"思维，对传统儒家道德修养方法予以改造，试图统合"内修"与"外修"两种修养路径，实现真正彻底的"内外兼修"。

二程在《周易程氏传·易传序》中通过说明"意—辞"（理—象）关系而对"体用"思维做了纲领性阐述，他们说："君子居则观其象而玩其辞，动则观其变而玩其占。得于辞，不达其意者有矣；未有不得于辞而能通其意者也。至微者理也，至著者象也。体用一源，显微无间。"③ "体用"思维的特点主要体现在两个层面：一是"体""用"同源一体，不可截然二分；二是"体""用"相与而成，不分本末先后，"体"是"用"之根据，"用"是"体"之呈现。总之，曾经作为事物"本""末"的部分被转化成了"体用"关系中的存在，从而摆脱了经验层面上亦即时空层面上的本末先后关系，建立起超越时空的逻辑关系。在这个问题上，二程喜欢用老子和王弼常用的树的比喻作为论证，程颐说："冲漠无朕，万象森然已具，未应不是先，已应不是

---

① （宋）程颢、程颐：《二程集》，第283页。
② （宋）程颢、程颐：《二程集》，第1173页。
③ （宋）程颢、程颐：《二程集》，第689页。

后。如百尺之木，自根本至枝叶，皆是一贯，不可道上面一段事，无形无兆，却待人旋安排引入来，教入涂辙。既是涂辙，却只是一个涂辙。"① 曾经以"本末"关系存在的"根本—枝叶"变成了"体用"关系中的存在，没有根本则枝叶无以存在，没有枝叶则根本无以开显，二者同源于树那看不见的生命力，也共同构成了树得以存在的条件。

这种思维方式层面的转换为二程构建新的道德修养工夫论提供了理论上的支撑。二程说：

> 人自孩提，圣人之质已完，只先于偏胜处发……去气偏处发，便是致曲；去性上修，便是直养。然同归于诚。②

圣人生知安行，"圣人之质"是自足完备的天性、天理，"去性上修"便是存养心性、明理达道，这实际上是继承自思孟学派的内修取径，只不过此处性、理不再是经验的存在，而被提升为超验的存在。与此同时，二程亦认可"去气偏处发"。"论性及气"是二程论性的基本原则，其所谓"气偏处"也就是上文所述"性之德"（性之得）中不那么可贵、不那么醇善的部分，或"恶"的部分；"去气偏处发"也就是从"气偏处"下手，尤其是从"恶"的方面下手，通过人为的方式纠正偏险、变化气质，最终达到"复性"目标。

由此可见，二程意识到了"内外兼修"的必要性："内修"是直接修养，所谓"直养"，具体而言即是"去性上修"，亦即存性明理；"外修"是间接修养，所谓"致曲"，具体而言即是"去气偏处发"，亦即通过学习变化气质。程颐曾说："生知者，只是他生自知义理，不待学而知。纵使孔子是生知，亦何害于学？如问礼于老聃，访官名于郯子，何害于孔子？礼文官名，既欲知旧物，又不可凿空撰得出，须

---

① （宋）程颢、程颐：《二程集》，第153页。
② （宋）程颢、程颐：《二程集》，第81—82页。

是问他先知者始得。"① 即便"生知"如孔子，亦不妨多学多问、增进知识，这正是程颐主张"内外兼修"的明证。

当然，二程所追求的"内外兼修"不同于王弼哲学意义上的经验方式，而是以"体用"范式重新建构了"内修"与"外修"之间的关系，以避免陷入"说高便遗却卑，说本便遗却末"之困局。具体而言，"内修"不单单是"本"，更是"体"；"外修"不单单是"末"，更是"用"；如此，"内外兼修"便要求以"内修"为"体"、"外修"为"用"，或简言之"内体外用"。由于二者是逻辑上的相与而成的关系，因此任何一方的遗却都意味着另一方不能成立。程颐曾说："须看圣人欲正名处，见得道名不正时，便至礼乐不兴，自然住不得。夫礼乐，岂玉帛之交错，钟鼓之铿锵哉？"② 所谓"道名"之"道"便是二程哲学语境中的"性""理"，"道名正"也就是性之存、理之明，这正是"内修"以及整个道德修养工夫的目标，"礼乐"则是"外修"的目标与方式。"道名正"是"礼乐兴"的基础与依据，"礼乐兴"则是"道名正"的呈现与发用，二者之间不是非此即彼而是同源一体的关系。

"内体外用"式的内外兼修工夫论意味着道德实践不必拘泥于所谓的"体"与"用"，因为二者具有内在的一致性。二程说："自其外者学之，而得于内者，谓之明。自其内者得之，而兼于外者，谓之诚。诚与明一也。"③ 这种以"体用"思维建构起来的"内外兼修"模式是儒家道德修养论新的典范形态。

二程以高度思辨的哲学体系为依托，重新确立了道德的来源——"天理"，并构建了以"理体礼用"为主要结构的内外兼修的道德修养工夫论。在此基础上，二程又进一步提出了道德修养的具体方法，一言以蔽之即"涵养须用敬，进学则在致知"④。"涵养"与"进学"分

---

① （宋）程颢、程颐：《二程集》，第 152 页。
② （宋）程颢、程颐：《二程集》，第 260 页。
③ （宋）程颢、程颐：《二程集》，第 317 页。
④ （宋）程颢、程颐：《二程集》，第 188 页。

别侧重内在修养与外在修养两种不同的进路，"用敬"与"致知"则分别是这两种进路最为根本、最为重要的方法。

二　涵养须用敬：直内还是方外

就"涵养须用敬"而言，这一修养进路背后是二程精致的人性思想。如上节所论，基于"理体气用"的本原论框架，二程对儒家核心概念"性"作了精细研辨与区分：从"气"上说，"性"是"德性"或"气质之性"（生质之性、性质之性）；从"理"上说，"性"是"理"，是天地万物的终极依据。气有清浊淳漓，禀赋相应之气而形成的气质之性便有善恶之别；"性—理"① 则不同，它是作为"才之美者"的"德性"的擢升，是使天地万物统一为一个有机整体的"仁"，它醇善无恶，是人性的理想形态。在二程的话语体系与思想体系中，单言"性"字时往往即指"性—理"——作为"理"的"性"。

正是基于这样的人性论背景，程颢提出了道德修养的整体思路与基本原则：

> 道即性也。若道外寻性，性外寻道，便不是。圣贤论天德，盖谓自家元是天然完全自足之物，若无所污坏，即当直而行之；若小有污坏，即敬以治之，使复如旧。所以能使如旧者，盖为自家本质元是完足之物。②

"道"在二程哲学的话语体系中即是"理"，"道即性"也就是"理即性"，道、理、性、天德或仁是每个人先天自足之物，不假外求。如果"性"未曾污坏，"直而行之"即可，或如程颢在其著名的《识

---

① 前文曾对"理—性"一词做过说明，此处"性—理"也是针对二程"性即理"命题而构造的合成词，"理—性"是从"理"的角度而言，"性—理"是从"性"的角度而言，二者实则为一。

② （宋）程颢、程颐：《二程集》，第1页。

仁篇》中所说："仁者，浑然与物同体。义、礼、知、信皆仁也。识得此理，以诚敬存之而已，不须防检，不须穷索……存久自明，安待穷索？"① 但如果"性"为私欲所遮蔽，有所污坏，那就需要费一番修复的工夫，所谓"敬以治之，使复如旧"，或如《识仁篇》所说，"理有未得，故须穷索"②。对待未曾污坏的"性"的方法，实际上也就是程颐所说的用敬以涵养，敬而存之，敬而直行，无须思虑，无须穷索。

"敬"作为概念或观念古已有之，如孔子就曾明确以"修己以敬"（《论语·宪问》）作为君子的修养目标，"祭如在，祭神如神在"（《论语·八佾》）等表述也蕴含了"敬"的观念。孔子之后，无论是思孟学派还是荀子学派，均不同程度地使用过"敬"字或阐述过相关观念。但是，正如有学者所指出的，从汉至唐逾千年间并没有哪个思想家特别强调过这个"敬"字，真正把这个字拈出来作为道德修养工夫的核心概念大论特论的是二程兄弟。③ 程颢说"敬胜百邪"④，程颐说"敬是闲邪之道"⑤，二程答"如何涵养"之问时说"莫如敬"⑥，都显示出兄弟二人在修养问题上对"敬"的格外重视。

二程所论之"敬"究竟何意？先看以下几则论述：

> 或问敬。子曰："主一之谓敬。""何谓一？"子曰："无适之谓一。""何以能见一而主之？"子曰："齐庄整敕，其心存焉；涵养纯熟，其理著矣。"⑦

> 主一者谓之敬。一者谓之诚。主则有意在。⑧

---

① （宋）程颢、程颐：《二程集》，第16—17页。
② （宋）程颢、程颐：《二程集》，第17页。
③ 参见杨立华《宋明理学十五讲》，第182页。
④ （宋）程颢、程颐：《二程集》，第119页。
⑤ （宋）程颢、程颐：《二程集》，第185页。
⑥ （宋）程颢、程颐：《二程集》，第1191页。
⑦ （宋）程颢、程颐：《二程集》，第1173页。
⑧ （宋）程颢、程颐：《二程集》，第315页。

　　子曰：纯于敬，则己与理一，无可克者，无可复者。①

　　但惟是动容貌、整思虑，则自然生敬，敬只是主一也。主一，则既不之东，又不之西，如是则只是中。既不之此，又不之彼，如是则只是内。存此，则自然天理明。学者须是将敬以直内，涵养此意，直内是本。②

　　二程认为，"敬"就是"主一"：所谓"主"是指"有意在"，也就是人有意识地、主动地收束自己，其具体表现为"动容貌、整思虑"或"齐庄整敕"等；所谓"一"是指"无适"，"无适"是指既非东也非西，既非此又非彼，这样的情形恐怕只有一个"中"字可以概括，而在二程的思想体系中"中"即是"诚"，"诚"亦即道、理、性、仁、天德等先天自足之物。统而言之，"主一"便是人将自己收束到先天自足的天理与德性上，使其免受外物与私欲的干扰，最终达至"纯于敬则己与理一"的状态或境界。

　　在此意义上，也可以说"敬"所指向的对象或内容即是"理"，如二程说："如天理底意思，诚只是诚此者也，敬只是敬此者也，非是别有一个诚，更有一个敬也。"③ 又说："理则天下只是一个理，故推至四海而准，须是质诸天地，考诸三王不易之理。故敬则只是敬此者也，仁是仁此者也，信是信此者也。"④ 从修养的角度说，"用敬涵养"更多地属于内在修养。

　　"敬"的内修取向或说其作为一种内在心理活动的特质，使其极易与"诚""恭"以及"静""义"等概念相混淆，为此，二程曾与其弟子、门人、同道有过大量讨论与辨析。"敬"的几个特点也正是在与上述几个概念的对比中更加清晰地展现了出来。

―――――――――

① （宋）程颢、程颐：《二程集》，第 1171 页。
② （宋）程颢、程颐：《二程集》，第 149 页。
③ （宋）程颢、程颐：《二程集》，第 31 页。
④ （宋）程颢、程颐：《二程集》，第 38 页。

首先，"敬"须思虑，这一点通过比较"敬"与"诚"可以看出。程颐曾说："敬是闲邪之道。闲邪存其诚，虽是两事，然亦只是一事。闲邪则诚自存矣。"① "闲邪"即"使邪闲"，也就是摒却邪思邪行。在同为"闲邪之道"的意义上，"敬"与"诚"实为一回事。但这并不意味着二者完全等同，正如上文所指出的，"主一者谓之敬。一者谓之诚。主则有意在"，"诚"是道、理、性、仁，是唯一的本原存在，"敬"则比诚多了一个"意"，也就是蕴含了主动的思虑。因此，二程又曾将"敬"与"诚"的关系归纳为："诚则无不敬，未至于诚，则敬然后诚。"② 这一归纳可谓精当：若已达至至诚之境，则其中必然蕴含着敬；但反过来说，用敬却不一定都能至诚，惟当主一至极、己与理一，方可说至于诚。

其次，"敬"由内发，这一点与"恭"形成鲜明对照。日常语言中，"恭""敬"二字常常连用，以"恭敬"面目出现，二者固然都呈现为内在心理上的尊崇与外在行为上的礼制，但从发生机制来看，二者的区别还是比较明显的。按照二程的意思，"发于外者谓之恭，有诸中者谓之敬"③，也就是说，"恭"是由外在的人或物触发的，而"敬"则是由先天内在的"理"所触发的。就修养来说，这一区别可造成重大的理论后果：强调"恭"者相对重视外在礼法的规约，强调"敬"者则更加重视内在理性的存养。

再次，"敬"须不忘，这一点与"静"明显不同。在二程阐发"敬"观念之前，道家、佛教都强调"静"，邵雍、周敦颐等也都因受佛道两家的影响而均强调"静"的重要性。二程生活的时代，"静"仍是备受重视的思想观念，其著述中有多处与门人、弟子、同道讨论"敬""静"关系的记载。总的来说，二程认为"敬则虚静，而虚静非

---

① （宋）程颢、程颐：《二程集》，第 185 页。
② （宋）程颢、程颐：《二程集》，第 1170 页。
③ （宋）程颢、程颐：《二程集》，第 92 页。

敬"①，也就是说，能"敬"则已然虚静，虚静却不一定能"敬"，"才说静，便入于释氏之说也"②，因此二程主张"不用静字，只用敬字"③。"敬"与"静"有何区别？二程说："才说着静字，便是忘也。孟子曰：'必有事焉而勿正，心勿忘，勿助长也。'必有事焉，便是心勿忘；勿正，便是勿助长。"④也就是说，"静"是全然忘却，无事无得，没有了主动收束的意识，如此则不能与理为一。"敬"则不同，因为它有个"意"在，便始终"有事"，始终谨记收束涵养之工夫，如此便能始终保护那先天自足的天理与德性不受污坏。

最后，"敬"离不开行动，这一点与"义"密切相关。当有人请教"敬义之别"时，程颐说："敬只是持己之道，义便知有是有非。顺理而行，是为义也。若只守一个敬，不知集义，却是都无事也。"⑤换言之，"敬"更多是一种心理或情感状态，而"义"则是"敬"的具体呈现。程颐以"孝"为例，"敬"是对"孝道"本身的谨记与持守，"义"则是对如何奉养父母、如何与父母交流等一项项具体"孝道"的体认与实践。不敬固然无孝，不集义同样成就不了孝。因此，二程主张"中理见乎事，敬在心。义以方外，然后中理矣"⑥，"有诸中者，必形诸外。惟恐不直内，内直则外必方"⑦，"敬""义"相与而成，诚敬于中必然无所不义，"敬""义"均立则涵养遂成，天理便明。

总之，"敬"由内而发，须时时有所省思并不断付诸行动，其最终目标是进于"诚"，心诚则理明道达。

---

① （宋）程颢、程颐：《二程集》，第 1179 页。
② （宋）程颢、程颐：《二程集》，第 189 页。
③ （宋）程颢、程颐：《二程集》，第 189 页。
④ （宋）程颢、程颐：《二程集》，第 189 页。
⑤ （宋）程颢、程颐：《二程集》，第 206 页。
⑥ （宋）程颢、程颐：《二程集》，第 1188 页。
⑦ （宋）程颢、程颐：《二程集》，第 185 页。

三 进学在致知：知识抑或德性

如果说"涵养须用敬"主要是从内在修养的角度论述工夫路径，"进学在致知"便侧重于对外在修养工夫的阐释。当然，二程所论"致知"之"知"并不单单是认识论意义上的对象化、客体化的知识，而是有其更为复杂、深刻的内涵，这也正是二程道德修养工夫论乃至其哲学体系的重要创见。

有人曾问二程，为何当世许多学者热衷"释氏之学"，二程回答说，根本原因在于这些学者"不致知也"，如果他们能够致知，进而知至，谁还能动摇得了他们学问的根基呢？这就好比，知玉为宝者，人们很难用石头蒙蔽他；知醴之甘者，人们很难用酒曲蒙蔽他；知圣人大中至正者，佛教自然也很难用相关学说迷惑他。① 在二程看来，学问、修养是否取径正途，关键在于"知"与"致知"。也正是在此意义上，二程反复申说"致知"对于为学进路的优先性，所谓"进学则在致知"，"学莫大于致知"②，"（若要学至觉悟处——引者注）莫先致知"③，"进学莫先乎致知"④，等等。

二程强调"进学在致知"的思路很容易让人联想到《大学》。作为儒家早期专论为学与修养的经典文本，《大学》将"致知"作为一个人进行全面修养的环节（条目）之一，而且是极为关键的环节（条目），所谓"物有本末，事有终始。知所先后，则近道矣"。"致知"即"致知本末"，"致知"便离道不远。对于"致知"的路径，《大学》提出了明确的方法——格物，所谓"致知在格物"，"物格而后知至"。但是，"致知""格物"究竟是何含义，这二者之间又是何种逻辑关系？《大学》的述说略嫌笼统。

---

① 参见（宋）程颢、程颐《二程集》，第 1172 页。
② （宋）程颢、程颐：《二程集》，第 177 页。
③ （宋）程颢、程颐：《二程集》，第 186 页。
④ （宋）程颢、程颐：《二程集》，第 1188 页。

在《大学》文本出现之后至宋代约千年间，尽管也有一些学者对其做过注疏解读，但整体来看，《大学》作为《礼记》的一篇并没有引起人们的特别关注，"格物""致知"及其关系问题也始终没有凸显为哲学史的中心问题。其间，对这一问题较有代表性的回答来自郑玄，《礼记正义》说：

> （欲诚其意者，先致其知。）知，谓知善恶吉凶之所终始也。（致知在格物。）格，来也。物，犹事也。其知于善深则来善物，其知于恶深则来恶物，言事缘人所好来也。此"致"或为"至"。①

就"格物"而言，郑玄训"格"为"来"，训"物"为"事"，"格物"直译就变成了"来事"，这似乎有点讲不通，意译可能会好一些，即遭遇事情。就"致知"而言，郑玄将"致"理解为"至"，将"知"的对象理解为"善恶吉凶之所终始"等具有一定道德伦理色彩的内容。就"格物""致知"关系而言，郑玄认为"致知"是因，"格物"是果，"致什么知"便导致"格什么物"，这颇有点佛教"善因善果恶因恶果"的味道。

今天看来，郑玄的解释略显怪异，这大概是因为今人已经习惯了宋儒的解读。将《大学》及其"致知在格物"命题凸显为儒家经典文本、经典命题乃至首要文本、首要命题的，正是宋儒，尤其是二程和朱熹。程颐曾说："入德之门，无如《大学》。今之学者，赖有此一篇书存，其他莫如《论》、《孟》。"② 还曾说："人之学莫大于知本末终始。致知在格物，则所谓本也，始也；治天下国家，则所谓末也，终

---

① （汉）郑玄注，（唐）孔颖达疏：《礼记正义》卷六十六，第1393页。
② （宋）程颢、程颐：《二程集》，第277页。

也。"① 当然,二程不仅对《大学》及其"致知在格物"命题做了地位上的提升,更对其内涵做了不同于汉唐儒者的全新解读:

> 或问:"进修之术何先?"曰:"莫先于正心诚意。诚意在致知,'致知在格物'。格,至也,如'祖考来格'之格。凡一物上有一理,须是穷致其理。"②

> 子曰:学莫大于知本末终始。致知格物,所谓本也,始也;治天下国家,所谓末也,终也……格犹穷也,物犹理也,若曰穷其理云尔。穷理然后足以致知,不穷则不能致也。③

就"格物"而言,二程训"格"为"至"或"穷",训"物"为"理","格物"即是"穷理"。就"格物""致知"关系而言,二程认为"格物"(穷理)是"致知"的前提,唯有物格、理穷方能知至,这就把郑玄的理解整个颠倒过来了。尤为值得注意的是二程对"知"的理解,这可以说是二程作为理学的开拓者、奠基者最为重要的创见之一。

首先,二程将"知"细致区分为"常知"与"真知",于此,二程常举"老虎伤人"之例予以说明:

> 真知与常知异。常见一田夫,曾被虎伤,有人说虎伤人,众莫不惊,独田夫色动异于众。若虎能伤人,虽三尺童子莫不知之,然未尝真知。真知须如田夫乃是。④

二程认为多数人未曾接触过老虎,他们对老虎的了解主要来自闻

---

① (宋)程颢、程颐:《二程集》,第316页。
② (宋)程颢、程颐:《二程集》,第188页。
③ (宋)程颢、程颐:《二程集》,第1197页。
④ (宋)程颢、程颐:《二程集》,第16页。

见，这种通过闻见得来的间接知识属于"常知"；田夫则不同，他曾被老虎伤过，对老虎的了解是经过切肤之痛、丧胆之惧得来的，这种亲身体悟到的知识是"真知"。二程与王安石之间的"相轮之辩"也说明了同样的道理：

> 先生尝语王介甫曰："公之谈道，正如说十三级塔上相轮，对望而谈曰，相轮者如此如此，极是分明。如某则憨直，不能如此，直入塔中，上寻相轮，辛勤登攀，逦迤而上，直至十三级时，虽犹未见相轮，能如公之言，然某却实在塔中，去相轮渐近，要之须可以至也。至相轮中坐时，依旧见公对塔谈说此相轮如此如此。"介甫只是说道，云我知有个道，如此如此。只佗说道时，已与道离。①

二程认为，对望相轮侃侃而谈，谈得再妙仍是"常知"；唯有进入塔中，不断攀登，接近相轮，才能获得关于相轮的"真知"。相比之下，二程对"常知"较为排斥，甚至认为王安石关于"常知"的学问比佛教还有害："然在今日，释氏却未消理会，大患者却是介甫之学……如今日，却要先整顿介甫之学，坏了后生学者。"②

其次，二程固然主张致"真知"，但并非所有"真知"都为二程所重视，二程所重视与追求的是先天内在的、具有道德价值取向的"真知"，也就是"德性之知"，程颐曾说：

> 闻见之知，非德性之知。物交物则知之，非内也，今之所谓博物多能者是也。德性之知，不假闻见。③

---

① （宋）程颢、程颐：《二程集》，第5—6页。
② （宋）程颢、程颐：《二程集》，第38页。
③ （宋）程颢、程颐：《二程集》，第317页。

　　"德性之知"与"闻见之知"的区分是二程、张载关于"知"的重要创见，至于他们三人谁的贡献更大，实难考究。从程颐的观点来看，"闻见之知"实际上是认识论意义上的对象化、客体化知识，也就是理智之知。"德性之知"则完全不同，一方面它先天内在，所谓"'致知在格物'，非由外铄我也，我固有之也"①，它不需要经由闻见等方式来获得；另一方面它具有道德取向，具体而言就是儒家所提倡的以"仁"为核心的价值取向，如二程所言，"致知，但知止于至善、为人子止于孝、为人父止于慈之类，不须外面，只务观物理，汎然正如游骑无所归也"②；再一方面，它与道德实践密不可分，即它不是单纯的理智之知，而是必须经由身体力行方能实现。统而言之，"德性之知"是对"仁""性""理"的体认和践履，作为道德修养目标的"明理"由此转化成了"致知"的具体工夫。

　　此处或许还可以提出疑问：既然"德性之知"先天内在，为何还需要格致？程颐给出的回答是："因物有迁，迷而不知，则天理灭矣，故圣人欲格之。"③程颢给出的回答是："人心莫不有知，惟蔽于人欲，则亡天德（一作理）也。"④也就是说，虽然"德性之知"先天内在、人人皆有，但"气"的运化感通所造成的事物却变化万千，如不随物而格，人便容易迷失于物欲而难致真知。也正是在此意义上，程颐主张"致知"须多多格物、多多穷理：

　　　　或问："进修之术何先？"曰："凡一物上有一理，须是穷致其理。穷理亦多端：或读书，讲明义理；或论古今人物，别其是非；或应接事物而处其当，皆穷理也。"或问："格物须物物格之，还只格一物而万理皆知？"曰："怎生便会该通？若只格一物便通众

---

① （宋）程颢、程颐：《二程集》，第316页。
② （宋）程颢、程颐：《二程集》，第100页。
③ （宋）程颢、程颐：《二程集》，第316页。
④ （宋）程颢、程颐：《二程集》，第123页。

理，虽颜子亦不敢如此道。须是今日格一件，明日又格一件，积习既多，然后脱然自有贯通处。"①

既然"穷理多端"，读书、论人、接物等皆是穷理，又既然"格物须物物格之"，"须是今日格一件，明日又格一件"，那么格物穷理的过程便不可避免地需要学习、思考等对象化、客体化的认知方法，这也便具有了"外在修养"的意味。当然，其最终目的并不在于某一物某一理，而在于"知万理""通众理"，致知作为本原存在的唯一的"天理"。二程"进学在致知"的修养方法正是典型的经由"外在修养"实现"内在修养"的路径选择，是其"体用"思维的体现。

总而言之，二程以"体用"思维革新传统哲学的"本末"思维，并在此基础上重新确立"天理"为道德来源，确立"明理达道"为道德修养目标，构建了以"理体礼用"为基本框架的新的道德修养机制。在具体的修养方法上，二程提出"涵养须用敬""进学在致知"这两条基本方法，实现了传统修养工夫难以实现的"内外兼修"。当然，二程工夫论亦有其不周之处，如从"积习既多"到"脱然贯通"的机制和原理究竟为何，二程便语焉未详，这实际上是极为重要的问题，这个问题后来为朱熹所重视并构建了相对完整、丰富的理论体系，对此的深入研究有助于对理学工夫论的理解把握与转化应用。

本章小结

中国哲学发端于对"道"的追问，但是这一议题在宋代尤其是程颢、程颐兄弟那里发生了一次大的转换，即由"达道"转向了"明

---

① （宋）程颢、程颐：《二程集》，第188页。

理","理"（"道理"）从此走上了中国哲学话语与思想系统"金字塔"的塔尖。

自史思结合角度而言，"由道而理"的话语转换是中国哲学逻辑发展或范式转换的必然结果。一方面，"由道而理"是中国传统本土哲学思维方式走向成熟的内在要求，即以"道"为中心范畴的"本末"思维因其经验性而具有无法突破的理论困境，亟待向具有思辨性、超越性的哲学思维转变，而以"理"为中心范畴的"体用"思维正是这样一种思维方式。另一方面，"由道而理"又是时代价值观念重建的迫切要求，即尽管佛教哲学具有一定超越性，但其本原存在"理"空而不实，具有否弃世间与人伦的倾向，对政治、经济、社会生活等具有一定负面影响，而二程以"理"为中心范畴的哲学体系则强调"理"的实在性、道德性，从而构成了对儒家核心价值观念的复兴。可以说，二程理学实现了对中国传统本土哲学与佛教哲学的双重超越，而且比邵雍、周敦颐、张载等早期理学家的哲学体系更为成熟。具体而言，二程以"理"为中心范畴的哲学体系是通过"范畴网"展开的，如通过对"理""气"这对关系范畴的辨析解决了世界何以存在的问题，通过对"理""性"这对关系范畴的辨析解决了人何以存在的问题，通过对"理""欲"、"情""性"、"道心""人心"等关系范畴的辨析解决了人如何生存的问题，如此等等。

以理学体系为依托，二程发展出了一套精致的道德修养工夫体系，这套体系鉴于传统道德修养理论在"本末"思维下难以实现"内外兼修"，遂重新确立超越性的"理"为道德来源，试图以"用敬涵养"的直接修养、内在修养为"体"，以"致知进学"的间接修养、外在修养为"用"，亦即以"体用"思维实现"内外兼修"。

当然，二程哲学也有其限度。一方面，二程试图统一宇宙论、存在论与伦理学的努力蕴含着理论张力，其对"理"的超越性与现实性的论述并不圆融，尽管后来朱熹又做了弥补，理学仍旧不可避免地走向了转折；另一方面，二程哲学具有伦理绝对主义倾向，这种观念体系一旦上升到意识形态层面便容易发生"异化"，变成对情欲与思想的压制，这也是明清之际出现反理学思潮的重要原因。

余　论

第一节　理学发生的逻辑、影响及限度

"理学的发生"是理学史研究乃至中国哲学史研究的重要问题，本书对理学发生逻辑的研究，致力于回到理学发生的"哲学现场"，从哲理上探清前理学时期诸哲学形态向理学转变的内在逻辑，以及从早期理学向中后期理学发展的内在逻辑。这一研究有助于对理学哲学使命、思维方式、价值观念、话语体系等的深刻认识，亦有助于对理学思潮乃至整个中国传统哲学发展规律的深刻理解，为中国传统哲学的现代化以及当今中国哲学话语体系的构建提供路径与方法的参考与借鉴。

早在宋代，朱熹就已从文献学、历史学以及哲学等视角对理学进行探源，他所建立的研究范式深刻影响了接下来的几个世纪；近世以来域外学术入华，从哲学、思想史等视角对"理学的发生"问题开展的研究越来越多，成果也颇为丰硕。相对而言，这些研究一方面更关注理学发生发展过程中的"大人物"，另一方面研究视角相对静态与单一，能从动态的、比较的、发展的视角将理学发生的哲理逻辑讲清楚者并不算多。

有鉴于此，本书从哲学发生学视角出发，对以"北宋五子"为主要代表的早期理学与前理学时期诸哲学形态如佛道两家、魏晋玄学乃至更早些时候的先秦汉代儒学，予以深入比较，发现其在哲学使命、思维方式、价值观念、话语体系四个维度上存在较为显著的区别，或者说，理学就发生于这四个维度的整体范式转换之中。具体而言，在中国传统本土哲学"天人合一于气"与佛教"天人合一于心（空）"的本原观念基础上，早期理学家群体进一步追问"天人合一"的整全世界之终极本原，这一本原不仅要区别于佛教思辨性的"空"，而且要区别于中国传统本土哲学经验性的"有"。为了实现这一目标，早期理学家一方面转变思维方式，从佛教那里借鉴并发展出了"体用"思维，以改造中国传统本土哲学经验性的"本末"思维，另一方面又通过营造道统、复兴性论、统一性理，重建儒家价值的哲理基础，以应对佛道宗教否弃世间生活与人伦秩序的价值取向。笼统而言，"北宋五子"以"天地之心"为天人合一的整全世界的终极本原，此即张载所言"为天地立心"；具体而言，"天地之心"又落实为"心法"（邵雍）、"太极"（周敦颐、邵雍）、"太虚"（张载）、"天理"（二程）等具体概念，它们既是存在之源，也是价值之源。

与此同时，通过对"北宋五子"等早期理学家的深入考察，还可以发现他们的哲学探索既有多元性又有内在的发展次第性。多元性表现在他们使用不同的话语体系，并建构起不同的哲学体系；次第性则表现在他们的哲学建构是一个从不成熟到成熟的发展演变过程。以范式转换中的思维方式转换维度为例，在邵雍那里虽已有"先天—后天"以及相应的"心—迹"之判，但是他以"先天之心"为"用"，以"后天之迹"为"体"，"体"这个概念在他那里仍然沿袭了传统哲学中有形质、有体迹的经验色彩；与邵雍几乎同时的周敦颐则对"体用"思维有所应用，这主要体现在他对"物"与"神"的区分上，前者具有经验性的动静特点，后者则不限于此，这种区分只有在"体用"范式下方能成立；至张载，他则从话语到实践都有了运用"体用"思维的意识与自觉，比如他在批判佛道宗教时明确指出，"虚""气"之间是"体用"关系，否则会导向道教的经验生成关系或佛教的意义生成关系而"体用殊绝"；至二程，"体用"思维范式已较为成熟，《周易程氏传·易传序》尝言："君子居则观其象而玩其辞，动则观其变而玩其占。得于辞，不达其意者有矣；未有不得于辞而能通其意者也。至微者理也，至著者象也。体用一源，显微无间。""理"是"体"，至微无形；"象"是"用"，至著有形；二者是"一源""无间"的关系，这就真正在现象世界与理念世界之间建立起了"体用"式的逻辑关系。总之，"北宋五子"的早期探索呈现出了从不成熟到成熟的发展变化过程。

不得不说，"北宋五子"的早期探索已然蕴含理学后来发展变化的所有"密码"。众所周知，在理学"巅峰"朱熹那里，"太极"是一个等价于"理"又在一定程度上统摄"气"的本原性范畴，而这一范畴正是来自于周敦颐和邵雍。只不过在周、邵那里，"太极"作为一个从传统哲学中继承过来的概念既保留着"气"的内涵，又开拓出了近似于"理"的内涵；而朱熹则将这一概念彻底形上化，使之成为主宰天地万物之本原。同样，在朱熹、陆九渊那里都极为重视的"心"概念，也早已在邵雍、张载那里发其端绪，如邵雍在《伊川击壤集》中提出，性是道之形体，心是性之郭郭，这其中已蕴含以"心"统"性"之意，而张载"心统性情"更是将这层意思清晰地表达了出来，这一观念深刻影响了朱熹，他认为这是颠扑不破的真理。至于二程对朱熹及陆王学派的影响，更是不言而喻，尤其是"性即理"一语，一直被朱熹视为"千万世说性之根基"。总之，"巅峰"理学的诸概念、观念实已在早期理学中萌芽，对早期理学的深入解析有助于对整个理学思潮的准确理解与全面把握。

当然，与影响、意义同时存在的，是早期理学的限度。在一定程度上，整个理学思潮内部的张力早在理学发生之时就已蕴含其中。具体而言，早期理学家是在对中国传统本土哲学"天人合一于气"与佛教哲学"天人合一于心（空）"观念的双重扬弃中展开其哲学体系建构的，也就是说，他们一方面试图找到天地万物的超越根据，另一方面又不愿舍弃活生生的现实世界。最开始，比如在邵雍、周敦颐那里，这种超越与建构是在一种相对机械的水平上进行的，亦即将"气""理"（或近似于"理"的观念）两种观念同时灌注进"太极"之中，由此导致了较为明显的理论张力。在张载那里，他将"太虚"概念与"气"概念做了大量辨析，尽管这些辨析仍嫌模糊，但这两个概念毕竟分离开来，"太虚"由此具有了形上化的可能。至二程，思维水平、思辨能力进一步提升，"理""气"的分开使得"理"终于具有了超越内涵。然而，也正是分析与研辨的益发精细使超越性与现实性之间的张力益发明显，这具体体现为"理本"与"气本"之间的张力：二程无疑确立了超越之"理"的本原地位，然而"理"并没有完全的自足性，它必须以"气"为载体，依"气"而呈现。为了应对这一张力，朱熹将"理"进一步绝对化、形上化，这固然更加凸显了其哲学的超越一面，却也导致了对现实性、多样性的忽略，后来的陆王学派乃至明清之际的反理学思潮实际上都是致力于解决这一问题。

理学深切观照人的生存问题，尤其是人的世界观念（世界何以存在）、价值观念（人何以存在）、生存方式（人如何生存）等问题。理学对上述问题的回答，为人类更好地生存提供了一种可行方案。研究"理学的发生"问题有助于从源头上理解和反思理学的方案，以便更好地继承、改造、利用这些方案，同时或也可以为当今中国哲学话语体系的构建以及中华优秀传统文化的创造性转化与创新性发展提供参考与借鉴。

第二节　研究难点、不足及其改进

"理学的发生"问题不仅是理学史研究乃至中国哲学史研究的重点，同时也是难点，这主要体现在以下几个方面。

首先，理学发生于唐宋之际社会、文化整体转型的巨变时代，以"北宋五子"为主要代表的早期理学家兼收并蓄、革故鼎新，在探索中广泛吸收、借鉴了中国传统哲学中儒、释、道等各家各派的思想资源，这为理学的发生提供了肥沃的土壤，但也为研究理学的发生问题带来了困难。这是因为，如果要对"北宋五子"做较为深入的个案研究，提炼其作为学术共同体的思想范式，就必须对此前儒、释、道等各家各派都有较全面的了解和较熟稔的把握，而其中任何一家一派——尤其是佛教哲学——都有博大精深的思想体系，由此形成了本研究的第一个难点。

其次，理学不仅有"源"还有"流"，也就是说，早期理学由前理学时期诸哲学形态发展而来，而后又发展出了广泛的理学思潮与反理学思潮。在近千年发展历程中，理学经历了无数次的阐释与再阐释，"理学的发生"问题已不仅是哲学史问题还是诠释学问题。如何穿透诠释史的层层迷雾，抵达理学发生的哲学现场，这是本研究面临的又一难点。

最后，理学现代化作为中国传统文化现代化的重要命题，有待于对理学发生问题的深入研究，也有待于对现代化、现代性诸问题的深刻理解，这两个方面相互联系、不可分割。而仍属现在进行时的现代化既蕴含张力又充满未知，这构成了本研究的第三个难点。

除此之外，具体问题上的研究难点亦有不少，比如如何理解张载的"虚气观"，如何看待邵雍的"体用论"，都是争议极大、难有定论的问题。

对于以上难点，本研究已尽最大努力搜集材料、思考论证，但受限于研究能力和水平，部分问题尚未得到圆满解决。此外，本书在一些具体问题的研究与写作上也留了些许缺憾，比如对于理学发生问题的现实意义，虽然这是本书贯穿始终的问题意识之一，但本书未能对此深入研究论证；又如，本书虽注意到早期理学发生过程的次第性，但是具体到某一位哲学家，未能深入考察其一生中思想的前后演变；再如，正文的"总论"部分与"分论"部分实则是从不同角度对同一问题的研究与展开，故不可避免地存在交叉与重复，如何使这两部分内容结合得更加有机，避免在材料、论述上的重复，也是有待进一步解决的问题。

　　科学研究永无止境，以上不足的存在固然是种遗憾，但换个角度思考，它们也恰为本研究的进一步开展提供了契机与空间。以上问题的解决有待研究内容的深化、细化以及研究方法的进一步交叉融合、迭代更新，但愿不久的将来，以上缺憾能或多或少地得到些弥补。

附　论

人学视域中的"天人之辨"

近代以来，在捍卫中华文化主体性的过程中，"天人合一"逐渐成为标举中华文化殊胜之处的重要命题。同时，随着科学技术的发展与环保问题的凸显，"天人合一"又逐渐被赋予"人与自然和谐发展"的生态伦理内涵。这些理解固然使天人合一观念具有了崭新的现实内容与实践意义，但也与其历史存在产生了一定错位。近年来，这种错位引发学界不断思考，相关研究从空间、时间等维度对中国古代思想史上天人合一、天人之辨及相关问题展开细致分疏与严肃探讨，使之在思想史的发展演变中有了或清晰或模糊的定位。不过，这些研究或重视空间维度亦即类型划分，或重视时间维度亦即阶段划分，总还有些欠缺，其对不同历史时期、不同学派、不同思想家的天人观的自洽与互洽的解释效力也因此打了一些折扣。从根本上说，这些问题的解决有赖于一种新的整体性视角，透过这一视角，中国古代思想史中的天人之辨应当能够清晰展现自身发生、发展的逻辑线索、脉络及其背后的价值意涵。

一 "类型说"与"阶段说"：两种诠释思路及其困难

"天人合一"一语首见于北宋张载所作《正蒙》①，其 20 世纪以来

---

① 张载言："儒者则因明致诚，因诚致明，故天人合一，致学而可以成圣，得天而未始遗人，《易》所谓不遗、不流、不过者也。"参见（宋）张载《张子全书》，第 56 页。

的流行和标举则与学界对中国哲学、中华文化的评价、反思密不可分。冯友兰20世纪30年代曾从反思角度提出，"中国哲学迄未显著的将个人与宇宙分而为二"，这种天人合一观导致狭义知识问题未能像在西方哲学中那样成为中国哲学的大问题，故而需要重建。[①] 金岳霖1943年写就的英文论文《中国哲学》（*Chinese Philosophy*）则更多从肯定角度指出，"天人合一"是"中国哲学最突出的特点"。[②] 金文先是经冯著《中国哲学简史》英文版介绍，引起西方哲学界关注，后于1980年在国内正式刊发，成为学界围绕天人合一等问题论辩争鸣之滥觞。[③] 论辩争鸣的高潮由钱穆促成，他在1990年的遗稿中"彻悟"，"天人合一"是"整个中国传统文化思想之归宿处"，"是中国文化对人类最大的贡献"。[④] 对此，支持者有之，反对者亦有之。论辩争鸣不断走向深入，迄今不衰。[⑤]

总的来看，以往关于天人合一、天人之辨诸问题的研究展现出空间与时间两个维度，间或二者兼而有之。

所谓空间维度的研究，是指以"切片"方式对天人合一、天人之辨诸问题作横向剖析，其具体表现为类型划分，相关观点可概而言之"类型说"。"类型说"可笼统分为两类。一类观点将天人合一视为中国古代天人观的基本类型，是中国思想文化的主流、归宿或思维方式的主要特征。如张岱年提出，天人合一是中国传统哲学从先秦至明清大多数哲学家都宣扬的一个基本观点，是中国传统哲学的一个独特观点，它可分为两类——发端于孟子的"天人相通"和以董仲舒为代表

---

① 冯友兰：《中国哲学史》（上册），第9页。
② 金岳霖：《中国哲学》，钱耕森译，王太庆校，《哲学研究》1985年第9期。
③ 余英时：《论天人之际：中国古代思想起源试探》，台北：联经出版事业公司2014年版，第171页。
④ 钱穆：《中国文化对人类未来可有的贡献》，《中国文化》第4期。
⑤ 关于论辩争鸣的情况，刘笑敢曾做过梳理与分析，详见刘笑敢《天人合一：学术、学说和信仰——再论中国哲学之身份及研究取向的不同》，《南京大学学报》（哲学·人文科学·社会科学）2011年第6期。

的"天人相类"。① 宋志明也认为天人合一是中国古代哲学家处理天人关系的基本思路，并将其划分为天人玄同、无以人灭天、天人相通、天人相交、天人相与、天人同体、天人一气、天人一理、天人一心等九种类型。② "类型说"的另一类观点注意到，天人合一只是中国古代天人观的形态之一，而非全部，不同历史时期、不同学派、不同思想家往往秉持不同的天人观。如张岱年指出，老子哲学就不涉及天人合一问题，荀子"天人之分"、柳宗元"天人不相预"、刘禹锡"天人交相胜"等观点也都是不讲天人合一的典型。③ 还有学者细致地指出，即便是同一位思想家也可能主张多种天人观，如孟子不仅有天人合一思想也有深刻的天人相分思想，荀子既强调天人相分也坚持辩证的天人合一观。④

　　时间维度的研究则是从历史视角对天人合一、天人之辨诸问题作纵向梳理，其具体表现为阶段划分，相关观点可概而言之"阶段说"。"阶段说"也可笼统分为两类。一类观点在主张天人合一是中国古代天人观基本形态的前提下，进一步阐明天人合一的历史流变。当张岱年提出"天人相通"观念发端于孟子而大成于宋代道学，当李泽厚提出天人合一在先秦、汉代、宋代分别表现为人认同天、天人相通、伦理本体与宇宙自然相通合一，⑤ 当章启群提出天人合一历经上古天地祖先崇拜、殷商天命思想、周朝以德配天、思孟董仲舒天道人道一以贯之、宋代道学天理人性相统一诸阶段，⑥ 其中都隐现着历史的眼光。"阶段

---

　　① 张岱年：《中国哲学中"天人合一"思想的剖析》，《北京大学学报》（哲学社会科学版）1985 年第 1 期；张岱年：《中国哲学大纲》，第 173 页。

　　② 宋志明：《论天人合一》，《学习与探索》1998 年第 4 期。

　　③ 张岱年：《中国哲学中"天人合一"思想的剖析》，《北京大学学报》（哲学社会科学版）1985 年第 1 期。

　　④ 陈代波：《试论孟子的天人相分思想》，《华侨大学学报》（哲学社会科学版）2004 年第 2 期；宋志明：《论天人合一》，《学习与探索》1998 年第 4 期。

　　⑤ 李泽厚：《中国古代思想史论》，第 296—297 页。

　　⑥ 章启群：《"天人"如何"合一"？——用思想史的逻辑推演》，《哲学研究》2012 年第 3 期。

说"的另一类观点则进一步扩大视野，将天人合一视为中国古代天人之辨历史发展的一个环节，即古代天人观的形态之一。如沈顺福提出，儒家天人观历经初期"天主人从"、先秦"天人相分"、汉代"天人相副"诸阶段后，至魏晋正式形成"天人一体"观念，并在宋明以"人者天地之心"的形式臻于成熟，此间天人关系由早期的顺天由命发展到人类主导天地。① 这实则将天人合一、天人之辨诸问题置于思想史逻辑发展的脉络之中进行考察。

作为两种基本诠释路向，"类型说"与"阶段说"诸观点通过各自视角的考察，多侧面刻画出了天人之辨在历史中的类型与流变，使相关讨论摆脱了浮泛之谈，进入了严肃的学理探究。从单一视角来看，这些研究中的大多数成果都能成立，有些剖析还相当细致、精彩、启人深思。但若整体概观，这些研究仍有尚待完善之处。一方面，"类型说"固然对不同历史时期、不同学派、不同思想家乃至同一思想家身上可能存在的多种天人关系形态做了细致的切片式剖析，但往往疏于考察这些形态之间有无关系、是何关系，这在一定程度上导致中国古代天人之辨图景的支离。以孟子为例，如果既可以说他主张"天人合一"也可以说他主张"天人相分"，还可以说他同时主张"天人合一"与"天人相分"，这不仅使类型划分失去了意义，还有可能导向逻辑谬误。另一方面，"阶段说"虽然大都能从历史流变视角对天人之辨作细致梳理，但往往疏于考察不同历史时期的天人关系形态有无关系、是何关系，进而可能失去对个别形态的解释效力，比如当荀子以"天人相分"的面目进入天人之辨的历史，其思想中的"天人合一"元素就难以得到合理解释。"类型说"与"阶段说"面临的这些困难需要解决。

二　人学视域的敞开："类型说"与"阶段说"的统一

天人之辨相关问题研究中的"类型说"与"阶段说"，一个侧重

① 沈顺福：《天人之辨与儒家人类主体性意识的形成》，《江淮论坛》2019 年第 3 期。

于类型划分，一个侧重于历史梳理，多数观点有其道理，问题主要在于其在更大范围内解释效力的不足。理论上说，"类型说"在时间之维上的不足似可通过引入"阶段说"得到一定弥补，"阶段说"在空间之维上的欠缺似亦可通过引入"类型说"得到一定修正，也就是说两种诠释思路可相互借鉴、取长补短，一言以蔽之，它们需要整合或统一。但这种整合或统一不是简单相加，也不是否弃已有研究，而是找到一个新的逻辑起点——对天人之辨的历史存在与流变有更强解释效力的逻辑起点，从这一起点出发，已有研究中的抵牾应能得到最大限度的解决。

新的逻辑起点关涉定义。纵观两种诠释思路下莫衷一是的观点，它们在起头处便展现出了对天人之辨诸概念如"天""人""合""分"等千差万别的理解。就"天"而言，有学者提出"天"有物质之天、主宰之天、运命之天、自然之天、义理之天五种含义，① 有学者主张"天"有最高主宰、广大自然与最高原理三种含义，② 有学者认为"天"有命定、主宰义与自然义双重含义，③ 有学者强调"天"作为超越世界的超越性，④ 还有学者将"天"视作一个可以被经验的物质的苍天，⑤ 等等。"人"的内涵相对确定，但也可指人类或某些群体（如君主）、人类社会或其组织形式（如政治、伦理）、人类行为、人类文化、人类文明等。至于"天""人"之间的关系如"合""分"等，也是众说纷纭。有学者认为"合"指内在相即不离的有机联系，⑥ 有学者认为"合"指息息相通、融为一体，⑦ 还有学者认为"合"有

① 冯友兰：《中国哲学史》（上册），第 45 页。
② 张岱年：《中国哲学中"天人合一"思想的剖析》，《北京大学学报》（哲学社会科学版）1985 年第 1 期。
③ 李泽厚：《中国古代思想史论》，第 295 页。
④ 余英时：《中国思想的特点：天人间的内向超越性》，《东方早报》2014 年 7 月 2 日。
⑤ 沈顺福：《诠"天"》，《管子学刊》2018 年第 3 期。
⑥ 汤一介：《论"天人合一"》，《中国哲学史》2005 年第 2 期。
⑦ 张世英：《天人之际：中西哲学的困惑与选择》，北京大学出版社 2016 年版，第 5 页。

符合、结合之义，与现代语言中所谓"统一"同义，指对立的两方彼此又有密切相联不可分离的关系，① 等等。"分"可以指"人"与"天"各行其是、互不相干，也可以指"人"能违背天意，还可以指"人"认识、利用"天"来为自身服务。

天人之辨所涉诸概念展现出丰富内涵的同时，也带来了阐释的困难与理解的分歧，这构成了"类型说"与"阶段说"观点多样且有所抵牾的重要原因。不过，这些理解虽各各不同，却也并非非黑即白，一些看似对立的观点实则都有道理，在各自视角下均能成立。为使皆有道理的各方摆脱盲人摸象、自说自话的窘境，有必要对天人之辨所涉诸概念做出新的界定，这就需要新的视域。

马克思·舍勒说，人是什么以及人在存在、世界和上帝的整体中占据何种形而上学的位置，亦即"人在宇宙中的地位"问题，是哲学所有核心问题的最终归宿，也是一系列老一代思想家所确认的一切哲学课题的出发点，当今全部哲学都被这一问题的内涵渗透浸润着。② 这一基于哲学人类学视域的发现同样适用于对中国思想史的理解，"人的本质"或"人在宇宙中的地位"——二者实为一枚硬币的两面——正具体展现为天人之辨。司马迁曾有"究天人之际，通古今之变，成一家之言"的说法，这往往被视为中国古代较早关于天人之辨的学术自觉，它不仅是对同时代董仲舒"天人之际，合而为一"（《春秋繁露·深察名号》）观念的回应，更是对西周以降所谓"轴心时代"以来"文明的突破"中思想主题的精炼总结，同时还启示了接下来两千年的思想史叙事。而从各历史时期、各学派、各思想家通过对举"天""人"而对"人"所下的一系列定义来看，天人之辨正构成中国古代"人"的问题的思考背景。可以说，天人之辨就是中国古代思想史的基

① 张岱年：《中国哲学中"天人合一"思想的剖析》，《北京大学学报》（哲学社会科学版）1985 年第 1 期。

② ［德］马克思·舍勒：《哲学人类学》，刘小枫主编，魏育青、罗悌伦等译，北京师范大学出版社 2017 年版，第 46 页。

本问题与主要线索，其目的是不断揭示"人的本质"并逐步提升"人在宇宙中的地位"。

　　当然，作为思想史基本问题的天人之辨在中国与其在西方是以不同的形式展开的。西方对"人"的理解范式可归结为神学的、哲学的与科学的几类。就"哲学的"范式而言，从古希腊哲学经笛卡尔到德国古典哲学，理性逐渐被确立为"人的本质"，人之为人是因为人有理性，而理性的发现主要是基于或围绕认识论展开的，在此过程中，认识主体与客体的分离亦即所谓主客二分便是一种隐含的预设。或许是在这个意义上，不少学者将中西方在天人之辨问题上的思维特征作对立看待，因为表面看来主客二分与天人合一正相反对。事实上，中西方在天人之辨问题上的思维特征并不构成对立，这倒不是说他们一致，而是因为范式不同。尽管中国古代很早就有"理性"的觉醒，但此"理性"非彼"理性"，它从来没有预设也几乎没有实现主体与客体的分离，因此并不基于认识论尤其是狭义知识论而展开，对此冯友兰早已有敏锐发现。

　　中国古代天人之辨毋宁是生存论与价值论的。从思想史来看，先民所关心的始终是"人"的生存问题——如何生存下来、如何与禽兽相区别、如何处理人性与秩序的关系，如此等等。而"天"，更多只是解答"人"的生存问题的参照系，如果"天""外在于""人"，"人"就要将其"内化"，最终实现"天的人化"。由此，整个中国古代思想史上的天人之辨自从上古时期"以天释人"形态中"突破"出来以后，便进入漫长的"以人释天"的探索进程，这个进程始终朝向"天的人化"亦即"人即天"的终极目标，"人"最终要将自身法则或秩序确立为"天"的法则或秩序，此即宋儒所谓"为天地立心"境界，亦即明儒"天地万物发窍之最精处是人心一点灵明"之精义所在。

　　在人学视域下尤其是在生存论视角下，中国古代天人之辨便不是一成不变的单一形态，其在历史中的形态也并非各自孤立、无章可循，而是呈现为逻辑演进的动态发展过程。基于此，对天人之辨所涉诸概念的界定需要遵循这样几个原则：首先，必须承认"天""人"之间的相关性，尽管"天"作为标定人的本质、地位的参照系而存在，但"天""人"之间的相关性是真确存在的，这也是天人之辨问题得以成立的前提；其次，必须保持天人之辨所涉诸概念在思想史上的开放性，亦即承认不同历史时期、不同学派、不同思想家的运思差别，由这种"开放性"所决定，很难对天人之辨所涉诸概念给出实体性定义，最佳方法是给以功能性定义；最后，必须对天人之辨有所言说，承认千差万别的理解背后有某种统一性。

基于上述原则，不妨暂将"人"定义为人类及人为，将"天"定义为与"人"并存的宇宙主宰的竞合对象，"天"既可外在于"人"而又可按照某种规则内在于"人"，与"人"结成某种统一体。"天人之合"的总体倾向是"天""人"共同分有宇宙秩序、规则的主宰权，不过它具有多阶性：低阶之"合"以"天"的规则为宇宙规则，高阶之"合"则以"人"的规则为宇宙规则。"天人之分"的总体倾向是"人"向"天"争夺宇宙秩序、规则的主宰权。这实际上形成了关于天人之辨所涉主要概念的广义界定，这种界定广泛包容思想史上各种观点的差异性，但不至于导向混乱，因为它预设天人之辨的人学指归尤其是生存论指归，即无论天人之辨的形态如何演进，它始终朝向人对自身力量与本质的发现，朝向人在宇宙中地位的提升，这就在一定程度上缓解了"类型说"与"阶段说"的困难。

以人学为视域，以"类型说"与"阶段说"的统一为基本运思方法，中国古代天人之辨的演进脉络便逐渐清晰起来，它整体上呈现为"合—分—合"的发展进程，这不是简单的重复与回环，而是具有"正题—反题—合题"性质的逻辑进程。在这一进程中，"由合而分"与"由分而合"的两次转折尤为关键，他们基本上可以勾勒出整个进程的脉络，下文尝试以儒家思想为主线，在具体分析中予以阐明。

三　走出"天即人"：从混沌到觉醒

雅斯贝斯以"轴心时代"标定人类文明早期的首次"突破"，如果不考虑他所赋予的"超越的突破"这一具体内涵，而是从更宽泛的"文明的突破"角度来理解，周朝的确可算作中国古代文明的"轴心时代"，天人之辨逻辑演进的首次转折便发生于这一时期。

已有不少学者指出，上古及至商朝的宗教信仰以祖先崇拜与上帝崇拜合一为主要特征，祖先或上帝不在别处，正在"天"上，《山海经》及上古岩画等资料也表明了这一点。[①]"天"是上帝及"人"的祖先之所在，可以佑护"人"的生存与延续；"人"要想获得这种佑护，就必须通过巫术礼仪与"天"对话，向上帝与祖先祈福避祸，《墨子》《吕氏春秋》等所载"汤祷桑林"[②]的传说便生动记述了这样的情形。在这种互动中，"人与神、人世与神界、人的事功与神的业绩常直接相连、休戚相关和浑然一体"[③]。"人"融身于世界，但对世界无甚认知，对自身命运无甚觉解，只是、只能将命运系于"天"，"天"的意志决定了"人"的生存状态，在这个意义上可以说"天即人"，此即中国古代天人之辨最初的、作为"正题"的"天人之合"，当然这与后来作为"合题"的"天人之合"明显不同，后将详述。此种"天人之合"，不妨暂称之为"天人杂糅"——这一用法亦可在"绝地天通"事件中找到依据。

---

① 有学者指出，中国上古时期鬼观念的核心是先以"帝"作为全族抑或全部落、所有人的代表，他永生于天上，后来渐渐把本家族的祖先也依附于帝而置于上天，虽然在人们的现实视野里人死之后确实归于土，但在信仰中还是执拗地认为先祖仍活在另一个世界里，这"另一个世界"的具体所在，一般认为是在天上或山野间。参见晁福林《先秦时期鬼、魂观念的起源及特点》，《历史研究》2018 年第 3 期。

② 《吕氏春秋·季秋纪·顺民》载："昔者汤克夏而正天下。天大旱，五年不收，汤乃以身祷于桑林……剪其发，故鄌其手，以身为牺牲，用祈福于上帝。民乃甚说，雨乃大至。则汤达乎鬼神之化、人事之传也。"《吕氏春秋》，陆玖译注，中华书局 2011 年版，第 253 页。

③ 李泽厚：《由巫到礼　释礼归仁》，生活·读书·新知三联书店 2015 年版，第 5 页。

作为 20 世纪以来中国思想史研究重新"发现"的"思想史事件","绝地天通"在文献上最早见于《尚书》,是周穆王命人制定刑法时引述的一则神话传说。①《山海经》亦提及这一传说,而这一传说首次得到详细解释是在《国语》楚昭王与观射父的对话中。② 周穆王、《山海经》与观射父的叙述略有不同,但总的来看,"绝地天通"传说对应的历史背景当是上古时期一次对苗民叛乱的镇压与政治秩序的重建,即蚩尤作乱以后,苗民社会滥用酷刑、滥杀无辜,颛顼怜悯受苦的苗民,于是发用威力,惩处暴虐,并命令南正重管理天以属神界,任命火正黎管理地以属民界,使天与地、神与民隔绝开来,以恢复人间秩序。此间,天人之辨是贯穿其中的重要线索:"绝地天通"之前,蚩尤作乱、九黎乱德,人人祭祀、家家作巫,民神杂糅、任意通天,这正是上文提到的"天人杂糅"状态的形象展现。从政治视角来看,"天人杂糅"导致神权与王权的分散,进而导致治理上的困难;而从人学视角来看,"天人杂糅"使"人"蔽于"天"而无心、无力认识外部世界、觉解自身命运,普遍处于蒙昧之境。故而,无论从哪个方面考虑,都必须通过"绝地天通"方式切断"天""人"之间的普遍联系,抑制"通天"之权的泛滥。固然,在政治或信仰层面或仍有"通天"之权的遗留,但就社会一般层面来看,"通天"之权的确得到了较为普遍的抑制,家家作巫、任意通天的状况不复存在。

---

① 《尚书·周书·吕刑》载:"若古有训,蚩尤惟始作乱。延及于平民,罔不寇贼鸱义,奸宄、夺攘、矫虔。苗民弗用灵,制以刑,惟作五虐之刑曰法。杀戮无辜,爰始淫为劓、刵、椓、黥。越兹丽刑并制,罔差有辞。民兴胥渐,泯泯棼棼,罔中于信,以覆诅盟。虐威庶戮,方告无辜于上,上帝监民,罔有馨香,德刑发闻惟腥。皇帝哀矜庶戮之不辜,报虐以威,遏绝苗民,无世在下。乃命重黎,绝地天通,罔有降格。"参见郭仁成《尚书今古文全璧》,岳麓书社 2006 年版,第 308—310 页。

② 《国语·楚语下》载:"昭王问于观射父,曰:'《周书》所谓重、黎实使天地不通者,何也? 若无然,民将能登天乎?'对曰:'非此之谓也。古者民神不杂……及少皞之衰也,九黎乱德,民神杂糅,不可方物。夫人作享,家为巫史,无有要质。民匮于祀,而不知其福。烝享无度,民神同位。民渎齐盟,无有严威。神狎民则,不蠲其为。嘉生不降,无物以享。祸灾荐臻,莫尽其气。颛顼受之,乃命南正重司天以属神,命火正黎司地以属民,使复旧常,无相侵渎,是谓绝地天通。'"参见《国语》,上海古籍出版社 2015 年版,第 376—378 页。

　　需要注意的是，观射父认为"绝地天通"事件"使复旧常，无相侵渎"，即人间秩序从"民神杂糅"状态"恢复"为"民神不杂"状态，其中所谓"恢复"并不符合人类学常识，"民神杂糅"之前并没有一个"民神不杂"的时期，这只是观射父的想象。"民神杂糅"或"天人杂糅"就是原始文明早期的普遍情形，[1] 是中国古代天人之辨的"正题"。

　　以"绝地天通"为主要标志，中国古代天人之辨进入了"反题"。[2] 尽管"绝地天通"并非真实的历史事件，却真实反映了讲述者所处时代的思想观念。[3] 具体而言，"绝地天通"反映了西周前期（周穆王所处时代）至春秋后期（楚昭王、观射父所处时代）要求人间秩序从"民神杂糅"转向"民神不杂"、从"天人杂糅"转向"天人相分"的普遍观念，"轴心时代"及稍后的几位重要思想家如孔子、孟子、荀子等都鲜明地展现出了这一思想面向。

　　当前学界一类观点主张，"天人合一"观念正式形成于先秦尤其是周朝，这主要体现在当时天人相通、会合天人之道、以德配天等观念中。[4] 的确，当孔子说"畏天命"（《论语·季氏》）、"知天命"（《论语·为政》）时，似乎承认"天"（天命）对"人"（人的命运）起着某种主宰、控制或至少是影响作用；当孟子说"尽其心者，知其性也。知其性，则知天矣"（《孟子·尽心上》），似乎"人"（人心、人性）与"天"具有某种一致性或至少相通；当荀子说"性者，天之就也；

---

① 参见陈来《古代宗教与伦理》，生活·读书·新知三联书店 2017 年版，第 24 页。

② 这并非说"绝地天通"是一个确切的时间节点，而毋宁是一个醒目的思想史标识。

③ 黄玉顺：《绝地天通——天地人神的原始本真关系的蜕变》，《哲学动态》2005 年第 5 期。

④ 认为"天人合一"观念形成于先秦者，张岱年、汤一介、张世英等学者皆是代表。如张岱年认为，中国哲学中所谓"天人合一"有两种含义：一天人相通，二天人相类。天人相通的观念发端于孟子，大成于宋代道学；天人相类则是汉代董仲舒的思想。参见张岱年《中国哲学大纲》，第 173 页。汤一介认为，根据现在能见到的资料，《郭店楚简·语丛一》"易，所以会天道、人道也"是最早最明确的"天人合一"思想的表述。参见汤一介《论"天人合一"》，《中国哲学史》2005 年第 2 期。张世英认为，"天人合一"思想在西周的天命观中已有比较明显的萌芽，周公提出的"以德配天"是"天人合一"思想的明确表达。参见张世英《中国古代的"天人合一"思想》，《求是》2007 年第 7 期。

情者，性之质也"（《荀子·正名》），"人"（人性）甚至是"天"所造就的；当董仲舒说"天人之际，合而为一""以类合之，天人一也"（《春秋繁露·阴阳义》）以及"人副天数""同类相动"，似乎"天"真是"人"的曾祖父，"天""人"之间相感相应，不可遽分。总之，这些言说确乎展现了"天""人"之间的某种贯通性乃至一致性，它集中体现为"性自命出，命自天降"或"天命之谓性"的"性命"原则。

但是，从人学视域来看，"性命"原则所提示的"天"（天命）与"人"（人性）的贯通或相合只是周朝以降思想家的"神道设教"，即他们在为"人"寻找道德上的本原与根据时，"天"作为上古思想遗存承担了这一功能。庞朴甚至认为，能降命的天和天所降的命并没有什么具体面目，不主张什么也不反对什么，只是虚晃一枪，为"性"的出场鸣锣开道而已。① 这一观察是敏锐的。实际上，正如当时思想家们所说，"天视自我民视，天听自我民听"（《尚书·泰誓》），"天何言哉"（《论语·阳货》），"错人而思天，则失万物之情"（《荀子·天论》），"天"既不能视听，也不能言动，真正视听言动者是"人"。

可见，"天"固然还有些神学色彩的遗存及其在道德伦理领域的转换，但它毕竟不同于"天人杂糅"时期了，"人"在"天"以外发现了新的影响乃至决定自身命运的力量，或者说"人"从旧式"天即人"状态中走出来了。所以，孔子罕言天道，"不语怪、力、乱、神"（《论语·述而》），对于鬼神、生死之事亦有所保留，所谓"未能事人，焉能事鬼"，"未知生，焉知死"（《论语·先进》）。鬼神、生死之事都与"天"密切相关，是"天"及其威力的具体化，孔子不明确肯认，而是搁置不论，并开始重视与其相对的"人""生"之事，正展现出了与天相分的思想面向。孟子言"行有不得者，皆反求诸己，其

---

① 庞朴：《天人三式——郭店楚简所见天人关系试说》，《三生万物：庞朴自选集》，首都师范大学出版社 2011 年版，第 364 页。

身正而天下归之"(《孟子·离娄上》),"祸福无不自己求之者"(《孟子·公孙丑上》),并援引《诗经》"永言配命,自求多福"及《尚书》"天作孽,犹可违;自作孽,不可活"等论述,强调"反求诸己""自己求之"亦即"人"在"天"面前的能动性,"人"不仅可以自求多福,必要时还可以违背天意,"人"的地位进一步提升。荀子更不待言,"明于天人之分""制天命而用之"(《荀子·天论》)已是非常明确的与天相分、利用天命的思想观念,"人"不仅与"天"分立、分职,而且可以通过对"天"的认识与把握来造福自身,其中已蕴含一定的认识论观念的萌芽。这些观念尤其是荀子的观念后被董仲舒大加发挥,他直言:"人之超然万物之上,而最为天下贵也。人下长万物,上参天地。"(《春秋繁露·天地阴阳》)论地位、论能力,人可与天地比肩。

如此一来,尽管孔、孟、荀、董有天人相关、相通乃至一致的思想面向,但这并非他们思想体系的全部,甚至很难称得上是主要倾向,而更应视为对原始宗教思维的继承与转化。这种转化背后"与天相分"的思想倾向才是这些思想家的真正创见。总之,从结果来看,这一时期的天人观似乎又合又分、若即若离,其实质则是趋于相分,只是分而未得。这种状态或可借鉴荀子的说法,称为"天人有分","分"是职分。与上古时期混沌的"天人杂糅"相比,"天人有分"观念彰显了人对世界的一定认识与对自身命运的一定觉解,人的地位得到一定提升。

四 走向"人即天":人的自决的实现

"轴心时代"以降,天人观整体上趋于相分,但此间始终有一无形的"束缚",那就是"性自命出,命自天降"或"天命之谓性"的"性命"原则。这一原则的存在使"人"总还是处于"天"的影响之下,尽管这种影响已缩小为"神道设教"的性质。如何进一步发现

"人"的力量、摆脱"天"的主宰，便成为魏晋时期重要的思想主题，这一主题在长期政治分裂与社会动荡的现实中又展现为自然与名教之辨。魏晋玄学对先秦两汉的解决思路予以扬弃，通过对"名教即自然"的确认使"天"收摄于"人"，逐步走向"人即天"。

道家老庄思想的复兴以及佛学的传播促使魏晋玄学的思考展现出了思辨性，尤其是在天人之辨问题上，玄学家已不满足于经验性追问，试图给出思辨性答案。作为这种追问的理论前提，玄学家首先完善了"天"的定义。王弼说："无所不周普，则乃至于同乎天也。"① "天"是无所不周普的、包罗万象的、至大无外的存在。而此前在董仲舒那里，"天、地、阴、阳、木、火、土、金、水九，与人而十者，天之数毕也……毕之外，谓之物"（《春秋繁露·天地阴阳》），"物"并不在"天"之内，其宇宙化生图式看似繁复，实则尚未形成整全世界的观念。相比董仲舒的列举式定义，王弼的解释展现出了对世界整全性的认识。郭象更是直接提出，"天地者，万物之总名也"②，"天者，万物之总名也"③，这就确立了以"天"为代称的整全世界观念。

"天"越来越整全，其地位却进一步下降。王弼以"崇本举末"思维追问整全世界之本原，他说："万物以自然为性，故可因而不可为也，可通而不可执也。物有常性，而造为之，故必败也。物有往来，而执之，故必失矣。凡此诸或，言物事逆顺反覆，不施为执割也。圣人达自然之［性］，畅万物之情，故因而不为，顺而不施。除其所以迷，去其所以惑，故心不乱而物性自得之也。"④ 作为万物之"本"的"性"不再直接是"天"，而是"自然"。这里的"自然"也不再是老子哲学意义上与人无涉、无关道德的"自然"，而是具有人间秩序的意味，王弼说："用不以形，御不以名，故仁义可显，礼敬可彰也……仁

---

① 《王弼集校释》，第37页。
② （晋）郭象注，（唐）成玄英疏：《庄子注疏》，第11页。
③ （晋）郭象注，（唐）成玄英疏：《庄子注疏》，第26页。
④ 《王弼集校释》，第77页。

德之厚，非用仁之所能也；行义之正，非用义之所成也；礼敬之清，非用礼之所济也。"① "无形""无名"即是"自然"，只要一任"自然"，仁义礼敬自可彰显，一任"贞""诚"，仁义礼敬便厚重清正。既然仁义礼敬出于"自然"，"自然"因此具有了先天性与道德性，这正是儒家"德性自然"观念的另一种表达。② 如果说王弼有些欲说还休，郭象则把这种新的天人观清楚明白地讲出来了。郭象说："无既无矣，则不能生有。有之未生，又不能为生。然则生生者谁哉？块然而自生耳。自生耳，非我生也。我既不能生物，物亦不能生我，则我自然矣。自己而然则谓之天然。"③ 万物并没有一个共同的生成本原，每一物都是块然自生。尽管郭象仍将这种"自己而然"称为"天然"，但他明确表示，这只是为了强调万物自生的权宜用法，所谓"以天言之，所以明其自然也，岂苍苍之谓哉"④。"天"不是"苍苍之谓"，而是"万物之总名"，或说是一种"承诺"，其实质是万物，"物无非天也"⑤。反映在自然与名教之辨上，郭象认为："人之生也，可不服牛乘马乎？服牛乘马，可不穿落之乎？牛马不辞穿落者，天命之固当也。苟当乎天命，则虽寄之人事而本在乎天也。"⑥ 在庄子哲学中，牛马四足是"天"（自然），"落马首、穿牛鼻"是"人"（人为）；但在郭象看来，正因"落马首、穿牛鼻"是"人"，所以它便成了"天"。从王弼到郭象，名教与自然之辨逐步由"名教出于自然"走向"名教即自然"，天人之辨也逐步由旧式"天即人"走向"人即天"，这既是对秩序的渴望，也是对自身命运的进一步觉解。

　　玄学天人观的再度趋合，已不同于上古时期的混沌冥合，而是贯

---

① 《王弼集校释》，第 95 页。
② 张恒：《儒门内的王弼——对王弼哲学派别归属的一个阐明》，《孔子研究》2019 年第 2 期。
③ （晋）郭象注，（唐）成玄英疏：《庄子注疏》，第 26 页。
④ （晋）郭象注，（唐）成玄英疏：《庄子注疏》，第 26 页。
⑤ （晋）郭象注，（唐）成玄英疏：《庄子注疏》，第 126 页。
⑥ （晋）郭象注，（唐）成玄英疏：《庄子注疏》，第 321 页。

穿着鲜明的人类主体意识，因此这实际上正在走向中国古代天人之辨的"合题"。尽管玄学的思考具有一定思辨性，也在天人之辨问题上有进一步发展，但在佛道宗教面前，这些思考的思辨性仍嫌不足，经验性的"人"（"名教"）显然无法承当思辨世界的本原与主宰。如何在思辨意义上确立"人即天"的有效性，便成为留给宋儒的思想课题。

同玄学家一样，理学家普遍重视天人之辨，尤其强调天人合一、万物一体，以其为本原追问的理论前提。张载说"儒者则因明致诚，因诚致明，故天人合一"，这是有史记载首次对"天人合一"命题的明确表述，还说"天地之塞，吾其体；天地之帅，吾其性。民，吾同胞；物，吾与也"①，以天地之塞为体、以天地之帅为性，民胞物与，这些阐释形象而又生动。邵雍说"学不际天人，不足以谓之学"②，"事无巨细，皆有天人之理"③，这都是对贯通天人的强调。周敦颐虽无明确表述，但他通过《太极图说》阐述的宇宙化生图式也隐含着万物一体观念。嗣后，程朱陆王深化了这一观念，如二程说"仁者以天地万物为一体"④，"仁者，浑然与物同体"⑤，朱熹说"天地万物，本吾一体"⑥，陆九渊说"宇宙便是吾心，吾心即是宇宙"⑦，王守仁说"天地万物与人原是一体"⑧。

理学家承认，在天人合一或谓万物一体的整全世界中，天地万物一气流通，这与先前中国本土哲学的思考一脉相承。但理学家也意识到，以"气"为本原或介质的"一体"或"相合"难以经受佛教的考验，这也正是玄学经验性的"人即天"观念面临的困难。早期理学家

① （宋）张载：《张子全书》，第53页。
② 《邵雍全集》（三），第1223页。
③ 《邵雍全集》（三），第1232页。
④ （宋）程颢、程颐：《二程集》，第1179页。
⑤ （宋）程颢、程颐：《二程集》，第16页。
⑥ （宋）朱熹：《中庸章句》，《朱子全书》第6册，第33页。
⑦ 《陆九渊集》，第273页。
⑧ （明）王守仁：《王阳明全集》（上），第122页。

吸收借鉴佛教的"体相用"思维并将其创新发展为"体用"思维。在"体用"思维框架下，先前经验性的"性"被更加细致地分为两重：一为天地之性或天命之性，一为气质之性；一为天理，一为气质。在理学家看来，"人性"本然、实然、应然地是"天理"："性即理也，所谓理，性是也。天下之理，原其所自，未有不善。喜怒哀乐未发，何尝不善？发而中节，则无往而不善。"①"性即理"言简意赅地指出了人性与天理的一致性、统一性，也创造性地将具体的"德性"形式化为普遍的、超越的"天理"，"天理具备，元无欠少，不为尧存，不为桀亡"②。"性即理"的超越性使"人即天"在逻辑意义上得以成立。从人学视角来看，这无疑是玄学"名教即自然"观念的高阶发展，无怪乎朱熹要对"性即理"命题大加赞佩，称其为"千万世说性之根基"，并认为孔子之后无出其右者。③

理学在中后期发展中进一步提出"心即理"，并将良知确立为"心"的"本体"，良知即心、即性、即理。良知最重要的特征是"自然会知"："见父自然知孝，见兄自然知弟，见孺子入井自然知恻隐，此便是良知，不假外求。"④ 超越的"天理"并非真的由"天"给出，而是人性、人心本然蕴含的。人心、良知由此成为世界的决定者、主宰者。朱熹说"吾之心正，则天地之心亦正矣，吾之气顺，则天地之气亦顺矣"⑤；陆九渊说"宇宙便是吾心，吾心即是宇宙"，"宇宙内事乃己分内事，己分内事乃宇宙内事"⑥；王守仁说，"人的良知，就是草、木、瓦、石的良知。若草、木、瓦、石无人的良知，不可以为草、木、瓦、石矣。岂惟草、木、瓦、石为然，天地无人的良知，亦不可

① （宋）程颢、程颐：《二程集》，第292页。
② （宋）程颢、程颐：《二程集》，第43页。
③ （宋）朱熹：《朱子语类》卷九十三，《朱子全书》第17册，第3107—3108页。
④ （明）王守仁：《王阳明全集》（上），第7页。
⑤ （宋）朱熹：《中庸章句》，《朱子全书》第6册，第33页。
⑥ 《陆九渊集》，第483页。

为天地矣"①，"天没有我的灵明，谁去仰他高？地没有我的灵明，谁去俯他深？鬼神没有我的灵明，谁去辨他吉凶灾祥？天地鬼神万物离却我的灵明，便没有天地鬼神万物了"②。天地鬼神万物或说人身处其中的世界全都仰仗"人心一点灵明"，这一点灵明为宇宙提供了"生存之道"，人类由此成为宇宙秩序与规则的制定者、给出者，在这个意义上可以说"人即天"，人真正实现了命运的自决。

结　语

20 世纪以来，天人之辨问题被反复提出、论辩，足见其在中国思想文化中的重要性。在现代语境中，天人之辨往往被解释为生态伦理问题，"天人合一"被视为中国文化相较其他文化形态的殊胜之处，这些融入了现代观念的理解与天人之辨的历史存在有明显错位，这种错位引发了学界的深入思考。笼统而言，相关研究主要展现为两种进路：一是主要从空间之维立论的"类型说"，二是主要从时间之维立论的"阶段说"，其分疏之条理、研辩之精细，每每启人深思，然而在解释效力上仍嫌不足。通过考察中国古代儒家天人之辨的发展演变可以发现，"究天人之际"的重点在人而不在天，其终极诉求是不断揭示人的本质并提升人在宇宙中的地位，天人之辨基本不涉及认识论问题，也不应视为完全的宇宙论问题，而更多是关乎人的生存与价值的人学问题。

以人学为视域，以"类型说"与"阶段说"的统一为基本运思方法，以儒家为主要线索的中国古代天人之辨便整体呈现为"合—分—合"的发展进程，这不是简单重复与回环，而是具有"正题—反题—合题"性质的逻辑进程。此间，"由合而分"与"由分而合"的两次转折尤为关键：第一次转折以"绝地天通"为标志，先民从上古"天

---

① （明）王守仁：《王阳明全集》（上），第 122 页。
② （明）王守仁：《王阳明全集》（上），第 141 页。

人杂糅"的蒙昧状态中觉醒，摆脱"天即人"的低阶相合；嗣后，先民不断发现自身力量，觉解自身命运，促成了第二次转折，其完成以"性即理""心即理"相关命题的提出为重要标志，实现了"人即天"的高阶相合。从"天即人"到"人即天"，天人之辨的逻辑进程始终伴随着人对自身力量的发现，始终朝向人的独立与自由。对天人之辨人学意义的发掘，应成为今天理解、继承、发展古代儒家思想的重要维度。

儒门内的王弼

王弼一般被视为魏晋哲学的开山，他所建构的哲学体系——至少在一定程度上——规定了魏晋哲学的中心议题、思维旨趣、言说方式和境界追求。对王弼哲学的准确定位极有助于对魏晋哲学的理解，也极有益于对整个中国哲学史的把握。

20 世纪以降的中国哲学研究，主流观点是将王弼哲学（及其代表的魏晋哲学）称为"玄学"或"新道家"，亦即视其为道家哲学在魏晋时期的重新展开。比如，冯友兰便在《中国哲学史》中以何晏、王弼等人为"玄学家"，并指出他们属于"道家"："以道家之学说，释儒家之经典，此玄学家之经学也。"[1] 后在《中国哲学简史》中冯友兰又明确以"玄学"为"新道家"："'新道家'是一个新名词，指的是公元 3 世纪、4 世纪的'玄学'……《老子》第一章说：'玄之又玄，众妙之门。'所以'玄学'这个名称表明它是道家的继续。"[2] 汤用彤也有类似观点，其在《读〈人物志〉》一文中说："至若辅嗣著书，外崇孔教，内实道家，为一纯粹之玄学家。"[3] 后在《王弼之〈周易〉〈论语〉新义》一文中，汤用彤再次确认了上述观点，认为王弼哲学"阳尊儒圣，而实阴崇道术也"[4]。

---

① 冯友兰：《中国哲学史》（下册），第 113 页。
② 冯友兰：《中国哲学简史》，第 181 页。
③ 汤用彤：《魏晋玄学论稿》，《汤用彤全集》第四卷，第 17 页。
④ 汤用彤：《魏晋玄学论稿》，《汤用彤全集》第四卷，第 83 页。

值得注意的是，尽管冯、汤等学者以王弼哲学为"玄学""道家""新道家"，但"释儒家之经典""外崇孔教""阳尊儒圣"等表述或评价均表明他们也注意到了王弼哲学中隐现的儒家身影。有学者正是抓住了这一点，将王弼哲学（及魏晋哲学）归入了儒家。如鲁迅在一次演讲中指出："表面上毁坏礼教者，实则倒是承认礼教，太相信礼教……他们（引者注：指魏晋名士）的本心，恐怕倒是相信礼教，当作宝贝……"[①] 杨国荣也表达过类似观点，即王弼哲学（及魏晋哲学）"本质上体现了对儒家传统的认同"，"总体上仍表现为儒家价值体系的延续"[②]。

此外，还有学者从儒道会通的视角出发，认为不能也不必定位王弼哲学及魏晋哲学的学派属性。如余敦康就曾提出："儒道两家的关系，同中有异，异中有同，分中有合，合中有分，纠缠扭结，难以名状。""玄学究竟是属于道家还是儒家，这个学究性的问题并不重要……"[③]

以上三派观点，"道家说"影响最广，其考量或主要基于三个方面，即王弼对老子哲学文本的重点诠释、对老子哲学语言的大量使用和对老子哲学观念的高度认同。然而，这些证据都有待商榷：前两点的确是事实，但文本和语言作为"表象"，还不足以决定王弼哲学的学派属性；至于第三点，实则是一种误读，王弼哲学的核心主张是"崇本举末"，这与老子哲学的核心主张"崇本息末"存在较大分歧。"儒道会通说"也有一定影响，不过其否认儒道两家有实质区别，这并不利于对王弼哲学、魏晋哲学乃至整个中国哲学的理解和把握。

相对而言，"儒家说"声音不大，却值得注意。当然，仅从价值认同角度对王弼哲学作一种表层的常识认定是不够的。首先，对王弼哲学

---

① 鲁迅：《魏晋风度及文章与药及酒之关系——九月间在广州夏期学术演讲会讲》，《鲁迅杂文集》，第 223 页。

② 杨国荣：《论魏晋价值观的重建》，《学术月刊》1993 年第 1 期。

③ 余敦康：《魏晋玄学与儒道互通》，《道家文化研究》第六辑，上海古籍出版社 1995 年版，第 236、239 页。

派别归属的判定，有赖于对其视之为"本"的"自然"观念的深入考察，这可谓决定其哲学立场的第一因素；其次，要判定王弼哲学的派别归属，还要细致探究其视之为"末"的"仁义"观念，因为不管是儒道之间还是儒家内部，对于"仁义"的理解都存在不同程度的分歧。以上均为学界所普遍忽视，下文正是要着重解决这些问题。

一　崇本举末：王弼哲学的核心主张

王弼人生短暂，鲜有单独成篇的专论著述，但其以经学方法对几部先秦经典尤其是对《老子》的注解、释读，仍展现了其完整、精粹的哲学体系。

在《老子指略》中，王弼曾两次高度概括老子哲学的主旨，其一："其大归也，论太始之原以明自然之性，演幽冥之极以定惑罔之迷。因而不为，损而不施；崇本以息末，守母以存子；贱夫巧术，为在未有；无责于人，必求诸己；此其大要也。"① 其二："《老子》之书，其几乎可一言而蔽之。噫！崇本息末而已矣。"② 在王弼看来，老子哲学的根本诉求是"明自然之性""定惑罔之迷"，基本方法是"因而不为""损而不施"，核心主张则是"崇本息末"。王弼曾以树作喻，说自然之道好比树，树根是本，枝杈是末，近根则得本，远根则迷惑。③

上述概括究竟在多大程度上阐明了老子哲学的原意④，暂且不论，但可以肯定的是，通过这些概括，王弼将老子哲学中使用频率较高的"母—子"范畴作了转换，他说："母，本也。子，末也。得本以知末，不舍本以逐末也。"⑤ 这样一来，"母—子"这对生成性的、经验

---

① 《王弼集校释》，第196页。
② 《王弼集校释》，第198页。
③ 《王弼集校释》，第56页。
④ 也许在现代诠释学理论看来，根本就不存在这样的"原意"，但为了引出下文的意思，姑且使用该词。
⑤ 《王弼集校释》，第139页。

性的思想范畴被创造性地转换为"本—末"这对具有一定抽象性的哲学范畴，尽管抽象程度还不高。在这种创造性转换的解经实践中，王弼大量使用"本—末"范畴注解《老子》文本，如注解二十章"我独异于人，而贵食母"一句时说："食母，生之本也。人皆弃生民之本，贵末饰之华，故曰'我独欲异于人'。"① 这即是将老子"贵食母"解释成以"生民"为本、以"华饰"为末。

与此同时，"本末之辨"顺理成章地被王弼确立为自身哲学体系的中心话题，其核心主张，一言以蔽之即"崇本举末"，或说"举本统末"。王弼说："守母以存其子，崇本以举其末，则形名俱有而邪不生，大美配天而华不作。"② 此即"崇本举末"。王弼又说："予欲无言，盖欲明本。举本统末，而示物于极者也。"③ 此即"举本统末"。"崇本举末"或"举本统末"在强调"本"的同时又不舍弃"末"，这显然已不同于老子哲学的"崇本息末"，对此下文还将详述。

从"形式"来看，王弼的"崇本举末"哲学所追求的"本"是"一"，是"少之极"④；而"末"是"多"，是"众"。王弼说："万物万形，其归一也。何由致一？由于无也。由无乃一，一可谓无？已谓之一，岂得无言乎？有言有一，非二如何？有一有二，遂生乎三。从无之有，数尽乎斯，过此以往，非道之流……既谓之一，犹乃至三，况本不一，而道可近乎？"⑤ 这段经典注解有两点值得特别注意：其一，"万物归一"蕴含着王弼视万物为一体的天人学深意，即他已经意识到万物可以有也应该有统一性，可以也应该统一于一个整全世界，这一思维具有一定的开创性；其二，"万物一体"的整全世界有所"本"，

---

① 《王弼集校释》，第 49 页。
② 《王弼集校释》，第 95 页。
③ 《王弼集校释》，第 633 页。
④ 《王弼集校释》，第 56 页。
⑤ 《王弼集校释》，第 117 页。

即"观其所由，寻其所归，言不远宗，事不失主"①，所谓"由""归"
"宗""主"，亦即"本原"。王弼意识到，"本"是"一"而不可能是
"多"——以"一"为"本"尚且很快到"三"，若以"多"为
"本"，岂不离"道"更远了吗？由此，王弼的"崇本举末"哲学主张
"以一御多""执一统众"②。相比同时代及先秦汉代学者，王弼这种对
"万物一体"的整全世界之单一的、终极的"本"（本原）之追问，是
具有了一定抽象性的哲学追问。

　　从"内容"来看，王弼的"崇本举末"哲学所追求的"本"是
"自然"，是"人之真"③；而"末"是"仁义"，是"名教"④。从当时
的社会现实状况来看，自从董仲舒提出"推明孔氏抑黜百家"，儒家思
想便逐渐成为社会主流意识形态，至汉末曹魏，（融合了多家思想的）
儒家思想的制度化、意识形态化使其自身逐渐"异化为一种无理性的
暴力"⑤，后来曹操杀孔融、司马氏杀嵇康都是这种"异化"的结果。
于是，如何使制度化、意识形态化的儒家思想复归其本真，便成为摆
在魏晋学者面前的重要课题。而王弼的解决思路正是"崇本举末"，他
说："仁义，母之所生，非可以为母。形器，匠之所成，非可以为匠
也。舍其母而用其子，弃其本而适其末，名则有所分，行则有所止。
虽极其大，必有不周；虽盛其美，必有患忧。"⑥ 此即是说，"仁义"
并不是"本"，还有比"仁义"更加根本的东西——"本在无为，母
在无名。"⑦ 而"无为""无名"即是"自然"，所谓"天地任自然，

---

①《王弼集校释》，第 198 页。
②《王弼集校释》，第 622 页。
③《王弼集校释》，第 22 页。
④ 严格说来，王弼文本中只有"仁义"而无"名教"。"名教"一词大概先出于与王弼同时
代的嵇康（《释私论》有"越名教而任自然"语）。不过，"名教"在魏晋时期指代儒家思想、制
度，这似无太大争议。
⑤ 余敦康：《魏晋玄学与儒道互通》，《道家文化研究》第六辑，第 237 页。
⑥《王弼集校释》，第 95 页。
⑦《王弼集校释》，第 94 页。

无为无造，万物自相治理"①。由此，王弼的"崇本举末"哲学便可以具体化为"崇自然举仁义"或"举自然统仁义"。学界将王弼哲学的"内容"主题表达为"自然与名教之辨"，有一定道理。

既然"崇本举末"是王弼哲学的核心主张，下文就将从"自然"之"本"、"仁义"之"末"及"崇本举末"的思想源流等方面展开考察，以确证王弼哲学的学派属性。

二　"自然"为本："长生久视"抑或"自然中礼"？

谈及"自然"——中国哲学史（思想史）意义上的"自然"概念，人们首先会想到老子，毕竟《老子》对"自然"概念的使用最早、着墨最多，"道法自然"这一命题也早已越出哲学领域而在各个学术领域乃至社会生活中被广泛言说和阐释。王弼在"自然"与"仁义"之辨中选择以"自然"为本，难怪其被视为道家哲学的继续。然而，"言必称老子"这种对"自然"概念的刻板印象，实际上遮蔽了中国哲学史上另外一派"自然传统"——儒家，尤其是孟子学派。孟子同老子一样强调"自然"，只不过二者对"自然"的理解不同。王弼的"自然"观念虽以《老子》文本为诠释对象，其实质却是孟子"自然"观念的延续。

先来看老子的"自然"观念。《老子》文本中有五处提及"自然"："功成事遂，百姓皆谓我自然。"（《老子》第十七章）"希言自然。故飘风不终朝，骤雨不终日。"（《老子》第二十三章）"人法地，地法天，天法道，道法自然。"（《老子》第二十五章）"道之尊，德之贵，夫莫之命而常自然。"（《老子》第五十一章）"圣人欲不欲，不贵难得之货。学不学，复众人之所过。以辅万物之自然，而不敢为。"（《老子》第六十四章）

---

① 《王弼集校释》，第13页。

从文字学角度考察，《老子》文本中的"自然"并非单纯词，而是双语素合成词，即包含"自"（自身、自己）与"然"（如此、如是）两个语素，这已是学界共识。由此，"自然"应在"自—然"即"自身—如此"意义上被理解，而不能理解为今天日常语言中的"自然界""理所当然""不呆板"等义，尽管后者可能建基于前者。相应地，从哲学意涵上考察，《老子》文本中的"自然"便不能理解为名词或形容词，而是摹状词，即用来表征事物"自身如此""自然而然"的存在状态，通俗地说，即是事物本来的样子。老子所主张的"法自然"也就是因顺事物本来的样子，即拒绝造立施化、有恩有为。这种"本来的样子"是一种境遇性存在，既可以是事物的内在规定性，也可以是其外部规定性，更多时候二者兼而有之。

从老子视角看，花开花落自是"自然"，花被雨打风吹去也同样"自然"。也就是说，事物"本来的样子"参差多态，因顺事物"本来的样子"会造成不同的结果——生存或是毁灭，从善或是从恶。老子"自然"是否有所指涉或偏好？换言之，老子"自然"是否有道德价值取向？对此学界争议颇多。一派观点持肯定意见，如蒙培元曾指出："中国文化是德性文化，道家老子是这一文化的重要开创者之一，决不能除外。'道'并不是无价值或非价值的存在，'自然'也不是无价值或非价值的状态。'道'的价值和意义表现为'自然'，'自然'的价值和意义则表现为生长发育、和谐有序。"[1] 刘笑敢等学者也持类似主张。[2] 另一派观点则持反对意见，如张世英曾指出："老庄的'道'则是没有道德意义的，它只是自然，所谓'道法自然'。"[3] 李泽厚、陈

---

① 蒙培元：《论自然——道家哲学的基本观念》，《蒙培元全集》第九卷，第56页。原载《道家文化研究》第十四辑，生活·读书·新知三联书店1998年版，第23页。

② 刘笑敢提出了"人文自然"的概念，他认为老子之自然表达的是对人类群体内外生存状态的理想和追求，是对自然的和谐、自然的秩序的向往，这种价值取向在人类文明的各种价值体系中是相当独特的，老子之自然本质上就是人文自然。参见刘笑敢《老子之人文自然论纲》，《哲学研究》2004年第12期。

③ 张世英：《天人之际——中西哲学的困惑与选择》，第7页。

嘉映等学者也表达过类似观点。老子"自然"观念的确展现出了一种"生长发育"或名为"成"的价值取向，但这种取向并不指涉"道德"（morality），或说并不具有道德性——道德意味着善恶选择和决断，意味着可以超越生死存亡。而老子恰恰反对这样的做法，其"自然"是为了实现不衰乃至永存，即所谓"长生久视"（《老子》第五十九章）"天长地久"（《老子》第七章）。如果说老子"自然"观念具有某种指向的话，那也不是道德，而更多的是"实用"（utility）。

再来看孟子的"自然"观念。严格地说，《孟子》文本中并无"自然"一语，但这并不妨碍其"自然"观念的表达。孟子曾讲过一个"揠苗助长"的故事："宋人有闵其苗之不长而揠之者，芒芒然归。谓其人曰：'今日病矣，予助苗长矣。'其子趋而往视之，苗则槁矣。"（《孟子·公孙丑上》）孟子紧接着评论："以为无益而舍之者，不耘苗者也；助之长者，揠苗者也。非徒无益，而又害之。"舍苗不耘是为"无益"，揠苗助长更是"害之"，二者都非因顺事物本来的样子，皆不足取。对此，东汉力倡"自然"观念的王充便明确将孟子的上述观念解读为"自然"，他说："然虽自然，亦须有为辅助。耒耜耕耘，因春播种者，人为之也；及谷入地，日夜长大，人不能为也。或为之者，败之道也。宋人有悯其苗之不长者，就而揠之，明日枯死。夫欲为自然者，宋人之徒也。"（《论衡·自然》）在王充看来，"自然"一方面须"耒耜耕耘""因春播种"，另一方面"及谷入地"则"人不能为"，这不正是孟子"耘苗不揠"主张的翻版吗？在促进苗的生长发育这一层面上，孟子"自然"与老子"自然"，"实用"意指基本一致。

然而，"实用"之外，孟子"自然"另有所指。孟子说："尧、舜，性者也；汤、武，反之也。动容周旋中礼者，盛德之至也；哭死而哀，非为生者也；经德不回，非以干禄也；言语必信，非以正行也。君子行法，以俟命而已矣。"（《孟子·尽心下》）朱熹注解说："细微曲折，无不中礼，乃其盛德之至。自然而中，而非有意于中也……三者亦皆自然而然，非有意而为之也，皆圣人之事，性之之德也。"①"自然而中（礼）"真是一语中的，它指出了"哭死而哀""经德不回""言语必信"这些"盛德"的发生并非刻意，而是因顺人性的结果。换言之，先验、内在的人性，只要顺其自然、如其所是，自会符合经验、外在的伦理规范。由此，孟子"自然"不仅指事物的内在规定性而言，而且具有鲜明的价值取向——道德。直截了当地说，孟子"自然"实为"德性自然"。这种"德性自然"固然有其重视"生"或"成"的实用面向，但更加看重"生"或"成"的道德面向。如果"生"不合道德，那宁肯"死"；如果"成"不合道德，那宁肯"毁"——所谓"舍生而取义"（《孟子·告子上》）、"杀身以成仁"（《论语·卫灵公》）。正是在这一点上，孟子和老子形成了明显的区别。

老子哲学与孟子哲学展现出了两种不同的"自然"观，王弼视其为"本"的"自然"更倾向于哪一种呢？

让我们回到王弼的文本。可以确定的是，王弼视域中的"自然"首先是实用意指下的"自然"，亦即与"造立施化""有恩有为"相对待的"自然而然"，这在王弼注解中有大量言说，比如注解《老子》第二章"圣人处无为之事"时，王弼说："自然已足，为则败也。"②此即强调"不为"。注解《老子》第五章"天地不仁，以万物为刍狗"一句时，王弼说："天地任自然，无为无造，万物自相治理，故不仁也。"③此亦强调"无为""无造"。

上述对"自然"的理解固然是王弼的观念，但不得不说，它们也基本上未超出《老子》本身，说它们是老子观念的"同语反复"也不

---

① （宋）朱熹：《孟子集注》，《朱子全书》第6册，第454页。
② 《王弼集校释》，第6页。
③ 《王弼集校释》，第13页。

太为过。倒是其他几处以"自然"为内涵的诠释更能体现王弼独有的思想。在注释《老子》第二十五章"道法自然"一句时，王弼说："道不违自然，乃得其性。"① 此处王弼明确使用了"性"字，并指出了"自然"与"性"之间的内在关系——因顺"自然"方能得"性"，"得性"即是"自然"。类似思想还出现在王弼对《老子》第二十九章的注解中："万物以自然为性，故可因而不可为也，可通而不可执也。物有常性，而造为之，故必败也。物有往来，而执之，故必失矣……圣人达自然之［性］，畅万物之情，故因而不为，顺而不施。除其所以迷，去其所以惑，故心不乱而物性自得之也。"② 此处，王弼更加明确地指出，"自然"即是万物之"性"，且物"性"有"常"，也就是说"性"有其稳定或永恒的一面，而并不是境遇性的存在。

要知道，《老子》文本中并无"性"字，至于其有无"性"的观念，学界也存在较大争议。正如前文已经指出的，本文认为即便老子哲学中有"性"的观念，其"性"也不等同于"自然"：老子"自然""通人物而言之"，是混杂了内在规定性（性）和外部规定性（处境）的境遇性存在，而非"极本原而语之"的"本原"意义上的"性"，后一种将"自然"实体化的倾向正是孟子传统的特点。孟子以"自然"为"性"并即"心"言"性"，以"心"之"四端"论"性"之"四德"，强调"仁义礼智，非由外铄我也，我固有之也"（《孟子·告子上》），这实为中国古代哲学"本原论"的发端。由此，就"自然"的"性之规定"而言，王弼思想显然是孟子传统的继续。

此外，王弼对《老子》第三十八章的注解也值得注意，他说："用不以形，御不以名，故仁义可显，礼敬可彰也。夫载之以大道，镇之以无名，则物无所尚，志无所营。各任其贞事，用其诚，则仁德厚焉，行义正焉，礼敬清焉。弃其所载，舍其所生，用其成形，役其聪明，

---

① 《王弼集校释》，第 65 页。
② 《王弼集校释》，第 77 页。

仁则尚焉，义则竞焉，礼则争焉。故仁德之厚，非用仁之所能也；行义之正，非用义之所成也；礼敬之清，非用礼之所济也。"① "用不以形"，即是"无形"；"御不以名"，即是"无名"。"无形""无名"即是"自然"。王弼认为，一任"无形""无名"之"自然"，仁义礼敬便得以彰显；一任"贞""诚"之本性，仁义礼敬便厚重清正。可见，就"自然"的道德指涉而言，王弼思想可谓孟子"自然中礼"观念的另一种表达。

总而言之，王弼相信"仁义礼敬出于自然"，其"自然"观念因此具有了内在规定性和道德性，也因此出离老子传统而走向了孟子传统。

三　"仁义"是末："绝仁弃义"抑或"仁义内发"？

就"本"而言，王弼所崇尚的"自然"出离老子传统而走向了孟子传统；就"末"来说，王弼哲学所营举之"仁义"更是展现出了与老子哲学在本质上的分别，而更多体现出了对儒家尤其是对孟子学派的认同。

老子对待"仁义"的态度是明确的，其有直接的、从正面展开的论述："绝圣弃智，民利百倍；绝仁弃义，民复孝慈；绝巧弃利，盗贼无有。此三者，以为文不足，故令有所属，见素抱朴，少私寡欲。"（《老子》第十九章）同时也有间接的、从反面展开的论述，如："天地不仁，以万物为刍狗；圣人不仁，以百姓为刍狗。"（《老子》第五章）又如："大道废，有仁义；慧智出，有大伪；六亲不和，有孝慈；国家昏乱，有忠臣。"（《老子》第十八章）老子认为，"自然之道"（见素抱朴、少私寡欲等）是"母"，而"仁义之道"（圣智、仁义、巧利等）是"子"，二者是经验性的生成关系，即"子"由"母"生，"母"贵"子"贱，"母"失则"子"无所据，"子"无所据则导致混乱。因此，

---

① 《王弼集校释》，第95页。

老子主张"绝仁弃义"而"贵食母"。这样看来,王弼以"息"("崇本息末"之"息")字概括老子对待"仁义"的态度是恰当的。

在此基础上,王弼也直接阐明了其对待"仁义"的态度:"夫恶强非欲不强也,为强则失强也;绝仁非欲不仁也,为仁则伪成也。"[①] 可见,王弼不仅不反对"仁",相反仍然主张"欲仁";他所反对的只是"为仁",也就是罔顾自然、造立施化的做法,这种做法所带来的是名教制度的固化、异化。"欲仁"与"绝仁",使王弼与老子在价值观上分道扬镳,而"仁"正是儒家的核心价值观念,"仁"观念史一定程度上构成了儒家哲学发展史的主线。王弼对"仁"观念的认同,即是对儒家核心价值观念的认同,不妨直截了当地说,王弼正属于儒门。

事实上,近现代学术史上已有学者注意到这一问题。如鲁迅即在一次演讲中提出:"表面上毁坏礼教者,实则倒是承认礼教,太相信礼教。因为魏晋时所谓崇奉礼教,是用以自利,那崇奉也不过偶然崇奉……老实人以为如此利用,亵黩了礼教,不平之极,无计可施,激而变成不谈礼教,不信礼教,甚至于反对礼教。——但其实不过是态度,至于他们的本心,恐怕倒是相信礼教,当作宝贝……"[②] 鲁迅从具体的历史语境出发,剖析并揭示了魏晋哲学家对待礼教态度的表象(不信)和实质(相信)。杨国荣也有类似观点,他认为:"王弼对正统名教的批评,就总体而言应当更确切地看作是儒家的自我批判。与这一基本立场相应,王弼并没有像道家那样,以揭露名教之弊导向对名教的否定(绝仁弃义),而是以完善名教为目标;而完善名教按其实质也就是儒家价值观在某种意义上的重建。"[③]

---

① 《王弼集校释》,第 199 页。

② 鲁迅:《魏晋风度及文章与药及酒之关系——九月间在广州夏期学术演讲会讲》,《鲁迅杂文集》,第 223 页。

③ 杨国荣:《论魏晋价值观的重建》,《学术月刊》1993 年第 1 期。杨国荣与鲁迅的观点又有所区别,他认为魏晋哲学家群体价值取向并不统一,王弼是认同名教的,嵇康、阮籍则走向了反对名教。

但是，儒门也并非铁板一块，孔子殁后，儒分为八，汇聚于二：一是以思孟学派为代表的"性本论"传统，主张以性为本，倡导顺其自然；一是以荀子学派为代表的"礼本论"传统，突出礼义为本，强调教化改造。在儒学史上，这两大传统之间既有交流也有冲突。①认同儒家核心价值的王弼，其思想属于哪一传统呢？解决这一问题的关键在于厘清孟荀两派如何看待"仁义"的发生，亦即如何看待"道德发生机制"，这是两派分歧的根源所在。

孟子关于"仁义"发生机制的论述主要体现在其著名的"四端说"之中："人皆有不忍人之心……今人乍见孺子将入于井，皆有怵惕恻隐之心。非所以内交于孺子之父母也，非所以要誉于乡党朋友也，非恶其声而然也。由是观之，无恻隐之心，非人也；无羞恶之心，非人也；无辞让之心，非人也；无是非之心，非人也。恻隐之心，仁之端也；羞恶之心，义之端也；辞让之心，礼之端也；是非之心，智之端也。人之有是四端也，犹其有四体也。有是四端而自谓不能者，自贼者也；谓其君不能者，贼其君者也。凡有四端于我者，知皆扩而充之矣，若火之始然，泉之始达。苟能充之，足以保四海；苟不充之，不足以事父母。"（《孟子·公孙丑上》）通过"四端说"，孟子即"心"言"性"，认为人"心"具有恻隐、羞恶、辞让、是非"四端"，就像与生具有四肢一样。"四端"的存养扩充即是仁、义、礼、智"四德"。在孟子看来，道德的发生与人的伦常考量（是否"内交于孺子之父母"）、利害权衡（是否"要誉于乡党朋友"）、生理本能（是否"恶其声"）都没有太大关系，也与人所处的历史时代、社会环境、文化背景等没有太大关系；道德的种子是先验地内在于人性之中的，它是普遍的、不可抗拒的律则。对于这样的主张，可称其为"伦理绝对主义"，孟子正是中国思想史上这种"伦理绝对主义"的重要开创者。②

---

① 沈顺福：《论儒家哲学的两个传统》，《周易研究》2018 年第 1 期。

② 李泽厚：《中国古代思想史论》，第 36—37 页。

　　与此相对的是"伦理相对主义"，这一派认为不存在先验内在之"善"，道德有其历史性、地域性，是特殊的、相对的，更多地取决于"外部""环境"。曾与孟子就人性问题展开论辩的告子、曾对孟子进行批评的荀子以及试图调和孟荀的董仲舒都在一定程度上是"伦理相对主义者"。如荀子说："人之性恶，其善者伪也。"（《荀子·性恶》）又说："不可学、不可事而在人者谓之性，可学而能、可事而成之在人者谓之伪。是性、伪之分也。"（《荀子·性恶》）杨倞注解说："凡非天性而人作为之者，皆谓之伪。"① 此即强调"善""道德"的人为性、后天性。荀子又说："人之性恶。故古者圣人以人之性恶，以为偏险而不正，悖乱而不治，故为之立君上之执以临之，明礼义以化之，起法正以治之，重刑罚以禁之，使天下皆出于治、合于善也。是圣王之治，而礼义之化也。"（《荀子·性恶》）在荀子看来，"伪"或"人为"的具体化就是立君上、明礼义、起法正、重刑罚，概而言之即是"圣王之治""礼义之化"，也就是来自外部的教育和改造。

　　可见，孟子作为伦理绝对主义者更倾向于"仁义内在"，强调道德的普遍性和先验性；告子、荀子、董仲舒等人作为伦理相对主义者则更倾向于"仁义外在"②，强调道德的相对性和经验性。

　　两相比较，王弼更倾向于孟子传统，一条典型的证据来自其对《老子》第三十八章的注释，他说："夫仁义发于内，为之犹伪，况务外饰而可久乎！故夫礼者，忠信之薄而乱之首也。"③ "仁义发于内"显然是承袭了孟子学派"仁义内在"的主张——孟子说："仁义礼智，非由外铄我也，我固有之也，弗思耳矣。"（《孟子·告子上》）"礼为

---

　　① （清）王先谦：《荀子集解》，沈啸寰、王星贤整理，中华书局 2012 年版，第 420 页。

　　② 告子有"仁，内也，非外也；义，外也，非内也"（《孟子·告子上》）的说法，单从字面理解即是"仁内义外"。但需要注意的是，告子所谓"仁"主要是指"食色之性"，这与孟子以"仁"为"道德之性"大不相同。如果从道德的发生上考虑，则告子实主张仁义外在。类似观点参见王正《重思先秦儒家的仁义内外之辨》，《哲学动态》2017 年第 1 期。

　　③ 《王弼集校释》，第 94 页。

乱之首"则是借《老子》的语言批评以"人"为本、强调礼义教化的荀子—董仲舒一系，从现实语境来看便是批评汉代以降逐渐固化、异化的名教制度。总之，寥寥数言，王弼"是孟非荀"的主张体现得淋漓尽致。

证据不限于此。上文在论证王弼"自然"具有道德性时曾征引一段文献，此处再赘引一二："用不以形，御不以名，故仁义可显，礼敬可彰也。夫载之以大道，镇之以无名，则物无所尚，志无所营。各任其贞事，用其诚，则仁德厚焉，行义正焉，礼敬清焉。"①"无形""无名"即是"自然"，王弼认为，只要一任"自然"，"仁义""礼敬"自可彰显，这一方面指出了"自然"的道德取向，另一方面也指出了道德的发生自然而然、不可造施，这显然也是孟子学派的特色。

总之，王弼并不反对"出于自然的仁义"，他只是对形式化、制度化的仁义亦即固化、异化的礼制保持着高度警惕，"自然"是"本"，"仁义"是"末"，王弼主张"守母以存其子，崇本以举其末，则形名俱有而邪不生，大美配天而华不作"②。王弼辨名析理的方法和论证过程的确渗透了道家、名家等学派的影响，因此，尽管王弼属于儒门，也不可忽视其他学派对其哲学思想的影响。

四　哲学定位：儒家"本原论"的一支源流

王弼的"崇本举末"哲学并非一种凭空的杜撰，这种"本末论"有其所从来的哲学源头，这就是中国古代哲学的"本原论"传统。

哲学无非是对"本原"的追问。"本原"，中国哲学多以"根"作喻，西方哲学多以"基"作喻，均可以理解为一物的"存在之先"。一般认为，"本原"可分为"经验的存在之先"和"超验的存在之先"，前者如"宇宙论"（又宇宙生成论、宇宙构成论等，cosmology），

---

① 《王弼集校释》，第 95 页。
② 《王弼集校释》，第 95 页。

后者如"存在论"（又本体论等，ontology）。王弼的"本末论"尽管已有后者的萌芽，但整体上仍属前者，也就是对"经验的存在之先"的追问。

王弼的"本末论"所从来的"本原论"，可以从其同时代以及溯流而上的汉代、先秦儒家哲学传统中得到证明。

如前所述，王弼对"一本"的追问是具有了一定思辨哲学意味的追问，同时也是对经验性的"一本论"和"多本论"的批评与反思。比如与王弼同时代、同为"天才少年"的钟会，曾撰写《四本论》总结当时关于"才性之辨"的四种观点："《魏志》曰：'会论才性同异，传于世。'四本者，言才性同，才性异，才性合，才性离也。尚书傅嘏论同，中书令李丰论异，侍郎钟会论合，屯骑校尉王广论离。文多不载。"① 从"四本论"的中心议题"才性之辨"可以看出，曹魏学者已经开始注意到"于论实事时，且绎寻其原理""进而对于人性本身加以探讨"②，对"人性"的探讨正是对人之生存本原的追问。当然，相比王弼的哲学追问，"四本论"因与人物品评、政治制度等具体内容有关而相对经验化。

对于上述探讨和追问还可以继续溯源。曹魏之前，汉代最有代表性的本原追问当属董仲舒的"三本论"，他提出："何谓本？曰：天地人，万物之本也。天生之，地养之，人成之。天生之以孝悌，地养之以衣食，人成之以礼乐，三者相为手足，合以成体，不可一无也。"（《春秋繁露·立元神》）以"天""地""人"为万物之"本"（本原），这一观点既可依字面称为"三本论"，也可进一步总结归纳为"二本论"——一为"天"（天、地之总称），一为"人"。"天"即自然，它为人类提供德性依据和物质基础；"人"即人为，它为人类提供

---

① （南朝宋）刘义庆：《世说新语》，刘孝标注，徐传武校点，上海古籍出版社2013年版，第78页。

② 汤用彤：《魏晋玄学论稿》，《汤用彤全集》第四卷，第12—13页。

王道教化、礼乐修养。相对而言，董仲舒更强调"人"的本原地位，这也是汉末魏晋儒家思想、制度走向异化的源头。

董仲舒的"三本论"（或"二本论"）实为兼桃孟荀，但总体来看更倾向于荀子传统。荀子说："人一之于礼义，则两得之矣；一之于情性，则两丧之矣。"（《荀子·礼论》）此即是说，人若以礼义为本，则礼义、情性兼得，若以情性为本，则礼义、情性均失。荀子又说："礼有三本：天地者，生之本也；先祖者，类之本也；君师者，治之本也……故礼上事天，下事地，尊先祖而隆君师，是礼之三本也。"（《荀子·礼论》）礼之三本，荀子显然更重视后两者——先祖和君师，即"人"，亦即圣人立法、人文教化。由此，既可说荀子以"礼"为"本"，也可进一步说以"人"为"本"。

荀子的"礼本论"（"人本论"）又是以孟子的"性本论"为扬弃对象的。孔子罕言性与天道，以至后学不可得而闻。不过孔子提出"为仁由己"（《论语·颜渊》），思孟学派接过并深度阐发了这一话题。据传为子思所作的《中庸》开篇便说："天命之谓性，率性之谓道，修道之谓教。"这是以"天命"下贯"人性"。孟子继承并发展了这一观点，他说"尽其心者，知其性也。知其性，则知天矣。"（《孟子·尽心上》）这在《中庸》基础上进一步即"心"言"性"。而"心"有恻隐、羞恶、辞让、是非四端，四端存养扩充即是仁义礼智四德，即是善。可见，孟子哲学所追求的"本"是"性"（"心"），确切地说是"善性"。

至此，儒家哲学"本原论"的早期源流便清晰可见：孟子以"性"（"心"）为"本"，开辟了一条先验、内在的本原追问之路；荀子为纠偏孟子，提出以"礼"（"人"）为"本"，开辟了一条经验、外在的本原追问之路。董仲舒的"三本论"调和孟荀但更倾向于荀子。而王弼的"本末论"则是对荀子、董仲舒一脉传统的反动和向孟子传统的复归。

此处面临的问题是，老子同样重"本"，而且解老是王弼短暂学术生涯中的重要着力之处，为何不以老子哲学反以孟子哲学为王弼"本末论"之源头？实如上文所论，尽管都强调"崇本"，老子哲学所崇之"本"既无实体性也无道德性，可以称其为"无"；而王弼所崇之"本"实为道德实体，可以称其为"有"。王弼哲学更同于孟子哲学，而与老子哲学存在本质上的区别。

结　语

作为魏晋哲学的开山，王弼哲学承担着双重历史使命：一方面要推进中国传统哲学"本原论"的本原追问，另一方面也要解决汉代以降名教制度固化、异化的问题，以实现秩序的重构和人的解放。

王弼的致思取向是回到先秦，通过对《老子》等经典进行诠释及创造性转化，王弼发展出了"崇本举末"这样一个哲学主题。从形式上说，"本"是"一"，"末"是"众"；从内容上说，"本"是"自然"，"末"是"仁义"。"崇本举末"在形式上主张"执一统众"，在内容上主张"仁义出于自然"。

王弼对"自然"道德性的赋予，以及对"仁义"价值观的认同，使他与老子哲学形成了明显分别——在"自然"观上老子是无道德取向的，在"仁义"观上老子是"绝仁弃义"的。与此同时，王弼的"自然"与"仁义"还展现了对荀子、董仲舒一系的批评，而呈现出了明显的向孟子传统回归的趋势。有鉴于此，可以确定王弼属于儒门，尤其属于孟子传统。

当然，王弼并非简单重复孟子，其"万物一体""执一统众"思想已呈现出了思辨哲学的努力——尽管限于经验思维他还未能完全走出经验"本原论"（即本末论）的窠臼，其"仁义出于自然"思想也展现出了儒家哲学在"性本论"与"礼本论"之间进行批判与抉择、调适与更新的鲜活的生命力。王弼开启了魏晋哲学，而魏晋哲学则与佛教哲学一起启发了宋明理学的范式转换，最终将中国古代哲学推向了思辨哲学的巅峰。

鬼神与天理

  作为理学最重要的开拓者，北宋程颢、程颐兄弟有大量关于鬼神的言说，有学者据此断定他们主张"有神论"，这种观点有待商榷。二程虽然沿用了"鬼神"话语，但赋予其新的内涵。就思想实质而言，二程将鬼神理解为"造化"，将与鬼神有关的神秘现象解释为气化与感通的机制，鬼神背后是天理；就人学旨归而言，二程通过批判佛道二教及世俗鬼神观念，肯定了人的理性与主体性，使人在宇宙中的主宰地位得以确立，一定程度上清整了礼俗与信仰。人格化鬼神退场之后，二程所主张的是天理主宰的自然主义鬼神观和"卜祭在我"的理性主义礼制观，这是中国古代人学发展史上的重要成果。

一　气化感通：辟佛辟道与鬼神新说

  二程擅长以事说理，有一次与门人讨论"鬼神有无"问题，程颐提到他与朱定的一段对话：朱定值守泗州时遇上城中失火，他便让兵士和僧伽避火，程颐却认为他应该将僧伽留在火中，以验证他们所信仰的鬼神之事是否灵验。[①] 这当然是事后的玩笑话，但从中不难读出程颐对人格化鬼神观念的嘲讽。

  事实上，二程的鬼神观念正是在对人格化鬼神观念的批判中确立起来的。二程曾说"释氏与道家说鬼神甚可笑"，认为佛教"偷胎夺

---

① 　参见（宋）程颢、程颐《二程集》，第288页。

阴"之说与道家"人身上耳目口鼻皆有神"之说皆无道理。① 对于世俗鬼神观念，二程亦多有批评。《史记》《汉书》曾载方士作法帮汉武帝见到已故宠妃的传说，二程认为汉武帝并非真的见到了李夫人的鬼魂，而是在听闻方士"说在甚处"后"端目其地"而"想出"相应情景。② 也就是说，这是受心理暗示后出现的幻觉。总之，对于佛道二教及世俗观念中的人格化鬼神，二程是断然不信的。

尽管二程仍沿用"鬼神"话语，但赋予其新的内涵与特质。有人向程颐请教："'明则有礼乐，幽则有鬼神'，何也？"程颐答说："鬼神只是一个造化。"③ 用庄子的妙喻来说，"造化"就是天地这座熔炉的"大冶"，是天地对万物的造立施化、生育长养，这是一个自然而然、与人无涉的过程。二程以"鬼神"为"造化"，实际上指出了"鬼神"的自然特质。具体而言，"造化"即"气化"。程颐曾说："陨石无种，种于气。麟亦无种，亦气化。厥初生民亦如是。"④ 从陨石等无机物到麟等走兽，再到人这样的灵长类动物，均依气而生、气化而成，这等于说整个世界都是"气化"的产物，鬼神也不例外。二程认为，当生气处于运化之中，人即处于生命状态；生气尽绝之后，人便处于死亡状态，即可称之为"鬼"。"鬼"只是气尽而已，并无神秘之处；"神"亦并不神秘，也是气之运化而已，其特别之处在于它是"极妙之语"。

更进一步，"鬼神"之为"造化"（"气化"）的机制或原理是"感通"（"感应"）。日常生活中看似有鬼神作祟，神秘莫测，实则都是气之感通而已。于此，二程曾举过多例，如"杀孝妇而旱""杀暴姑而雨""在此而梦彼"等所谓涉及鬼神的神秘现象都被二程解释为

① 参见（宋）程颢、程颐《二程集》，第64、289页。
② 参见（宋）程颢、程颐《二程集》，第52页。
③ （宋）程颢、程颐：《二程集》，第225页。
④ （宋）程颢、程颐：《二程集》，第161页。

"感通"或"感应"。一言以蔽之：天地之间，感应而已，尚复何事？①

　　既然天地之间只是一个"感通"或"感应"的机制，那世上也就没有什么生、死、古、今之别，其同质性缘于它们均是"造化"，均是自然而然的事情，这是二程在安顿生死问题上不同于佛道二教及世俗观念的独特思路。可以说，人格化鬼神已从二程的思想世界中退场，取而代之的是自然而然的气化感通——鬼是气之尽绝、神是气之极妙。因此，可以将二程的鬼神观念称为自然主义鬼神观。当然，这种自然主义鬼神观不同于自然崇拜，它以"理本论"为哲理基础，是高度理性的观念。

二　理体礼用："事鬼神易，为尸难"

　　将鬼神之事理解为气的运化与感通，这一解释在经验世界中已算周全，但二程并不满足于此。他们认为，凡是"涉于形声"即有形有声之物，均是就"气"说的，"气"之运化、感通，形成了现象世界的一切，其中也包括鬼神。然而，以气化感通解释鬼神还只是说出了鬼神的"实然"，其背后一定还有一个"所以然"，即气化感通何以发生，亦即鬼神何以存在。

　　在二程看来，这个"所以然"便是"理"，"理"是鬼神存在的根据，所谓"心所感通者，只是理也"②。日常生活中有些事情看似与鬼神怪异有关而神秘莫测，实则只是因为没有通晓其背后的道理。如果只从事上探求，就永难知晓；唯有去理上探求，才会豁然开朗，无惑无蔽。关于天理与鬼神的关系，二程将其理解为"体"与"用"的关系，所谓"以功用谓之神鬼"③。

　　以天理为体、以鬼神为用的观念深刻影响着二程的礼制观念。程

---

① （宋）程颢、程颐：《二程集》，第 1226 页。
② （宋）程颢、程颐：《二程集》，第 56 页。
③ （宋）程颢、程颐：《二程集》，第 1225 页。

颐曾说："须看圣人欲正名处，见得道名不正时，便至礼乐不兴，自然住不得。夫礼乐，岂玉帛之交错，钟鼓之铿锵哉？"① 这显然是在呼应孔子"礼云礼云，玉帛云乎哉？乐云乐云，钟鼓云乎哉？"（《论语·阳货》）的呐喊，他们都认为"礼乐"不单是外在的形式，其背后更蕴含着作为"所以然"的根据。这个根据，孔子赋予其"仁"的内涵，程颐则将其定义为"理"。如此，"理"与"礼"便也是"体"与"用"的关系：一方面，"礼"是一种自然呈现，有"礼"是因有"理"，无"理"则"礼"难成行；另一方面，"礼"是一种功用存在，为了"理"的显扬而呈现。可见，二程的礼制观同鬼神观一样，也具有实用理性的特质。

二程对尸祭之礼的态度最能说明问题。尸祭是上古时期祭祀祖先的重要形式，即祭祀时挑选专人扮演已故祖先。二程对尸祭评价极高，认为"古人祭祀用尸，极有深意，不可不深思"②。从文本来看，这些评价基于二程对尸祭礼俗合理性的确认，即尸祭之所以成行是因为作为魂气之鬼神与为尸之后人同类相感相通，魂气可依尸而飨。可见，二程对尸祭礼俗的解释仍在气化感通的理论框架之下。

既是气化感通，尸祭背后必有其理。二程认为，尸祭之理精微要妙无穷，须"有思亲之心"且"以至诚持之"，鬼神才能依尸而飨；但凡有一点伪妄，便会堕入巫觋之流。在这个意义上，二程认为"为尸"并不容易。当然，无论尸还是巫觋，其目的都是与鬼神沟通、交流。也就是说，与鬼神沟通、交流的方式可以有多种，在这个意义上，二程认为"事鬼神"相对容易。合而言之，"事鬼神易，为尸难"③。历史地看，"事鬼神易，为尸难"是一种高度理性化的实用理性礼制观，在人格化鬼神观念盛行的时代，这种观念极具启蒙意义。

---

① （宋）程颢、程颐：《二程集》，第 260 页。
② （宋）程颢、程颐：《二程集》，第 6 页。
③ （宋）程颢、程颐：《二程集》，第 1227 页。

三　卜祭在我：人学意义及其限度

"天人之际"或谓"天人关系"是中国古代哲学最为核心的问题意识。宋代以前，"天人关系"观念大致经历了四个阶段（或形态）的发展演变：周孔以前"天主人从"，鬼神可以向人降福降灾，人需通过尸祭等礼俗与鬼神沟通；春秋战国时期总体呈现"天人相分"的趋向，"天"的宗教色彩开始淡化；秦汉时期"天人相类"，天与人具有某种物理上的同质性；魏晋时期"天人合一"，天地万物可以也应该具有统一性。然而，万物何以一体？更加成熟的论证则是由宋儒来完成的。二程说："所以谓万物一体者，皆有此理，只为从那里来。"①"理"是人与鬼、生与死、天地万物之所以统一的终极根据，或者说"理"是世界的本原与主宰。二程之"理"不是佛教那种"性空之理"，而是兼人性与物理于一体，是实实在在的"仁"。"仁"即人性。如此，天地之间的本原与主宰是人类，而不再是鬼神。

这些信念被二程贯彻到了生活的方方面面，其祖父下葬事即是一例。据程颐自述，其祖父去世待葬时，家人曾找来所谓"地理人"帮忙选下葬之地，程颐与兄长都不信，后来遂改用按长幼尊卑排序的"昭穆法"选址。程颐感慨："世间术数多，惟地理之书最无义理。"②除却地理，卜筮、祭祀均是如此。在二程看来，所谓卜筮之应、祭祀之享都无神秘之处，都是因为背后有个"理"在。而地理、卜筮、祭祀背后的"理"，不在别处，正在人心。二程认为，卜筮的成立在于"应"，祭祀的成立在于"享"，而这两项活动的主动权都在于"我"，所谓"卜筮在我""祭祀在我"，这正是对人类主体性的显扬。只要"我""以是心求之"，亦即以理求之，则"应"与"享"无往而不成，这正是对人类理性的重视。可以说，"卜筮在我"极其鲜明地体现

---

① （宋）程颢、程颐：《二程集》，第33页。
② （宋）程颢、程颐：《二程集》，第290页。

了二程鬼神礼制观念的人学追求与人学意义。

　　既然生死不二、人鬼为一，既然人在宇宙中具有完全的主动权，那么对待、处理鬼神与礼制的方法也就不言而明了。二程说："知生之道，则知死之道；尽事人之道，则尽事鬼之道。"① 孔子曾以"未能事人，焉能事鬼"答季路，如今二程给出了新的答案：生之道即死之道，事人之道即事鬼神之道。原因无他，生与死、人与鬼背后只有一个"道"或"理"。如果说孔子在对待鬼神与死亡的问题上采取了一种搁置态度，二程则将鬼神与死亡的神秘性完全消解在现实世界之中。二程的鬼神礼制观一定程度上带来了人的自由，但亦有其限度。一方面，以"理"来安顿生与死、人与鬼等问题固然有其独特价值，但也往往容易忽视人的心理结构与信仰结构中的情感因素，甚至可能造成对情感的压制。另一方面，二程的鬼神观念所蕴含的人学意义是就人类全体而言，其主体性是人类主体性；对于个体主体性，二程则几乎没有涉及。

---

① （宋）程颢、程颐：《二程集》，第320页。

主要参考文献

古籍类

（汉）郑玄注，（唐）孔颖达疏：《礼记正义》，郜同麟点校，浙江大学出版社 2019 年版。

（魏）王弼注，（唐）孔颖达疏：《周易正义》，卢光明、李申整理，北京大学出版社 2000 年版。

《礼记译解》，王文锦译解，中华书局 2016 年版。

黄寿祺、张善文：《周易译注》，中华书局 2016 年版。

《论语译注》，杨伯峻译注，中华书局 2009 年版。

《孟子译注》，杨伯峻译注，中华书局 2005 年版。

（宋）朱熹：《四书章句集注》，中华书局 2011 年版。

郭仁成：《尚书今古文全璧》，岳麓书社 2006 年版。

（战国）左丘明：《国语》，上海古籍出版社 2015 年版。

（清）王先谦：《荀子集解》，沈啸寰、王星贤整理，中华书局 2012 年版。

梁启雄：《荀子简释》，中华书局 1983 年版。

（魏）王弼注：《老子道德经注》，楼宇烈校释，中华书局 2011 年版。

（晋）郭象注，（唐）成玄英疏：《庄子注疏》，中华书局 2011 年版。

《韩非子》，（清）王先慎集解，姜俊俊标点，上海古籍出版社 2015 年版。

《管子》，（唐）房玄龄注，（明）刘绩补注，刘晓艺校点，上海古籍出版社 2015 年版。

（汉）刘安：《淮南子》，（汉）许慎注，陈广忠校点，上海古籍出版社 2016 年版。

《吕氏春秋》，陆玖译注，中华书局 2011 年版。

（汉）董仲舒：《春秋繁露》，张世亮、钟肇鹏、周桂钿译注，中华书局 2012 年版。

（汉）王充：《论衡校释》，黄晖校释，中华书局 1990 年版。

（汉）司马迁：《史记》，韩兆琦评注，岳麓书社 2012 年版。

（汉）班固：《汉书今注》，凤凰出版社 2013 年版。

（汉）许慎：《说文解字》，（宋）徐铉校订，中华书局 1963 年版。

林忠军：《〈易纬〉导读》，齐鲁书社 2002 年版。

《王弼集校释》，楼宇烈校释，中华书局 1980 年版。

《嵇康集校注》，戴明扬校注，中华书局 2015 年版。

《阮籍集校注》，陈伯君校注，中华书局 2014 年版。

《大乘起信论校释》，（梁）真谛译，高振农校释，中华书局 2016 年版。

（晋）僧肇：《肇论校释》，张春波校释，中华书局 2010 年版。

（晋）慧达：《肇论疏》，《大正藏》第 54 册。

（隋）智顗：《观音玄义》，《大正藏》第 34 册。

《大方广佛华严经》卷十九，《大正藏》第 10 册。

（南朝宋）刘义庆：《世说新语》，（南朝梁）刘孝标注，徐传武校点，上海古籍出版社 2013 年版。

（唐）慧能：《坛经校释》，郭朋校释，中华书局 1983 年版。

（唐）法藏：《华严金师子章校释》，方立天校释，中华书局 1983 年版。

（唐）法藏：《华严经义海百门》，《大正藏》第 45 册。

（唐）宗密：《华严原人论校释》，石峻、董群校释，中华书局 2019 年版。

（唐）宗密：《注华严法界观门》，《大正藏》第 45 册。

张沛：《中说校注》，中华书局 2013 年版。

（唐）韩愈：《韩昌黎文集校注》，马其昶校注，马茂元整理，上海古籍出版社1986年版。

《李翱文集校注》，郝润华、杜学林校注，中华书局2021年版。

（唐）李鼎祚：《周易集解》，王丰先点校，中华书局2016年版。

（唐）吴兢：《贞观政要》，中华书局2012年版。

（后晋）刘昫等撰：《旧唐书》，中华书局1975年版。

（宋）石介：《石徂徕集》，中华书局1985年版。

《邵雍全集》，郭彧、于天宝点校，上海古籍出版社2015年版。

《周敦颐集》，陈克明点校，中华书局2009年版。

（宋）张载：《张子全书》，林乐昌编校，西北大学出版社2015年版。

（宋）程颢、程颐：《二程集》，王孝鱼点校，中华书局2004年版。

《欧阳修全集》，中华书局2001年版。

《胡宏集》，中华书局1987年版。

（宋）朱熹：《朱子全书》，朱杰人、严佐之、刘永翔主编，上海古籍出版社、安徽教育出版社2010年版。

（宋）朱熹、吕祖谦编：《近思录》，（宋）叶采集解，严佐之导读，程水龙整理，上海世纪出版集团2010年版。

《陆九渊集》，钟哲点校，中华书局1980年版。

（宋）黄震：《黄氏日抄》，文渊阁《四库全书》本。

（元）脱脱等撰：《宋史》，中华书局1977年版。

（明）罗钦顺：《困知记》，阎韬点校，中华书局1990年版。

（明）王守仁：《王阳明全集》，吴光、钱明、董平、姚延福编校，上海古籍出版社2011年版。

（明）杨慎：《词品》，中华书局2019年版。

（清）黄宗羲原著，（清）全祖望补修：《宋元学案》，陈金生、梁运华点校，中华书局1986年版。

（清）王夫之：《船山遗书》，中国书店2016年版。

（清）戴震：《孟子字义疏证》，何文光整理，中华书局 1982 年版。

（清）顾炎武：《日知录集释》，黄汝成集释，栾保群、吕宗力校点，上海古籍出版社 2014 年版。

（清）董诰等编：《全唐文》，中华书局 1983 年版。

《十地经论》，《大正藏》第 26 册。

著作类

陈来：《宋明理学》，北京大学出版社 2020 年版。

陈来：《古代宗教与伦理》，生活·读书·新知三联书店 2017 年版。

陈来主编：《早期道学话语的形成与演变》，安徽教育出版社 2007 年版。

陈寅恪：《金明馆丛稿二编》，生活·读书·新知三联书店 2001 年版。

冯友兰：《中国哲学简史》，涂又光译，北京大学出版社 2010 年版。

冯友兰：《中国哲学史》，商务印书馆 2011 年版。

冯达文：《宋明新儒学略论》，广东人民出版社 1997 年版。

冯达文、郭齐勇主编：《新编中国哲学史》，人民出版社 2004 年版。

《冯契文集》，华东师范大学出版社 2016 年版。

傅小凡：《宋明道学新论——本体论建构与主体性转向》，社会科学文献出版社 2005 年版。

葛兆光：《中国思想史》，复旦大学出版社 2016 年版。

侯外庐、邱汉生、张岂之主编：《宋明理学史》，西北大学出版社 2018 年版。

胡适：《中国哲学史大纲》，商务印书馆 2011 年版。

《胡适文存》，首都经济贸易大学出版社 2013 年版。

黄玉顺：《爱与思——生活儒学的观念》，四川人民出版社 2017 年版。

黄玉顺：《走向生活儒学》，齐鲁书社 2017 年版。

黄玉顺：《生活儒学与现代性问题》，四川人民出版社 2019 年版。

金岳霖：《论道》，商务印书馆 2015 年版。

劳思光：《新编中国哲学史》，生活·读书·新知三联书店 2019 年版。

《鲁迅杂文集》，天津人民出版社 2016 年版。

路德斌：《荀子与儒家哲学》，齐鲁书社 2010 年版。

李泽厚：《中国古代思想史论》，生活·读书·新知三联书店 2017 年版。

李泽厚：《哲学纲要》，中华书局 2015 年版。

李泽厚：《伦理学纲要续篇》，生活·读书·新知三联书店 2017 年版。

李泽厚：《由巫到礼　释礼归仁》，生活·读书·新知三联书店 2015 年版。

梁启超：《清代学术概论》，广西师范大学出版社 2010 年版。

《蒙培元全集》，黄玉顺、杨永明、任文利主编，四川人民出版社 2021
　　年版。

《牟宗三先生全集》，台北：联经出版事业公司 2003 年版。

钱穆：《钱宾四先生全集》，台北：联经出版事业公司 1998 年版。

沈顺福：《儒家道德哲学研究——德性伦理学视野中的儒学》，山东大
　　学出版社 2005 年版。

沈顺福：《形而上学导论——一种关于道的哲学理论》，高等教育出版
　　社 2011 年版。

沈顺福：《人性的历程——中国古代儒家哲学的基本问题及其历史演
　　变》，山东人民出版社 2020 年版。

《汤用彤全集》，河北人民出版社 2000 年版。

涂可国：《儒学与人的发展》，齐鲁书社 2011 年版。

吴汝钧：《佛教的概念与方法》，世界图书出版公司北京公司 2015 年版。

吴震、［日］吾妻重二主编：《思想与文献：日本学者宋明儒学研究》，
　　华东师范大学出版社 2010 年版。

谢无量：《中国哲学史校注》，王宝峰等校注，华东师范大学出版社
　　2018 年版。

熊十力：《体用论》，上海古籍出版社、上海书店出版社 2019 年版。

徐复观：《中国人性论史·先秦篇》，九州出版社 2014 年版。

徐洪兴：《思想的转型——理学发生过程研究》，上海人民出版社 1996
　　年版。

徐洪兴：《唐宋之际儒学转型研究》，上海人民出版社 2018 年版。

颜炳罡：《整合与重铸：牟宗三哲学思想研究》，北京大学出版社 2012
　　年版。

杨国荣：《历史中的哲学》，华东师范大学出版社 2009 年版。

杨国荣：《善的历程——儒家价值体系研究》，华东师范大学出版社
　　2009 年版。

杨立华：《气本与神化：张载哲学述论》，北京大学出版社 2008 年版。

杨立华：《宋明理学十五讲》，北京大学出版社 2015 年版。

杨立华：《一本与生生：理一元论纲要》，生活·读书·新知三联书店
　　2018 年版。

杨柱才：《道学宗主——周敦颐哲学思想研究》，人民出版社 2004 年版。

曾振宇：《中国气论哲学研究》，山东大学出版社 2001 年版。

张岱年：《中国哲学大纲》，中国社会科学出版社 1982 年版。

张立文：《宋明理学研究》，中国人民大学出版社 2016 年版。

张世英：《天人之际：中西哲学的困惑与选择》，北京大学出版社 2016
　　年版。

张祥龙：《先秦儒家哲学九讲：从〈春秋〉到荀子》，广西师范大学出
　　版社 2010 年版。

张祥龙：《拒秦兴汉和应对佛教的儒家哲学：从董仲舒到陆象山》，广
　　西师范大学出版社 2012 年版。

朱汉民：《宋明理学通论——一种文化学的诠释》，湖南教育出版社
　　2000 年版。

朱汉民：《玄学与理学的学术思想理路研究》，中国社会科学出版社
　　2012 年版。

［美］包弼德：《历史上的理学》，［新加坡］王昌伟译，浙江大学出版社

2010 年版。

［美］包弼德：《斯文：唐宋思想的转型》，刘宁译，江苏人民出版社
　　2017 年版。

［英］卜道成：《朱熹和他的前辈们：朱熹与宋代新儒学导论》，谢晓
　　东译，厦门大学出版社 2010 年版。

［日］沟口雄三：《中国思想史：宋代至近代》，龚颖、赵士林等译，
　　生活·读书·新知三联书店 2014 年版。

［德］卡尔·雅斯贝斯：《生存哲学》，王玖兴译，上海译文出版社
　　2013 年版。

［德］莱布尼茨：《莱布尼茨读本》，陈乐民编著，江苏教育出版社
　　2006 年版。

［德］马克思·舍勒：《哲学人类学》，刘小枫主编，魏育青、罗悌伦
　　等译，北京师范大学出版社 2017 年版。

［美］田浩编：《宋代思想史论》，杨立华、吴艳红等译，社会科学文
　　献出版社 2003 年版。

［美］托马斯·库恩：《科学革命的结构》，金吾伦、胡新和译，北京
　　大学出版社 2012 年版。

论文类

蔡方鹿：《论汉学、宋学经典诠释之不同》，《哲学研究》2008 年第 1 期。

蔡祥元：《感通本体引论——兼与李泽厚、陈来等先生商榷》，《文史
　　哲》2018 年第 5 期。

蔡祥元：《宋儒读经法中的感通诠释初探——以伽达默尔的哲学诠释学
　　为视野》，《中山大学学报》（社会科学版）2019 年第 2 期。

晁福林：《先秦时期鬼、魂观念的起源及特点》，《历史研究》2018 年
　　第 3 期。

陈代波：《试论孟子的天人相分思想》，《华侨大学学报》（哲学社会科

学版）2004 年第 2 期。

陈谷嘉：《宋代理学天人关系论》，《湖南大学学报》（社会科学版）
　2005 年第 2 期。

陈坚：《不是"体用"，而是"体相用"——中国佛教中的"体用"论
　再思》，《佛学研究》2006 年总第 15 期。

陈来：《关于张载的"气观"和"理观"——与丁伟志同志商榷》，
　《中国社会科学》1981 年第 1 期。

陈来：《略论〈诸儒鸣道集〉》，《北京大学学报》（哲学社会科学版）
　1986 年第 1 期。

陈来：《宋明儒学的"天地之心"论及其意义》，《江海学刊》2015 年
　第 3 期。

陈赟：《道的理化与知行之辨——中国哲学从先秦到宋明的演变》，《华
　东师范大学学报》（哲学社会科学版）2002 年第 4 期。

陈赟：《道器之辨与理气之辨：一种思想区域划分的尝试——宋明儒家
　形上学之批判》，《聊城大学学报》（社会科学版）2003 年第 2 期。

崔波：《邵雍心学思想圭旨》，《中原文化研究》2019 年第 1 期。

丁纪：《〈大学〉在〈四书〉序列中的位置》，《四川大学学报》（哲学
　社会科学版）2014 年第 1 期。

丁为祥：《从思潮崛起的问题意识看理学探索的重心》，《陕西师范大
　学学报》（哲学社会科学版）2001 年第 3 期。

丁为祥：《宋明理学对自然秩序与道德价值的思考——以张载为中心》，
　《文史哲》2009 年第 2 期。

丁为祥：《宋明理学形上本体意识的形成及其意义》，《陕西师范大学
　学报》（哲学社会科学版）2014 年第 3 期。

丁为祥：《宇宙本体论与本体宇宙论——兼论朱子对〈太极图说〉的诠
　释》，《文史哲》2018 年第 4 期。

丁为祥：《张载太虚三解》，《孔子研究》2002 年第 6 期。

丁为祥：《张载虚气观解读》，《中国哲学史》2001 年第 2 期。

丁为祥：《张载研究的视角与方法》，《陕西师范大学学报》（哲学社会科学版）2000 年第 2 期。

杜保瑞：《邵雍儒学建构之义理探究》，《华梵人文学报》第 3 期。

方克立：《论中国哲学中的体用范畴》，《中国社会科学》1984 年第 5 期。

方旭东：《邵雍"观物"说的定位——由朱子的批评而思》，《湖南大学学报》（社会科学版）2012 年第 6 期。

冯耀明：《张载是气一元论者还是理气二元论者》，《思想与文化》第 19 辑。

公维章：《唐统治者崇儒述略》，《甘肃社会科学》1999 年论文辑刊。

贡华南：《从"形与体之辩"到"体与理之辩"——中国古典哲学思想范式之嬗变历程》，《中国社会科学》2017 年第 4 期。

贡华南：《理、天理与理会：论"理"在中国古代思想世界的演进》，《复旦学报》（社会科学版）2014 年第 6 期。

黄永锋、吕苗苗：《中国道教思想史研究的若干思考》，《哲学动态》2011 年第 4 期。

黄永锋：《道教外丹术三题》，《中国哲学史》2009 年第 3 期。

黄玉顺：《"伦理学的本体论"如何可能？——牟宗三"道德的形上学"批判》，《西南民族大学学报》（人文社科版）2003 年第 7 期。

黄玉顺：《比较：作为存在——关于"中西比较"的反思》，《社会科学战线》2015 年第 12 期。

黄玉顺：《绝地天通——天地人神的原始本真关系的蜕变》，《哲学动态》2005 年第 5 期。

黄玉顺：《儒家是如何从心性论推出伦理学的——中国传统思维模式的一种探索》，《中州学刊》2004 年第 2 期。

姜锡东：《北宋五子的理学体系问题》，《文史哲》2007 年第 5 期。

金岳霖：《中国哲学》，钱耕森译，王太庆校，《哲学研究》1985 年第

9 期。

景海峰：《中国哲学体用论的源与流》，《深圳大学学报》（人文社会科
　　学版）1991 年第 1 期。

康中乾：《论张载"气"范畴的逻辑矛盾——兼论关学衰落的理论根
　　源》，《人文杂志》1992 年第 2 期。

李锦全：《论周敦颐对儒学哲理化的历史贡献》，《齐鲁学刊》1994 年
　　第 1 期。

李若晖：《先秦诸子思想的内在逻辑建构》，《史学月刊》2014 年第 10 期。

李若晖：《元气与天地——河上公宇宙生成论再鞫》，《江淮论坛》
　　2019 年第 6 期。

梁涛：《孟荀之间》，《中华读书报》2017 年 10 月 25 日第 13 版。

林乐昌：《"为天地立心"——张载"四为句"新释》，《哲学研究》
　　2009 年第 5 期。

林乐昌：《20 世纪张载哲学研究的主要趋向反思》，《哲学研究》2004
　　年第 12 期。

林乐昌：《唐宋儒学转型略论》，《国际儒学研究》第 18 辑。

林乐昌：《张载"天人合一"思想及其特色》，《长安大学学报》（社会
　　科学版）2016 年第 3 期。

林乐昌：《张载两层结构的宇宙论哲学探微》，《中国哲学史》2008 年
　　第 4 期。

林乐昌：《张载性命论的新架构及学术价值》，《陕西师范大学学报》
　　（哲学社会科学版）2017 年第 2 期。

刘斯翰：《顿悟说和六祖》，《广东社会科学》1997 年第 3 期。

刘笑敢：《天人合一：学术、学说和信仰——再论中国哲学之身份及研
　　究取向的不同》，《南京大学学报》（哲学·人文科学·社会科学）
　　2011 年第 6 期。

刘笑敢：《老子之人文自然论纲》，《哲学研究》2004 年第 12 期。

刘泽亮：《从〈五经〉到〈四书〉：儒学典据嬗变及其意义——兼论朱子对禅佛思想挑战的回应》，《东南学术》2002 年第 6 期。

刘泽亮：《玄学是儒学道家化的过渡形态》，《三生万物——老子思想论文集》，海风出版社 2003 年版。

马来平：《格物致知：儒学内部生长出来的科学因子》，《文史哲》2019 年第 3 期。

倪培民撰、钱爽译：《知"道"——中国哲学中的功夫认识论》，《文史哲》2019 年第 4 期。

潘富恩、徐余庆：《记二程对佛、道的批判和汲取——兼论对鬼神说的批判和让步》，《浙江学刊》1986 年第 4 期。

潘桂明：《"性具实相"述评》，《世界宗教研究》1996 年第 1 期。

潘雨廷：《论邵雍与〈皇极经世〉的思想结构》，《周易研究》1994 年第 4 期。

庞朴：《天人三式——郭店楚简所见天人关系试说》，《三生万物：庞朴自选集》，首都师范大学出版社 2011 年版。

钱穆：《中国文化对人类未来可有的贡献》，《中国文化》1991 年第 4 期。

任蜜林：《早期儒家人性论的两种模式及其影响——以〈中庸〉、孟子为中心》，《中国哲学史》2019 年第 2 期。

沈顺福：《"天地之心"释义》，《中原文化研究》2016 年第 4 期。

沈顺福：《本末论与王弼的哲学贡献》，《孔学堂》2017 年第 3 期。

沈顺福：《本源论与传统儒家思维方式》，《河北学刊》2017 年第 2 期。

沈顺福：《论儒家哲学的两个传统》，《周易研究》2018 年第 1 期。

沈顺福：《诠"天"》，《管子学刊》2018 年第 3 期。

沈顺福：《天人之辨与儒家人类主体性意识的形成》，《江淮论坛》2019 年第 3 期。

沈顺福：《体用论与传统儒家形而上学》，《哲学研究》2016 年第 7 期。

沈顺福：《魏晋天人一体论生成的义理脉络》，《求索》2017 年第 2 期。

沈顺福：《张载气论研究》，《齐鲁学刊》2015 年第 2 期。

束景南：《周敦颐〈太极图说〉新考》，《中国社会科学》1988 年第 2 期。

宋志明：《论天人合一》，《学习与探索》1998 年第 4 期。

汤勤福：《太虚非气：张载"太虚"与"气"之关系新说》，《南开学报》2000 年第 3 期。

汤一介：《论"天人合一"》，《中国哲学史》2005 年第 2 期。

涂可国：《从重理轻欲、重欲轻理走向理欲并重——儒家理欲观重估与当代理欲观重建》，《中国文化论衡》2017 年第 2 期。

王南湜：《论哲学思维的三种范式》，《江海学刊》1999 年第 5 期。

王新春：《易学视域下周敦颐的理学建构》，《周易研究》2011 年第 6 期。

王新春：《周敦颐的人性论与德性修养理路》，《道德与文明》2014 年第 5 期。

王正：《重思先秦儒家的仁义内外之辨》，《哲学动态》2017 年第 1 期。

温海明：《从认识论角度看宋明理学的哲学突破》，《中山大学学报》（社会科学版）2010 年第 2 期。

吴根友：《"缘起性空"说述评》，《武汉大学学报》（哲学社会科学版）1996 年第 1 期。

吴洲：《民胞物与、无情有性和天地不仁——儒释道的物我观比较》，《江南大学学报》（人文社会科学版）2012 年第 1 期。

向世陵：《宋代儒佛的"一心"说辨》，《中国人民大学学报》2009 年第 5 期。

肖永明、王志华：《明代儒学气学传统的回归及走向——以"太虚"诠释为中心》，《哲学研究》2019 年第 10 期。

谢晓东：《宋明理学中的道心人心问题——心学与朱熹的思想比较》，《厦门大学学报》（哲学社会科学版）2009 年第 6 期。

谢晓东、杨妍：《朱子哲学中道心人心论与天理人欲论之内在逻辑关系探析》，《江苏社会科学》2007 年第 2 期。

徐公喜：《理学源流著作述论》，《江西社会科学》2009 年第 12 期。

徐洪兴、陈华波：《德性实践与德性之知——论二程经学诠释的转向》，《哲学研究》2017 年第 3 期。

徐洪兴：《"太虚无形，气之本体"——略论张载的宇宙本体论及其成因和意义》，《复旦学报》（社会科学版）2005 年第 3 期。

徐洪兴：《周敦颐〈通书〉、〈太极图说〉关系考——兼论周敦颐的本体论思想》，《中国哲学史》2000 年第 4 期。

徐庆文：《经学解体与儒学的现代转换》，《山东社会科学》2010 年第 2 期。

徐庆文：《儒学的历史命运》，《东岳论丛》2000 年第 5 期。

徐远和：《略论二程的泛神论》，《中州学刊》1983 年第 6 期。

颜炳罡：《20 世纪中国哲学研究话语体系范式转换之得失及未来走向》，《文史哲》2010 年第 1 期。

杨国荣：《论魏晋价值观的重建》，《学术月刊》1993 年第 1 期。

杨国荣：《说"道理"》，《世界哲学》2006 年第 2 期。

杨国荣：《宋明理学：内在论题及其哲学意蕴》，《学海》2012 年第 1 期。

杨立华：《哲学与时代问题的解决——兼谈北宋道学》，《领导科学论坛》2017 年第 6 期。

杨儒宾：《理学工夫论的"德性之知"》，《中国文化》第 47 期。

杨维中：《论中国佛教的"心"、"性"概念与"心性问题"》，《宗教学研究》2002 年第 1 期。

杨维中：《天台宗"性具善恶"观论析》，《人文杂志》2004 年第 3 期。

杨柱才：《周敦颐〈太极图说〉儒道解之比较研究》，《南昌大学学报》（人文社会科学版）2001 年第 1 期。

余敦康：《魏晋玄学与儒道互通》，《道家文化研究》第六辑，上海古籍出版社 1995 年版。

乐爱国：《朱熹的"理"："生生之理"还是"只存有而不活动"——

以唐君毅、牟宗三的不同诠释为中心》，《厦门大学学报》（哲学社会科学版）2016 年第 1 期。

乐爱国：《朱熹的"天地之心"：对万物的尊重与保护》，《华侨大学学报》（哲学社会科学版）2019 年第 4 期。

曾振宇：《论"气"》，《哲学研究》2004 年第 7 期。

曾振宇：《论张载气学的特点及其人文关怀》，《哲学研究》2017 年第 5 期。

曾振宇：《张载气论哲学论纲》，《山东大学学报》（哲学社会科学版）2001 年第 2 期。

翟奎凤：《心性化与唐宋元明中国思想的内转及其危机——以禅宗、内丹、理学为线索的思考》，《文史哲》2016 年第 6 期。

张岱年：《关于宋明"理气"学说的演变》，《学习与研究》1982 年第 4 期。

张岱年：《中国古典哲学中若干基本概念的起源与演变》，《哲学研究》1957 年第 2 期。

张岱年：《中国哲学中"天人合一"思想的剖析》，《北京大学学报》（哲学社会科学版）1985 年第 1 期。

张恒：《儒门内的王弼——对王弼哲学派别归属的一个阐明》，《孔子研究》2019 年第 2 期。

张恒：《另一种自然之道——儒家哲学"德性自然"发微》，《烟台大学学报》（哲学社会科学版）2019 年第 3 期。

张海英、张松辉：《二程之鬼神观探析》，《齐鲁学刊》2009 年第 2 期。

张家成、李班：《论宋明理学的道德修养途径与方法》，《浙江大学学报》（社会科学版）1997 年第 3 期。

张立文：《周敦颐"无极"、"太极"学说辨析》，《求索》1985 年第 2 期。

张其成：《邵雍：从物理之学到性命之学》，《孔子研究》2001 年第 3 期。

张世英：《中国古代的"天人合一"思想》，《求是》2007 年第 7 期。

张思齐：《二程以有神论为基础的体道为文活动》，《吉林师范大学学报》（人文社会科学版）2018 年第 2 期。

张显运：《邵雍研究：二十年学术史的回顾与展望》，《孔子研究》2012 年第 3 期。

张祥龙：《周敦颐的〈太极图说〉、〈易〉象数及西方有关学说》，《现代哲学》2005 年第 1 期。

章启群：《"天人"如何"合一"？——用思想史的逻辑推演》，《哲学研究》2012 年第 3 期。

赵中国：《邵雍先天学的两个层面：象数学与本体论——兼论朱熹对邵雍先天学的误读》，《周易研究》2009 年第 1 期。

周建刚：《周敦颐与邵雍思想异同辨》，《哲学研究》2017 年第 9 期。

朱伯崑：《谈宋明理学中的体用一原观》，《中国哲学史》1992 年第 1 期。

朱人求：《话语分析与中国哲学研究范式的转换》，《学术月刊》2016 年第 9 期。

邹广文、崔唯航：《从现成到生成——论哲学思维方式的现代转换》，《清华大学学报》（哲学社会科学版）2003 年第 2 期。

后　记

　　摆在诸位面前的这本书是我的学术处女作。和很多同人的处女作一样，拙著脱胎于博士学位论文。自2020年6月从山东大学毕业至今两年多来，我一直没有停止对博士论文的琢磨和修改。如今它将付梓，尽管仍不完美，我也欣然奉出，似乎直到此刻，我的博士生涯才算真正画上句号。

　　我的博士论文题目是《理学的发生——基于范式转换的视角》，此次出版，出于简洁的考虑，省去了原来的副题，视角并无变化。至于当时为何要选这样一个题目，现在想来，主要还是基于研究旨趣：相比具体的哲学观点、哲学思想，我对其背后的思维方式更感兴趣；相比对某一哲学家、哲学流派的共时空研究，我更感兴趣的是其思想的历时空发展和演变。基于这一旨趣，再加上当时我的导师沈顺福教授主要在做宋明理学相关研究，我也认同他关于理学是传统儒学高级形态的看法，于是慢慢就有这样一个问题萦绕开来：作为中国古代儒学的高峰，理学究竟是如何产生的——不仅是"历史地"产生，更主要的是"哲学地"产生？或者说，从传统儒学到理学，中间有着怎样的逻辑连接？当我把这个模糊的想法告诉沈老师，他同意了这个选题，认为它很有意义，并提出了具体的意见和建议。

　　最终，我将思路聚焦于早期理学的范式转换这个具体问题，从哲学使命、思维方式、价值观念、话语体系四个维度来考察早期理学相较前理学时期主要哲学形态在范式上的转换，以期揭示以"北宋五子"

为主要代表的早期理学发生的逻辑机制和进程。具体而言，在传统本土哲学"天人合一于气"与佛学"天人合一于心（空）"的基础上，早期理学进一步追问"天人合一"的整全世界之终极本原，使其既区别于佛学思辨性的"空"，又区别于传统本土哲学经验性的"有"。为实现这一目标，早期理学一方面转变思维方式，另一方面重建儒家价值，并建构起以"太极""太虚""天理"等为核心的新的话语体系。其中，思维的转型，即从传统经验性思维向哲学思辨性思维的转型，是范式转换的核心。处于转型期的早期理学往往两种思维方式并存，故而是模糊的、不成熟的。但恰恰是这种转型与并存构成了它的贡献，这种模糊与不成熟构成了它的特色。

学术研究与写作是"痛并快乐着"的事情，我有时会因想明白一个小问题而感受到思维的乐趣，更多时候则是徘徊在思维的迷宫；有时可以一气呵成写出半页纸，有时则端坐半晌徒劳无功。但无论怎样，那样心无旁骛地读书写作、讨论交流，想来真是人生中极奢侈的时光。

蒙匿名评审专家厚爱，我的博士论文获得了两个 A 一个 B 的较好成绩。2021 年，论文又先后获评"山东大学优秀博士学位论文"和"山东省优秀博士学位论文"。阶段性研究成果先后在《孔子研究》《周易研究》《管子学刊》《中国社会科学报》《朱子学研究》《哲学与文化》等重要报刊发表。但我深知，我的博士论文还远不够成熟，尽管毕业后这两年多来又做了许多修改和打磨，它仍嫌粗糙，难免疏漏。我也深知，这部习作只是我从事学术研究的入场券，真正独立、艰苦的学术研究工作才刚刚开始，习作中未及解决、无力解决乃至尚未发现的问题，都有待我在未来的日子里展开更加深入的研究。

站在新的起点，回首望去，需要道很多声感谢。

首先感谢我的博士导师沈顺福教授，博士论文的写作以及本书的出版，都得益于沈老师的教导。沈老师无微不至的支持与照顾使我得以苦中作乐，度过了四年专心读书求学的美好时光。作为博士生涯的主要成果，我的博士论文在选题、开题、写作、答辩的每一环节，都和沈老师讨论过无数次。有一次我们在电话中讨论了近两个小时，快结束时我才得知，他是吃饭吃了一半想起某个细节打给我的。因此，本书不仅渗透着沈老师以体用论重建汉语哲学的思考与主张，注重逻辑分析与比较研究的方法论，而且凝聚着他多年的汗水与心血，其中闪光之处当尽归功于沈老师，错讹疏漏则源于我的愚钝。除了学业上的教导，沈老师还常对我们引用亚里士多德的至理名言"吾爱吾师，吾更爱真理"，时常讲起他的导师冯契先生如何在学术研究中与导师金岳霖先生论辩。我们受沈老师"蛊惑"，每每课上或私下与他论辩乃至"抬杠"，他从不生气。如今我已毕业两年有余，仍有幸时常当面或电话聆听沈老师的教诲，所谈最多的仍是学术研究和专业上的具体问题。沈老师的学术热情、敬业精神和正直品格是我一生学习的榜样。

感谢博士论文答辩委员会的诸位专家，我的硕士导师黄玉顺教授、程奇立教授、涂可国研究员、颜炳罡教授、曾振宇教授，都对本书提出了精辟、中肯的意见和建议。黄老师怀有深沉的现实关怀，他所创建的"生活儒学"体系具有深刻的洞察力和极强的感染力，尽管我不能尽窥其奥，但这让我还是哲学门外汉时就领略了哲学的魅力，是我学术生涯的宝贵财富。多年来，黄老师时常在我生活的重要关口给以点拨，鼓励我永葆学术热情，研究人类普遍关切的真正的哲学问题。涂老师作为"代理"答辩主席，指出论文不足的同时，也给出了较好的评价。几个月后，我入职山东社会科学院国际儒学研究与交流中心（现国际儒学研究院），时任中心主任的涂老师又成为我的领导。我入职不久，涂老师即督促我修改完善博士论文以备出版，并以其课题经费补足此次出版费用之缺。没有涂老师的鼓励和支持，本书的出版不会这么快提上日程。而在我之前，涂老师已资助多位青年学者，出版了十余部专著。涂老师退休后，仍时常关心我的研究进展，提出许多宝贵的意见和建议，每每让我非常感动。

还要感谢学术界先贤和同人的教益。在本书研究、写作与修改过程中，各种哲学史、思想史、理学史以及专题性著述中关于早期理学及其发生问题的思考与探索，都给我以深刻启迪。我注意到，蒙培元先生1984年出版《理学的演变》一书后，在进一步思考理学有关问题时，曾有意写一本《理学的兴起》以补《理学的演变》之不足。尽管后来蒙先生出于其他考虑没有写作该书，而是转向了《理学范畴系统》的写作，但他曾经关注这个主题，说明该主题有其价值，这增强了我的研究信心。我还注意到，就在蒙先生萌发写作《理学的兴起》这一想法十余年后，一本以此为主题的博士论文诞生了，那就是徐洪兴先生的《思想的转型——理学发生过程研究》，后来又有在此基础上的《中国学术思潮史·道学思潮卷》《唐宋之际儒学转型研究》等书。尽管我的研究重点、思路、方法与徐先生不同，但他以类似主题开展的一系列研究给了我很大信心。没有先贤和同人的开拓性工作，我的这项研究是不可想象的。

本书的出版还受惠于山东社会科学院提供的出版资助，领导和各部门同事给予了我无私的支持和帮助，国际儒学研究院的同事们为我提供了许多宝贵的建议和学术信息。匿名评审专家提出了非常中肯的意见建议，有些问题我认真对照做了修改，有些问题则暂时成为遗憾，只能留待以后解决了。郭高军等学弟学妹不辞辛劳，为本书观点和资料的完善贡献良多。中国社会科学出版社的孙萍老师为本书编校付出了辛苦的劳动，使其增色不少。在此一并致谢。

最后，谨以本书献给我的父母家人。山水辽阔，人间值得。

张恒

2022年8月20日于泉城济南